四川省哲学社会科学重点研究基地
——四川革命老区发展研究中心重点资助项目(项目编号:LQ2013A-04)

中国特殊教育史略

黄培森 著

西南交通大学出版社
·成都·

图书在版编目（CIP）数据

中国特殊教育史略／黄培森著. —成都：西南交通大学出版社，2015.8
ISBN 978-7-5643-4263-0

Ⅰ. ①中… Ⅱ. ①黄… Ⅲ. ①特殊教育－教育史－中国 Ⅳ. ①G769.2

中国版本图书馆 CIP 数据核字（2015）第 201185 号

中国特殊教育史略
黄培森　著

责任编辑	吴　迪
特邀编辑	郭鸿玲
封面设计	原谋书装

出版发行	西南交通大学出版社 （四川省成都市金牛区交大路 146 号）
发行部电话	028-87600564　028-87600533
邮政编码	610031
网　　址	http://www.xnjdcbs.com
印　　刷	四川煤田地质制图印刷厂
成品尺寸	150 mm × 220 mm
印　　张	15
字　　数	208 千
版　　次	2015 年 8 月第 1 版
印　　次	2015 年 8 月第 1 次
书　　号	ISBN 978-7-5643-4263-0
定　　价	38.00 元

图书如有印装质量问题　本社负责退换
版权所有　盗版必究　举报电话：028-87600562

序

　　青年学者黄培森同志主持的四川省哲学社会科学重点研究基地——四川革命老区发展研究中心重点资助项目（项目编号：SLQ2013A-04）的研究成果《中国特殊教育史略》是目前比较系统的中国特殊教育史著作，该书的出版，为我国教育史增添了又一朵奇葩，我为此贺！

　　特殊教育是面向残疾人和其他有特殊需要人群的一种教育活动，其作为一种社会现象，有其产生、演变的历史，具有历史性。特殊教育史是以研究中外特殊教育发展史为任务的学术研究领域。开展特殊教育史研究，一方面可以推进我国特殊教育学科及专业建设的进程，另一方面也为我国特殊教育事业发展提供有益借鉴。在世界范围内，自19世纪后期已经有学者关注特殊教育史研究了。在我国，虽然华林一曾在1929年编写的《低能教育》《残废教育》中简略介绍过中外特殊教育发展起源及历程，但两书均非专门的特殊教育史著作。近年来，国内一些研究者开始了特殊教育史研究，先后编写出版了一些专门的特殊教育史专著，如张福娟等主编的《特殊教育史》、朱宗顺主编的《特殊教育史》，肖非、王秀琴、李晓娟编著的《共享阳光：共和国特殊教育报告》，马建强著的《中国特殊教育史话》，郭卫东著的《中国近代特殊教育史研究》等，在中国突破了特殊教育史专著空白的困境。这些专著大多以时间为顺序，总体概观了中外特殊教育的起源、演变和现状，为了解世界特殊教育事业发展历程提供了重要参考，然而较少深入分析中国各类特殊教育事业的发展历程及存在的问题。

　　特殊教育是我国国民教育体系的重要组成部分。《中华人民共和国宪法》明确规定："国家和社会帮助安排盲、聋、哑和其他有残疾的公民的劳动、生活和教育。"《中华人民共和国义务教育法》

和《中华人民共和国残疾人保障法》等一系列法律法规都明确提出国家保障残疾人的教育权利。进入新世纪以来，党和国家把发展特殊教育摆在了更加突出的位置。2007年，"关心特殊教育"作为改善民生、促进社会和谐发展的重要内容写进了党的十七大报告。2010年，我国颁布的《国家中长期教育改革和发展纲要（2010—2020）》将"特殊教育"独自作为一章，并强调"关心和支持特殊教育、完善特殊教育体系、健全特殊教育保障机制"。2012年，党的十八大报告指出，要"支持特殊教育"，这充分表明了党中央对特殊教育的高度重视和亲切关怀。2014年，国务院多部门联合制定并颁布《特殊教育提升计划（2014—2016）》，进一步强调"加快推进特殊教育发展，大力提升特殊教育水平，切实保障残疾人受教育权利"，使我国特殊教育事业发展迎来新的"春天"。因此，在全国加快特殊教育发展的新形势下，深入研究中国特殊教育史，充分吸收历史上的良好经验，对于当今我国特殊教育的发展尤其必要。青年学者黄培森以自己独特的胆识，承担了这一光荣的任务，较为深入地分析了我国各类特殊教育事业的发展历程及存在的问题，完成了《中国特殊教育史略》一书。

纵观黄培森所著的《中国特殊教育史略》一书，有如下显著的特点：

第一，基于特殊教育产生发展的内在逻辑，系统性强。该书基于特殊教育产生发展的内在逻辑，系统分析中国各类特殊儿童教育事业的历史演进，将中国特殊教育的历史划分为四个阶段，即"中国古代特殊教育"（远古至1840年前）、"中国近代特殊教育"（1840年至1911年的晚清时期）、"中国现代特殊教育"（1912年至1949年的民国时期）、"中国当代特殊教育"（1949年中华人民共和国成立以来），与此相对应全书分为四章：第一章为"中国古代特殊教育的萌生"，分为两节，主要分析中国古代的残疾人政策、神童的选拔与教育以及中国古代部分教育家的特殊教育思想资源。第二章为"特殊教育在中国近代的兴起"，分为四节，首先分析了近代中国的特殊教育政策法规特点及特殊教育事业发展整体特点。同时阐述了近代中国聋教育思想及实践活动、盲教育思想及实践活动和近代培智教育的思想资源。第三章为"中国现代特殊教育的发展",分为五节,首先分析了现代中国的特殊教育政策法规特点及特殊教育事业发展整体特点。同时阐述了现代中国聋教育发展概况及聋教育家思想、聋教育机构,现代盲教育发展概况及盲教育家思想、盲教育机构,现代培智教育实践活动及思想,现代超常儿童教育实践活动及思想。第四章为"当代中国特殊教育的发展",分为八节,首先分析了当代中国的特殊教育政策法规特点及特殊教育事业发展整体特点。同时阐述了当代中国盲教育、聋教育、培智教育、融合教育、自闭症儿童教育等的发展现状和未来趋势。这样的谋篇布局,具有一定的合理性,把握了中国特殊教育发展的内在规律性,也凸显了不同时期中国特殊教育的特点,反映了历史发展的客观性。

第二,详略得当,厚今薄古。以史略的形式把几千年的中国特殊教育历史提纲挈领地加以概括。从中国大地出现人类开始,特殊教育实践就出现了,其历程长达数千年之久。一部20余万字的书稿要对几千年的特殊教育历史进行概括,其对特殊教育历史发展的详略的处理是十分考究的。《中国特殊教育史略》一书对特殊教育历史事实详略的处理是比较恰当的,厚今薄古是该书较大的特色之一。

第三,以大特殊教育理念为统率,内容丰富。《中国特殊教育史略》以大特殊教育理念即满足特殊需要人群的教育为指导,不仅关注中国残疾人的历史,也关注残疾人与正常人共校、同班的融合教育发展史,还将中国正常儿童的英才教育也纳入特殊教育的范畴,如中国古代的神童教育、现代的超常儿童教育等;在残疾人的教育方面,不仅研究了视力残疾、听力残疾、语言残疾人的教育历史,还研究了肢体残疾、躯体残疾,甚至智力残疾、精神残疾人的教育历史;不仅研究特殊教育的思想发展史,还研究了特殊教育的政策制度史以及特殊教育的实践活动史,如此等等,这样就拓展了特殊教育史的研究领域,充实了特殊教育史的内涵。

第四,论从史出,史料详实。该书论点是建立在作者所占有的大量史料的基础上的,这使论点有坚实的基础。为了说明论点,作者征引了大量史料，并对史料进行了筛选、考辨工作，去粗取精、去伪存真，所引史料都注明了详细出处，因而该书具有较高的史料价值。

第五，论证有力，所得结论正确。作者选择的史料具有典型性，其史料大多来源于第一手资料，转引极少，增强了论证的说服力。在研究当代中国特殊教育发展史时，较多史料取自21世纪以来的文献材料，甚至最新文献源自2014年，这使该书的史料具有较强的新颖性，使研究具有较强的时代性。论证充分有力，如在阐述朴永馨的特殊教育实践及其思想时，首先对朴永馨的人生轨迹和主要成就做了简要的介绍，尤其介绍了他在特殊教育领域的著述。其次介绍了朴永馨的特殊教育实践，包括：努力探索具有中国特色的特殊教育课程体系；构建具有中国特色的特殊教育学学科体系；对特殊教育人才培养和对外交流所做的工作。再次阐述了朴永馨的特殊教育思想，包括：以马克思主义哲学为基础的特殊教育理论；以马克思主义辩证历史观为基础的特殊教育史思想；富于本土气息的中国特殊教育观念和思想。在论述"以马克思主义哲学为基础的特殊教育理论"时，又以马克思主义哲学"共性和个性"的辩证关系为基础阐述了其对特殊儿童和特殊教育的认识；从马克思主义哲学联系的观点出发，朴永馨认为特殊儿童某一方面的生理缺陷有可能引起其他方面的缺陷，但是，这些缺陷又有主次之分；从矛盾的观点出发，朴永馨教授提出的"三因素补偿理论"等从三个方面逐层分析，使论证具有说服力。最后作者得出了"改革开放以来，朴永馨教授对中国特殊教育的改革和发展做了突出贡献。一方面，他长期坚守在特殊教育第一战线，坚持特殊教育的教育教学，从事特殊教育的科学研究，指导特殊教育学校的建设，为中国的特殊教育事业的发展出谋划策。另一方面，他注重运用马克思主义的基本原理分析古今中外的特殊教育思想和实践，进而形成具有中国特色的特殊儿童观和特殊教育观，影响了一大批特殊教育工作者。朴永馨作为新中国第一代特殊教育学人，其理论和思想闪耀着智慧的光芒，为我国特殊教育的发展照亮了前进的道路"这样正确的结论。

总之,《中国特殊教育史略》这部书,以科学的态度和实事求是的精神,多侧面、多角度、多层次地对历时几千年的中国特殊教育发展的理论渊源和实践轨迹,做了高度的历史概括。全书体系完整、内容丰富、脉络清晰、语言流畅、观点平实,是一部有学术价值的著作。在我国大力发展特殊教育的时代,《中国特殊教育史略》的问世,不仅有重要的学术价值,而且还有积极的现实意义。

本书也存在一些不足,读者一定有各自的见解,我就不讲了,以免引起误导。但瑕不掩瑜。希望该书的出版能引起人们对特殊教育史一些领域的深入研究,也希望在不久的将来作者能有更多更好的学术著作面世。

是为序。

杜学元

(省二级教授,教育学博士,博导)
2015年仲夏于乐山师范学院淑勤斋

目 录 CONTENTS

第一章　中国古代特殊教育的萌生 ……………………………… 1
　　第一节　中国古代特殊教育的实践样态 …………………… 2
　　第二节　中国古代特殊教育思想的萌芽 …………………… 27

第二章　特殊教育在中国近代的兴起 …………………………… 47
　　第一节　中国近代特殊教育概述 …………………………… 47
　　第二节　聋教育在中国近代的兴起 ………………………… 55
　　第三节　盲教育在中国近代的兴起 ………………………… 63
　　第四节　培智教育在中国近代的兴起 ……………………… 72

第三章　中国现代特殊教育的发展 ……………………………… 75
　　第一节　中国现代特殊教育发展概述 ……………………… 75
　　第二节　中国现代聋教育的发展 …………………………… 92
　　第三节　中国现代盲教育的发展 …………………………… 111
　　第四节　中国现代培智教育的发展 ………………………… 125
　　第五节　中国现代超常儿童教育的发展 …………………… 131

第四章　当代中国特殊教育的发展 ……………………………… 138
　　第一节　当代中国的特殊教育发展概述 …………………… 138
　　第二节　当代中国聋教育的发展 …………………………… 161

第三节 当代中国盲教育的发展 ··· 166

第四节 当代中国培智教育的发展 ··· 171

第五节 当代中国超常儿童教育的发展 ································· 175

第六节 当代中国自闭症儿童教育的发展 ···························· 180

第七节 当代中国融合教育的发展 ··· 187

第八节 当代中国主要的特殊教育思想 ································· 194

附　录　近三十年来中国特殊教育史论文选目 ···················· 216

参考文献 ··· 225

第一章　中国古代特殊教育的萌生

中国是世界文明古国中唯一历史没有中断的国家，其以深厚的传统文化为根基的教育思想和实践也一直在传承和发展，这其中就包括独具一格的特殊教育思想和实践。据《尚书》记载，早在尧舜时代，残疾人就开始参与部落文化教育的管理活动。周代的宫廷、官府就设有培养乐师的特殊学校，并由大师、小师具体负责教瞽矇的任务。瞽矇既是学员，也是乐官，这种特殊教育形式在世界特殊教育史上是令人惊叹的创举[①]。可以说，我国古代特殊教育的萌芽至少在奴隶社会末期就已经开始出现。进入封建社会后，特殊教育的思想和实践继续向前发展。

先秦时期孔子、孟子和庄子等思想家的思想中都不同程度地蕴含了特殊教育的思想资源。秦汉以来，以儒家思想为核心，包含有道家学说和佛教等思想的中国传统文化中同样蕴含了丰富的特殊教育思想资源。但是，由于封建社会长期占主体地位的小农经济固有的封闭性和落后性，封建统治者的凶暴昏庸以及无数的自然灾害和战争带来的深重灾难，中国残疾人的社会地位普遍比较低下，很多残疾人的基本生存都得不到有效保障，更毋庸奢谈特殊教育。即便如此，历朝历代仍然不乏有悲天悯人的知识分子以及热心于特殊教育的官僚，更不乏有一些残疾人以顽强的意志和坚韧不拔的精神实现了自我救赎，为中华民族的发展作出了重要贡献。因此，可以说，我国古代朴素的特殊教育思想和实践源远流长，经历了漫长的萌生阶段。

---

① 参《十三经注疏》(上册)，中华书局1980年版，第797、754页。

第一节　中国古代特殊教育的实践样态

一、中国古代残疾人的基本状况及其政策

（一）中国古代残疾人的基本状况

1. 中国古代不同时期残疾人的简况

自有人类，就有残疾。原始社会是人类社会历史发展的第一阶段，也是人类从弱小走向强大的重要开端。虽然关于这一漫长历史时期的一切都随着时间的流逝渐渐湮没无闻，但是人类回望的眼神中始终带着求索的闪光。随着考古学、人类学和生物科学等现代科学技术的发展应用，人们终于可以拨开历史重重的迷雾，一定程度上还原了当时人类的生存样态：原始社会生产力极度低下，人类主要依靠采集和渔猎获取生活必需品，平均寿命较低；原始的部落与部落之间常常为领地和食物发生战争，导致很多人负伤甚至残疾；人类抵御自然灾害的能力低下，每一次大的自然灾害如洪水、地震等也会让大量人类变成残疾人。况且当时的医疗卫生条件极端低下，缺乏及时有效的治疗，也加大了人们成为残疾人的可能性。因此原始社会存在残疾人是可以肯定的。

据文献推测，"我国远在伏羲、燧人氏之世，已有水潦之厄；黄帝一百年复有地震之灾"[①]。《尚书·尧典》中已有关于尧帝时期洪水泛滥的记载，"汤汤洪水方割，荡荡怀山襄陵，浩浩滔天"[②]；《尚书·益稷》中也记载了舜帝时期发生水灾的情形："洪水滔天，浩浩怀山襄陵，下民昏垫。"[③]可见，伏羲、燧人氏、黄帝、尧帝和舜帝生活的我国原始社会末期就已经出现了一定数量的残疾人。值得一提的是，司马迁在《史记·五帝本纪》中记载："虞舜者，名曰

[①] 邓云特：《中国救荒史》，商务印书馆1937年版，第2页。
[②]《十三经注疏》（上册），中华书局1980年版，第122页。
[③]《十三经注疏》（上册），中华书局1980年版，第141页。

重华。重华父曰瞽叟。"①瞽在中国古代代指盲人，意即舜帝的父亲是盲人。盲人的儿子可以成为中国历史传说中的圣人，似乎可以窥见中国古代原始社会对残疾人的一丝宽容。

先秦时期，国家的建立以及家庭的出现，改变了原始社会末期"鳏寡孤独废疾者有所养"的状况，残疾人开始由各个生育他们的家庭承担主要的养育责任。人们对残障现象有了初步的认识，据甲骨文记载，商朝就有关于残疾的称谓，如"疾目"（盲）、"疾耳"（聋）、"疾言"（语言障碍、失语症）。《左传·僖公二十四年》记载："耳不听五声之和为聋，目不别五色之章为昧。"②这些认识为预防残疾、保护残疾人提供了一定的理论依据。同时，统治阶级为了维护国家政局的稳定，促进社会的发展，开始关注残疾人这一弱势群体，并作为国家治理的一个重要方面，"汤夙兴夜寐以致聪明，轻赋薄敛以宽民氓，布德施惠以振困穷，吊死问疾以养孤孀"③，并针对残疾人的特点及其对社会、家庭的影响，提出了一些关于残疾人的政策，"季夏之月……行惠令，吊死问疾"④。生育了残疾人的家庭，比一般的家庭生活负担要沉重得多，统治者根据这一特殊情况，制定了减免他们赋税徭役的政策，以减轻残疾人家庭的负担，保证残疾人的正常生活。"凡三王养老皆引年。八十者，一子不从政；九十者，其家不从政；废疾非人不养者，一人不从政。"⑤大司徒之职："以保息六养万民：一曰慈幼，二曰养老，三曰振穷，四曰恤贫，五曰宽疾，六曰安富。"郑玄注："宽疾。若今癃不可事，不算卒，可事者半之也。"⑥

唐宋时期，国家版图相对固定，政治家和思想家开始从治国安邦的高度来重视残疾人的需要和发展，注重残疾人政策制度的

---

① 《史记》，中华书局1982年版，第31页。
② 刘宇晟：《中国古代特殊教育的发展》，《中国特殊教育》，2000年第2期，第59页。
③ 《淮南子》，上海古籍出版社1986年版，第1296页。
④ 《淮南子》，上海古籍出版社1986年版，第1227页。
⑤ 《礼记正义》，中华书局1980年版，第1346页。
⑥ 《周礼注疏》，中华书局1980年版，第706页。

承袭。尤其是宋代的官员，真正贯彻落实了各项政策，如免除赋役方面，把赈济和免税立为定制和惯例；又如在医养方面，从唐朝武则天在寺院设立"悲田养病坊"以救济孤穷残丐开始，宋代承办了"福田养病坊"，扩大了规模和数量，期间又增置养济院、安济坊、漏泽园等，乃至元、明、清时期的养济院、惠民局及惠民药局等①，这些都体现了不同朝代残疾人政策制度的承袭。然而，古代残疾人生活不尽相同，有为官者，生活较为富裕，如宋初宰相赵普的重要幕僚杨希闵虽为盲人，但赵普的许多奏折却主要出自杨希闵之手；宋真宗的宰相王钦若长有瘿瘤，被称为"瘿相"；王安石之子是轻度精神病患者等②；但大多残疾人生活则相对困苦，许多沦为仆人甚至乞丐，处于弱小、卑微、困顿境地，需要怜悯、同情和关照。

总之，我国古代社会不同历史时期均存在相当数量的残疾人，其生存状况千差万别。统治者均从维护阶级统治的需要出发，采取了一定的政策措施为部分残疾人生活提供了一定保障。然而，对残疾人的保障主要源于对残疾人个体残损的怜悯、同情与慰藉，是一种慈恩模式。尽管历代连续的养疾、赈济、优抚等措施一定程度上改变了残疾人个体悲惨的生活境遇，但这种慈恩模式终究只是统治者"家天下"格局下的"安抚子民""哺育百姓"③。在古代社会，残疾人始终是被动的施舍接受者，这既无法使残疾人在人格上具有与他人平等的观念，也无法真正长远地保护残疾人。

2. 中国古代残疾人形成的原因

一般来说，造成残疾的原因可以分成两种，即先天性残疾和后天性致残。先天性残疾是由生理和遗传因素造成的，而后天性致残的原因则有很多。中国古代相当一部分残疾人是后天性致残，除一些意外伤害外，很多都可以归结为社会性原因。例如，长期

---

① 丘明峰：《从中国历史思考残疾人事业发展的思想文化基础》，中国特色残疾人事业研讨会暨第八届中国残疾人事业发展论坛论文集，2014年，第28页。
② 杨高凡：《宋代残疾人保障问题研究》，《残疾人研究》，2013年第3期，第27页。
③ 赵树坤：《中国残疾人保障理路的省思》，《思想战线》，2013年第5期，第130页。

在中国宫廷中存在的宦官制度导致很多人成为经受宫刑的残疾人；封建礼教束缚下的妇女为了"守节"而自残身体；历朝历代采用的严刑峻法也使很多人成为残疾人。归结起来，中国古代社会性残疾的成因大致有以下几种：

（1）主动致残。

主动致残，即个体按照自身的意愿伤害躯体导致自己残疾。从表面来说，主动致残是遵从了个体主观的意愿，可是究其根本，往往能找到一些社会性的动因。也就是说，从某种意义上来讲，主动致残的外部原因更为复杂，往往是个体在社会主流思想的影响和控制下，盲目地或不得不做出自残的行为。中国古代封建社会是君权至上的社会，以孔孟学说为核心的儒家思想在长期的演化和改造过程中也出现了一些服务于君主专制的思想，例如"君为臣纲""文死谏，武死战"等忠君思想，这些都被古代知识分子奉为崇高的道德追求和精神境界，受其影响，中国很多文人不惜以自残来表达对君王的忠诚，很多将领也不惜以自残来表达对君主的忠心。在中国古代，关于此类事件的记载屡见不鲜。如春秋时期，楚国大夫鬻拳强谏文王不从而自残；唐朝"安史之乱"期间，张巡的部将南霁云为请求贺兰出兵相助，用佩剑自断一指等。在中国古代，这种用主动自残的方式表达忠心和决心的方式往往会受到社会的认可。例如《左传》中对鬻拳评价为："鬻拳可谓爱君矣，谏以自纳于刑，刑犹不忘纳君于善。"① 此外，中国古代封建社会是男权主导的社会，三纲五常中"夫为妻纲"的封建思想极大地禁锢了女子的思想和行为，很多"烈女"为了表示自己"一女不事二夫"的决心，也以主动致残的方式来表达自己的贞节和对丈夫的忠贞。这两类主动致残尽管原因有所不同，但是从根本上说，都是受到了封建礼教思想的禁锢，体现了古代封建思想对人行为的约束和控制。

（2）被动致残。

被动致残是指由个体以外的其他人对个体身体造成的残疾。在中国古代，被动致残的社会性原因更为显著。中国封建社会权

---

① 《十三经注疏》（下册），中华书局1980年版，第1773页。

力是以君权、族权和夫权为核心的,在封建礼教严格的思想控制下,人们的生存权和安全权得不到基本的保障,被动致残的事件比比皆是,而战争和刑罚可以说是被动致残的两大原因。中国历史上的朝代更替大多是通过战争的方式来完成的,每次战争都会导致残疾人数量的剧增。例如,宋朝和西夏发生战争,大量被俘的宋朝将士都被割去了耳朵和鼻子,更不要说战争致残的人数了。中国古代的刑罚是很严峻的,残酷的肉刑在中国历朝历代都出现过。肉刑是指以国家强制为后盾,司法机关对犯有某种罪行的人处以"断肢体、刻肌肤、终身不息"①的刑罚。具体刑罚有黥(在脸上刻记号或文字并涂上墨)、劓(割鼻)、刖(断足)、宫(毁坏生殖器)等刑罚。据资料记载,肉刑在夏朝以前已经出现,夏朝统治者加以沿用。夏以后经商到周,刑罚有了进一步发展。《左传·昭公六年》:"夏有乱政,而作禹刑;商有乱政,而作汤刑;周有乱政,而作九刑。"②西周法律规定肉刑很多,不仅见于史籍,也见于出土的铭文。1975年2月以来,从陕西歧山县董家村出土文物的西周青铜器铭文,就有关于拟处罪犯黥刑的记载。春秋战国时期,肉刑的适用更为广泛。据载,晏婴作为使臣到齐国,谈及对齐国的印象时,就曾当着齐景公的面说:"国之诸市,屦贱踊贵。"③说明当时受刖刑的人很多。汉文帝在位期间,先后废除了肉刑中的黥、劓、斩左右趾(实即刖刑),被后人誉为"千古之仁政"。自此以后,肉刑基本停用。魏、晋以后,虽屡有恢复肉刑的议论,但终未被采用。当然,使用肉刑的个别事例还是有的。中国历史上不乏文臣武将经受酷刑却忍辱负重留名青史的。战国时孙膑被剜去膝盖骨却写下流传千古的军事著作《孙膑兵法》;汉朝司马迁受宫刑,却以残疾之躯忍辱终生,写下被鲁迅称之为"史家之绝唱,无韵之离骚"④的《史记》。此外,改良造纸术的蔡伦和七下西洋的郑和也都是遭受宫刑之苦的宦官。他们坚强的毅力

---

① 《汉书》,中华书局1962年版,第1098页。
② 《十三经注疏》(下册),中华书局1980年版,第2044页。
③ 《十三经注疏》(下册),中华书局1980年版,第2031页。
④ 鲁迅:《汉文学史纲要》,人民文学出版社2006年版,第84页。

和卓绝的才华为世世代代的中国人树立了榜样。

3. 中国古代残疾人的分类

残疾人和普通人是相对的称谓,我国先秦时期就出现残、疾、废等单字来代指身有残疾的人。为了便于区分残疾的类型,逐渐发展为开始用不同的词或词组来代指不同的残疾类型。如汉代之后的典籍中,就出现了癃病、疲癃、残废、废人、癃废等称谓。同时也开始用盲、聋、瘖、愚等表示视力残疾、听力残疾和智力残疾等。可以说,虽然中国古代对残疾人的称谓用词和现代有所不同,但是已经初步明确了残疾人是代指肢体、感官残缺不全或伴有机体功能障碍的特殊人群,而中国古代对残疾人的分类已经和现在大致相同①。

（1）瞽、矇——视力残疾。

我国先秦古籍中常用瞽、矇、瞍、盲、眇等单字词来代指视力残疾。早在西周时期,盲人就开始负责宫中的音乐事物。《周礼·春官·瞽矇》记载:"瞽矇掌播鼗、柷、敔、埙、箫、管、弦、歌。"②郑玄解释不同程度盲人的区分:无目眹谓之瞽,有目眹而无见谓之矇,有目无眸谓之瞍③。此外,盲多指双目失明;眇多指单目失明。东汉许慎在《说文解字》中说,盲是目无眸子,即眼中无眼球④,类似现代医学中的先天性无眼球或后天原因失去眼球造成的失明;矇是童也,一曰不明也,义为眼珠为云翳所覆,即白内障,失明成为盲者;瞽为目但有眹也,义为眼瞎,眼睛只有一条缝。由瞽字派生出来的词比较多,如瞽人、瞽工、瞽妪、瞽医、瞽师、瞽技、瞽夫表示各类不同身份的盲人。除此之外,《说文解字》表达视力障碍的字还有眛、昧等。这说明古代中国对视力障碍类型已经有了较为细致的划分。

（2）聋、聩——听力残疾。

中国古代多用聋、聩等单音词指称听力残疾。《国语·晋书四》

---

① 陆德阳、道森信照:《中国残疾人史》,学林出版社1996年版,第6页。
② 《十三经注疏》（上册）,中华书局1980年版,第797页。
③ 《十三经注疏》（上册）,中华书局1980年版,第754页。
④ 段玉裁:《说文解字注》,中华书局1988年版,第135页。

中记载："聋聩不可使听。"三国吴韦昭注："生而聋曰聩。"①《左传·僖公二十四年》记载，周王室大夫富辰劝阻周惠王攻打郑国时说："耳不听五声之和曰聋，目不别五色之章为昧，心不则德义之经为顽，口不道忠信之言为嚚。"②这说明中国古代早在先秦时期就用聋、聩代指听力残疾，而且已经对先天性耳聋和后天性耳聋的区别有了初步了解。

（3）喑、哑——语言残疾。

中国古代常用喑和哑来表示语言残疾。语言残疾是指不能正常地使用发音器官进行口头语言交流的生理缺陷。《韩非子·六反》记载："人皆寐，则盲不知；皆嘿，则喑不知。"③《管子》记载："聋、盲、喑、哑、跛躃、偏枯、握递不耐自生者，上收而养之疾。"④《汉书·李广传》中"呐口少言"⑤，《晋书·左思传》中"貌寝口讷，而词藻壮丽"，这里的"呐"讲的均是说话迟钝和口吃。《后汉书·袁闳传》中提到"喑不能言"⑥。"喑"即"瘖"，是一种不能说话，暗然失声的疾病，也是今天言语障碍的一种。《宋书·南郡王义宣传》中提到，"生而舌短，涩于言论"，记载了先天性语言器官生理残疾。此外，在文献中甚至有"手语"一词出现，五代时期冯延巳所著《昆仑奴》中提到："知郎君颖悟，必能默识，所以手语耳。"⑦因此，中国古代已经对语言残疾有了初步的认识。

（4）瘸、跛——肢体残疾。

由于战争、酷刑和意外造成的肢体残疾在我国古代并不少见，典籍中也有相关的记载，如"孑孓""握递""瘸""跛""挛躄"等。肢体残疾包括上肢残疾和下肢残疾，"孑孓"表示上肢残疾。《说文解字》中记载："孒，无右臂也；孑，无左臂也孑。"⑧"握

---

① 上海师范大学古籍整理研究所：《国语》，上海古籍出版社1988年版，第388页。
②《十三经注疏》（下册），中华书局1980年版，第1818页。
③ 周勋初：《韩非子校注》，江苏人民出版社1982年版，第628页。
④《管子校注》，中华书局2004年版，第1034页。
⑤《汉书》，中华书局1962年版，第2447页。
⑥《后汉书》，中华书局1965年版，第1527页。
⑦ 傅逸亭：《聋人手语概论》，学林出版社1988年版，第1页。
⑧ 段玉裁：《说文解字注》，中华书局1988年版，第743-744页。

递"也是上肢残疾的一种。瘸、跛是指下肢腿脚残疾,走路不平衡谓之瘸和跛。《管子·入国》在讨论国家的"养疾"政策时就提到包括下肢残疾在内的各类残疾人,所谓"聋、盲、喑、哑、跛躄、偏枯、握递不耐自生者,上收而养之疾"①。"挛躄"则指上下肢的混合残疾。陆游《剑南诗稿·养生》中写道"挛躄岂不苦,害犹在四支",描述了肢体残疾给人带来的生活不便和痛苦。

（5）驼、偻——躯体残疾。

中国古代用驼、偻、佝偻、侏儒、偏死等指称躯体残疾。驼背,是指一种人的脊椎向后隆起,不能挺直的躯体残疾。先秦时代,古汉语中常用偻或佝偻来表示驼背,《谷梁传·成公元年》中有"使偻者御偻者"②之语,《淮南子·精神训》中记载"子求行年五十有四,而病伛偻"③。此外,还有用"戚施"代指驼背,用"蘧蒢"代指不能俯身的人。侏儒,是指身体异常矮小的人,古时也写作"朱儒"。在《左传》《史记》中也有关于身材矮小的侏儒的记载。"偏死""偏枯",是指身体部分或全部丧失了活动能力,即现在的麻痹和瘫痪,《庄子·齐物论》记载:"吾尝试问乎女,民湿寝则腰疾偏死,鳅然乎哉?"④《素问·风论》中也有"风之伤人也……或为偏枯"⑤。

（6）痴、呆、愚——智力残疾。

中国古代文献中记载了有关智力残疾的内容。中国古人用痴、呆、愚、疙等单字词或用痴呆、愚蠢等双字词来表示在感知、记忆、语言、思维等方面的智力残疾。《周礼·说官·司刺》中有"三赦曰蠢愚",郑玄注:"蠢愚,生而痴骇童昏者。"⑥《说文》指出:痴者,迟钝之意,故与慧正相反。愚蠢,生而痴呆懵懂,不辨南北东西。疙,则是指当今的轻度智力障碍,故有小痴谓疙之说。《论

---

① 赵守正:《白话管子》,岳麓书社1993年版,第567页。
②《十三经注疏》(下册),中华书局1980年版,第2417页。
③《淮南子集释》,中华书局1998年版,第534页。
④ 郭庆藩:《庄子集释》,中华书局1961年版,第1961页。
⑤ 陆德阳、道森信照:《中国残疾人史》,学林出版社1996年版,第14-16页。
⑥《十三经注疏》(上册),中华书局1980年版,第880页。

语·先进》中说"柴也愚,参也鲁"①,虽然这里的"愚"和"鲁"不是今天的智力残疾,但说明了孔子认识到弟子高柴愚笨、曾参迟钝,弟子之间智能方面是存在差异的,体现了中国古代早期人们对智力的认识。

(7)癫、疯——精神残疾。

中国古人常用癫、疯、癫狂、狂疾等词语来表示精神失常或精神残疾的人。《太平御览》中提到"阳气独上,则为癫病"。另据《汉书·外戚传》记载,中郎谒者张由有"狂"疾:"由素有狂易病,并发怒去,西归长安。"颜师古注:"狂易者,狂而变易常性也。"②

尽管中国古代对残疾种类的划分仍然不够科学,但是大量的相关文献涵盖了视力残疾、听力残疾、语言残疾、肢体残疾、躯体残疾、智力残疾、精神残疾等各种类型,并且相关记述形象生动、词汇丰富,详细记载了不同残疾的表现形式和特征,这是值得肯定的。这些文献资料说明古代中国人对于各种残疾已经有了较为全面的认识,有利于对残疾人给予相应的人文关怀;对残疾类型较为客观地划分也为我国特殊教育的发展提供了一定的理论依据;此外,对残疾人实施的教育实践也为我国以后的特殊教育实践提供了宝贵的经验和启迪。

(二)中国古代残疾人政策

在欧洲,残疾人很长一段时间都生活在黑暗与痛苦中,他们被迷信、巫术和宿命论所包围,被视为是人类的异类,受到伤害、驱赶和排斥。相比而言,虽然中国古代社会也有迷信、宿命地看待残疾和残疾人的思想,但总体上讲,我国古代对残疾人的态度比较仁慈和宽容。《礼记·礼运》中提出"人不独亲其亲,不独子其子;使老有所终,壮有所用,幼有所长,鳏寡孤独废疾者皆有所养"③的思想。儒家思想中尊重人的生存权、

①《十三经注疏》(下册),中华书局1980年版,第2499页。
②《前汉书》,上海古籍出版1986年版,第735页。
③《十三经注疏》(下册),中华书局1980年版,第1414页。

倡导社会应关心残疾人、对残疾人给予必要的人文关怀的思想更是对古代中国制定残疾人政策产生了积极深远的影响。我国古代社会对待残疾人的政策主要有宽疾、养疾和救疾等。

1. 宽疾政策

西周时期，我国已经建立了一套从中央到地方比较完善的官制系统，其中对残疾人的管理也被纳入地方官员的职责范围。《周礼·地官·大司徒》中规定大司徒要行养民之政，包括对残疾人施行"宽疾"的政策，"以保息六养万民：一曰慈幼，二曰养老，三曰振穷，四曰恤贫，五曰宽疾，六曰安富"。宽疾即宽待残疾人。清代阮元解释"宽疾"为："若今癃不可事，不筭卒，可事者半之也"，所谓"可事者半之也"指的是"不为中役，轻处使之，取其半功而已，似今残疾者也。是其宽饶疾病之法"[①]。西周时期除了大司徒以外，小司徒也承担了辨别残疾的责任，小司徒"掌建邦之教法，以稽国中及四郊都鄙之夫家九比之数，以辨其贵贱、老幼、废疾，凡征役之施舍，与其祭祀、饮食、丧纪之禁令"[②]。可见，从先秦时代开始，历代统治者就比较注重施行宽待残疾人政策。

具体说来，宽疾政策在古代中国主要体现在以下几个方面：一是国家对残疾人徭役、赋税的减免和兵役的免除。《文献通考·户口》中记载："国中贵者、贤者、服公事者、老者、疾者，皆免役不征。"这说明周朝残疾人是国中免服征役的对象之一。先秦时期尽管战争频繁，人们徭役负担沉重，但是残疾人却享有国家特殊的照顾政策。秦汉到明清时期，我国封建统治者继承并发展了宽疾政策。如唐律中就明文规定，残疾人可以不课，即残疾人可以免去身丁税；宋朝实行身有疾废者免身丁税和免丁役的政策。二是残疾人犯罪依法可得到一定宽减。周朝时，残疾人成为三赦的对象。残疾人所犯之罪除特别残忍的罪行外，其他的罪行可以得到国家的赦免，从而享有避免法律惩处的特殊

---

① 《十三经注疏》（上册），中华书局1980年版，第706页。
② 《十三经注疏》（上册），中华书局1980年版，第710页。

恩惠。晋律规定："侏儒、笃疾、癃残,非犯死罪,皆颂系之。"①这就是说除非特定的残疾犯人犯死罪,则拘禁时不加刑具。宋律规定："笃疾者,杂犯死罪,不科刑,伤人及盗,俱入赎刑,其余之轻罪则勿论;废疾者,流罪以下可收赎,若贫不能自赎者,可放免;若是死罪,也仅散禁而已。"可见在宋朝,残疾人犯罪受到了更加宽松的对待。

2. 养疾政策

所谓养疾,就是为残疾人提供住宿和生活资料,中国古代从很早就开始施行养疾政策。春秋战国之时,某些诸侯国家就已经对残疾人采取了收而养之,官给衣食的养疾政策。如《管子·入国》中记载："聋、盲、喑、哑、跛躃、偏枯、握递不耐自生者,上收而养之疾馆,而衣食之。殊身而后止。"②此外,春秋时期还开始向包括残疾人在内的灾民赈米、赐谷的现象,《晏子春秋》中就记载了齐景公在晏子的劝说下向灾民赈米的事情。秦汉时期,灾荒频发,百姓流离失所,政府的赈米、赐谷等养疾政策进一步实施。如汉朝经常向包括残疾人在内的弱势群体提供生活必需品。据《汉书》记载,汉武帝时期"遣博士大夫等六人分循天下,访问鳏寡废疾,无以振业者,贷与之"③。光武帝刘秀更是明确了向包括残疾人在内的人群的赐谷政策。据记载,建武六年(30年)春,光武帝诏曰:"往岁水旱蝗虫为灾,谷价腾跃,人用困乏。朕惟百姓无以自赡,恻然愍之。其命郡国有谷者,给廪高年、鳏、寡、孤、独及笃癃、无家属贫不能自存者,如律。"④此后,历代皇帝向包括残疾人在内的贫病不能自存者赐谷的措施成为常例。隋唐时期,佛教鼎盛,僧人首先开始在寺庙创办"悲田养病坊",收养包括残疾人在内的弱势群体。武则天统治时期,受佛教行善好施慈善思想的影响,国家开始设立不同规模的"悲田养病坊",

---

① 《通典》,浙江古籍出版社1988年版,第868页。
② 《管子》,浙江人民出版社1987年版,卷十八。
③ 《汉书》,中华书局1962年版,第180页。
④ 《后汉书》,上海古籍出版社1986年版,第769页。

民间慈善性质的悲田养病坊开始变为官办的慈善机构①。宋代创建福田院，用以收养残疾人和乞丐等。福田院是唐代悲田养病坊的延续。据《宋史·食货志·食货上六》载：北宋在京师设置东、西福田院，但规模较小。宋仁宗（1023—1063年在位）诏令诸州府，救济鳏寡孤独、癃老、疾废、贫乏不能自存者，安排居养。宋英宗（1064—1067年在位）"命曾置南、北福田院，并东、西各广官舍，日廪三百人。岁出内藏钱五百万给其费，后易以泗州利钱，增为八百万"②。此外，北宋年间创办了收容抚育弃婴的慈善育婴机构，到南宋时发展成为举子仓、慈幼局等各种机构，这些慈善机构对于残疾人的收养也起到了很大的帮助作用。宋朝以后，明清两朝都继续创设类似收养包括残疾人在内的弱势群体的官方福利院，以帮助贫病疾患。如清代康熙年间由民间力量创办的普济堂，就是要帮助身负残疾而不能自存的人。由此可见，中国古代养疾政策实施较早，且历朝历代均有所发展，这些政策和措施对改善残疾人的生存境况具有重要意义。

3. 救疾政策

救疾主要是指对残疾人进行帮助，使残疾人在身心和生活上得到一定程度的改善。救疾主要表现在两个方面，一是在医疗救助方面给予残疾人相应的特殊照顾。如《周礼·天官·医师》规定："医师掌医之政令，聚毒药以共医事。凡邦之有疾病者、疕疡者造焉，则使医分而治之。"③先秦时期的医疗救济政策，在以后历朝历代都得到进一步发展。隋朝设置普救病坊、元朝设置惠民局、明朝设置惠民药局，都为鳏寡孤独废疾者提供必要的医疗帮助。据《明史·职官制》载："洪武三年，置惠民药局，府设提领，州县设官医，凡军民之贫病者，给之医药。"④二是在生活方面对残疾人给予相应的救助。古代中国历代王朝无论是出于仁爱之心，还是基于维护自身统治的考量，国家对残疾人给予了不同程度的

---

① 周秋光：《中国慈善简史》，人民出版社2006年版，第93页。
②《宋史》，中华书局1976年版，第178页。
③《十三经注疏》(上册)，中华书局1980年版，第666页。
④《明史》，中华书局1974年版，第1880页。

生活救助与施舍。据《北史·魏本纪·高祖孝文皇帝》记载："六疾不能自存者，人赐五斗。"隋唐时期，我国古代的社会救济制度有新的进展，储粮救荒的仓廪制度得到发展。一方面，从汉代开始政府建立的常平仓得到延续；另一方面，由政府提倡、民间创办的义仓在隋朝时大量建立。由常平仓、义仓构成的仓廪系统，对隋唐时期包括残疾人在内的贫民的救济起到了重要作用。在此后各代成为一项制度性建设①。明朝同样也对残疾人施行生活救济政策，《明史·食货志》载："初，太祖设养济院收无告者，月给粮。"②这些都是中国古代救济残疾人的重要措施。

中国古代社会生产力仍然不高，生活资料并不是很丰富，普通人的生活也并不富足。但是，从先秦时代开始，历朝历代都注意对残疾人采取"宽疾""养疾"和"救疾"的政策，这是儒家"仁爱""民本"思想在社会保障领域的体现，同时也为中国古代的残疾人创造了较为宽松的社会生存环境。

二、中国古代特殊教育活动的历史演变

我国古代虽有较为开明的残疾人政策，对残疾人实施了宽疾、养疾、救疾措施，一定程度上改善了残疾人的生存状况，取得了一定的成效。同时也开展了一些特殊教育实践活动，但由于经济条件、思想观念、社会环境等因素的制约，古代中国并没有形成系统的、制度化的特殊教育体系。整个漫长的古代中国，特殊教育几乎处于一个萌芽、准备阶段。

1. 原始社会的特殊教育活动

一般认为，原始社会的特殊教育活动是和日常生活融为一体的，残疾人和正常人一样在生产生活活动中习得生存本领和族群经验。传说中的五帝时期正处于我国原始社会末期，据文献记载可推知，尧舜禹时期残疾人就开始参与部落的文化教育和管理活

---

① 朱宗顺：《特殊教育史》，北京大学出版社2011年版，第36页。
②《明史》，中华书局1974年版，第1888页。

动。如《尚书·舜典》中记载："帝曰：夔，命汝典乐，教胄子。"①《孔子家语·五帝德》中记载："（帝尧）富而不骄，贵而能降，伯夷典礼，夔龙典乐。"《史记·五帝本纪》中写道："舜曰：然。以夔为典乐，教稚子，直而温，宽而栗，刚而毋虐，简而毋傲；诗言意，歌长言，声依永，律和声，八音能谐，毋相夺伦，神人以和。"②汉荀悦的《汉纪·惠帝纪》中记载："夔作典乐，和神人。"③这里的"夔"指的是一足之人。夔，作为残疾人参与了当时社会的教育实践活动，和健全人士一起为教育做出了贡献。可见，在原始社会条件下，特殊教育是同普通教育一样融合在生产生活中的，特殊个体同正常人一起在部落中接受生产生活技能与习俗的简单教育。

另外一个传说似乎也和早期的特殊教育活动有关。相传，虞舜的父亲是一位盲人，《尚书·尧典》对舜的描述为"瞽子，父顽，母嚣，象傲"④。而司马迁也在《史记·五帝本纪》中记载："虞舜者，名曰重华。重华父曰瞽叟。"⑤瞽在中国古代指盲人，意即舜帝的父亲是盲人。盲人的儿子可以成为中国历史传说中的圣人，说明这个盲人也应该是受过一定教育的。当然，这种教育应该是限于生活意义上的教育。从这个意义上理解，原始社会已经有了最初朴素的特殊教育活动。

2. 先秦时期的特殊教育活动

先秦时期，我国特殊教育活动更加频繁和有效。第一，西周是我国先秦时期学校体系最完整的时期，根据文献推知当时已经有国学和乡学的划分，国学又可分为大学和小学两级，其中"瞽宗"是为天子所设立的五所大学之一，按郑玄的注解"无目谓之瞽"，因此瞽宗就有可能是"世界上设立最早的特殊教育机构"⑥。第二，西周宫廷设有一支颇具规模的盲人乐队，这支乐队遇有大

---

① 《十三经注疏》（上册），中华书局1980年版，第131页。
② 《史记》，中华书局1982年版，第39页。
③ 《汉记》，《四部丛刊》景明嘉靖刻本，卷五。
④ 《十三经注疏》（上册），中华书局1980年版，第123页。
⑤ 《史记》，中华书局1982年版，第31页。
⑥ 喻本伐、熊贤君：《中国教育发展史》，华中师范大学出版社1985年版，第46-50页。

型礼仪活动时就演奏音乐，平时则由大师、小师带领学习文化和音乐。大师是盲人乐官之长，在大型祭祀活动中率领众"瞽"演奏音乐，平时对乐队盲人成员"教六诗，曰风、曰赋、曰比、曰兴、曰雅、曰颂"①。《周礼·春官宗伯》中写道，"大师乐官之长，无目，于音声审律，掌六律六同，以合阴阳之声，教瞽蒙祭祀奏乐等事"②；而小师在大型祭祀活动时负责亲自演奏乐器，平时则教乐队成员乐器演奏的技术。"瞽矇"既是盲人乐队的成员，又是宫廷音乐的学习者。这种瞽蒙教育已经具有一定的规模。据载，瞽矇有上中下三类，合计三百人，是一支集宫廷、官府奏乐与旨在培养音乐专门人才的庞大队伍，并且建立了一种考试评审制度，以智之高下为等级③。《国语·周语》记载邵穆公谏厉王语曰："天子听政，使公卿至于列士献诗，瞽献曲，史献书，师箴，瞍赋，矇诵，百工谏，庶人传语，近臣尽规，亲戚补察，瞽史教诲，耆艾修之，而后王斟酌焉，是以事行而不悖。"④意思是说，在朝堂上，瞽献乐曲、瞍赋诗、矇讽诵，盲人史官则以天道施行教诲，各种视力障碍者皆有所用。这样的描述说明，在我国先秦时期，针对视力残疾者的教育已经产生。因此可以说，西周时期是我国特殊教育活动的开端。第三，先秦时期除了盲人教育以外，还有聋聩、跛足、喑哑、侏儒等人的教育。《礼记·王制》中提出："瘖、聋、跛、躄、断者、侏儒、百工，各以其器食之。"⑤《荀子·王制》记载："请问为政？……五疾，上收而养之，材而事之，官氏而衣食之，兼覆无遗。"⑥残疾人通过接受特殊教育掌握了某种知识和技能，提高了生存的本领，能在社会上从事某些特殊的职业。如有的盲人乐工从事祭祀、欢宴场合的演奏活动，有的残疾人还担任了家庭教师或者巫师之事。由此可知，我国先秦时期已经成立了教育机构从事特殊教育活动，在教育内容和教育对象上同原

---

① 《十三经注疏》（上册），中华书局1980年版，第796页。
② 《十三经注疏》（上册），中华书局1980年版，第795-796页。
③ 《十三经注疏》（上册），中华书局1980年版，第754页。
④ 《国语》，上海古籍出版社1978年版，第9-10页。
⑤ 陈澔：《礼记集说》，天津市古籍书店1988年版，第80页。
⑥ 王先谦：《荀子集解》，中华书局1988年版，第148-149页。

始社会相比都有了较为明显的发展。

此外,先秦时期的人们已经认识到只要经过合适的教育,残疾人也可以胜任一些工作,因此提倡对残疾人因材施教。如《周礼·春官宗伯》中记载:"凡乐歌,必使瞽蒙为焉者。"[1]根据《国语·晋语》中记载,晋国大夫胥臣向晋文公建议,对驼背、侏儒、聋哑等残疾人应因材施教:"官师之所材也,戚施直镈,蘧蒢蒙璆,侏儒扶卢,蒙瞍修声,聋聩司火。"[2]意思是:驼背的可以让他敲钟,身不能俯者可以带玉佩,侏儒可以表演杂技,矇瞍可以辨别音乐,聋聩之人则可以掌管烧火。在先秦时期就能够认识到残疾人只要加以合适的教育仍然可以自食其力,承担一定的社会工作,这种思想在当时的历史条件下是十分难能可贵的。

3. 秦汉以来的特殊教育活动

秦汉以来,漫长的两千余年间,虽然有的封建统治者为赢得民心,巩固自身的统治,颁布了一些宽疾、养疾的政策。这些少有的利于残疾人和特殊教育发展的政策也一般存在于皇帝登基、开国大典、阶级矛盾十分尖锐时,并且这些政策始终停留在抚恤与救济的阶段,能够系统接受教育的残疾人多生于官宦富豪之家,而一般的平民百姓是望尘莫及的。因此,特殊教育活动几乎停滞不前,甚至是衰退了,"和先秦相比,反而逊色、萎缩了"[3],导致我国特殊教育长期停留在萌生状态,没有发展成为枝繁叶茂的体系。

社会的发展变化是导致这种状况的首要原因。第一,秦汉以后语言文字符号的广泛运用使得盲人和普通人相比对音乐的把握失去了优势,这也是盲人音乐教育后来再难兴起的一大原因。第二,西周时期,强大的西周王朝是盲人音乐教育鼎盛的政治基础,但随着春秋时期诸侯争霸的逐渐升级,礼崩乐坏,学术下移,盲人音乐教育逐渐失去了赖以生存的政治条件。第三,隋唐以来科

---

[1]《十三经注疏》(上册),中华书局 1980 年版,第 753 页。
[2]《国语》,上海古籍出版社 1978 年版,卷十。
[3] 陆德阳、道森信照:《中国残疾人史》,学林出版社 1996 年版,第 332 页。

举考试制度对残疾人的排斥。科举考试强调对儒家经典的学习和记诵,考试主要内容为默写、策论和诗赋等,这对于很多残疾人特别是视力和听力残疾的人是十分不利的。况且科举考试本身也对残疾人的报名和录取有一定的限制。如《文献通考·选举制》所载,北宋明文规定"其有残废笃疾并不得预解";明孝宗甚至规定残疾人不许留在官学:"弘治十七年,令提学官有徇情将老疾鄙猥之人滥容在学及克贡者,参究黜罢。"①这些条款限制了残疾人学习的热情,也不利于特殊教育的发展。

自先秦至清末,中国真正意义上的特殊教育虽然始终处于萌芽状态,但并不意味着两千多年的中国封建社会没有特殊教育实践活动。封建社会的特殊教育活动主要表现在三个方面。一是融合在普通教育之中的特殊教育。残疾程度较轻者同健全的普通人一样接受相同的普通教育。二是残疾人在生产生活实践中接受"自然的"职业教育。残疾人根据自身的生理状况学习某种知识与技能,以提高自己的生存本领。如残疾人学习奏乐、祭祀、杂技、算命、巫术等技能,这种特殊教育多采用师徒传授方式进行。三是官宦和富贵人家也有为家庭中的残疾儿童聘请专门教师的,但是这样的情况毕竟是少数。总的说来,秦汉以来的中国特殊教育事业虽呈现停滞不前甚至倒退下滑的状态,但特殊教育并没有彻底消失在历史的车轮中,而是随着社会的发展通过各种方式延续下来,中国的特殊教育正在酝酿着历史的新生。

三、中国古代的神童教育

(一)中国古代神童的特点

神童在我国古代是指天才儿童,即智力显著高于同龄阶段常态儿童发展水平或具有某方面特殊才能的儿童。宋代编纂的《册府元龟·总录部·幼敏》对神童的描述为"幼而敏慧,少而老成,

---

① 陆德阳、道森信照:《中国残疾人史》,学林出版社1996年版,第334页。

有特禀异质，迥越伦萃，岐嶷兆于襁褓，颖悟发于龆龄"①。在古代文献中关于超常儿童的记载可谓俯拾即是，如汉末的杜安，三国时魏国的任瑕，晋朝的杜育，南北朝时期的谢庄、徐之才，唐朝的李百药和宋朝的贾黄中等。中国古代神童大致有如下特点。

1. 过目不忘，博闻强记

记忆力是智力的基础和重要组成部分，古代神童一般都有着惊人的记忆力。有的神童记忆敏捷，过目成诵；有的记忆准确，一字不差；有的记忆持久，终身不忘。据刘劭《幼童传》所记："乐安任瑕，十二岁就师求学，过目不忘，一年通三经。张霸七岁，通《春秋》。宛人任贤，年十二岁时，明《诗》《易》《春秋》，因而被人号称任圣童。"另据《儿世说》所记："长孙绍远，年十三，王硕以《月令》试之，读一遍，便能背诵如流。虞荔，九岁，别人考问他五经十事，他对答无一遗漏。"

2. 天资颖慧，思维敏捷

这也是古代神童的一个重要特点。据大量史料所记，我国古代神童，大都天资颖慧，反应敏捷。据《儿世说》记，詹金龙在五岁时被皇帝召见，皇帝赐给他果品。他对答道：一盂果子赐五岁之神童。皇帝说道：三尺草莽。他对答道：万年天子。李东阳被举为神童，入朝见皇帝，因为人小跨不过门槛。皇帝说：神童足短。他对答道：天子门高。何妥八岁之时，顾良与他开玩笑说：汝姓是荷叶之荷，为河水之河？他回答道：先生姓顾，是眷顾之顾，为新故之故。张玄之八岁时缺齿。别人对他戏言：君口中何为开狗窦？他回答道：正使君辈从此中出。

3. 长于想象，善于思考

神童大都善于独立思考，能提出一些独到的见解。据《儿世说》所记，神童岳柱八岁时，观看他的老师何澄画《陶母剪发图》，画的是陶母家贫，但为了接待客人，就剪掉头发以用来换酒，岳柱发现陶母手上戴着金钏，他就指着金钏问他的老师说：此可易

---

① 陈汉才：《中国古代幼儿教育史》，广东高等教育出版社1996年版，第75页。

酒，何用剪发？老师何澄大为惊奇。据刘义庆《世说新语·言语》所记，徐孺子九岁之时，有一次在月下玩耍，别人对他说：假如使月中无物，应当特别明亮吧？他回答说：不然，就像人眼中有瞳子，无此必不明。

4. 少年老成，合乎礼制

古代神童不仅智力比同龄人要高，而且在思想、道德和待人接物等方面也比同龄人成熟要早，也就是神童社会性的发展也优于常人。据《儿世说》记载，袁君正在幼年之时，他的父亲患病，君正昼夜侍奉，别人劝他休息一会儿，他回答说：尊患未瘥，眠亦不安。王泰在年幼之时，他的祖母把枣栗散在床上，其他小儿都争相去取，只有王泰不动，祖母问他，他说：不取自当得赐。

（二）中国古代神童的类型

1. 君王型神童

中国有关神童的记载最早可以追溯到原始社会末期，如黄帝、颛顼、禹等之时，他们大多是因为君临天下或辅佐王政而名垂青史。最早的神童与神灵之间的关系非常密切，被认为是承载了上天的意旨，具有上天赐予的超凡能力。人们相信这些神童可以率领他们与自然进行抗争并取得胜利，同时也相信严格遵循神童秉承的上天意旨就可以在部落战争中取得胜利。可见，这种推崇倾向与原始宗教中的神灵信仰和自然崇拜有着密不可分的关系。在远古时代，自然界对人类的生存繁衍有着重要影响，人类希望增强自己对抗自然灾害的能力，但是当时人类的知识和能力还十分有限，所以人类希望通过神化与崇拜那些有能力的神童而获得与自然界进行抗争的能力。

2. 礼义型神童

西周时期，国家体制逐渐形成，周王朝创建的礼乐制度得到普遍的认可和接受。在这种情况下，礼义与德性开始逐渐受到人们的尊重与推崇，从小知书达礼的儿童就被认为是超出常人的神童。《周书》中记载:"周灵王太子晋,八岁辨服师旷。"太子晋从小就懂得服饰礼仪之道,是因为整个社会推崇和重视礼义。推举知礼而择师的太子晋为西周时代儿童的楷模,是礼乐文化下的必然结果。

3. 谋略型神童

春秋战国时代,诸侯争霸烽烟迭起,在这种战争频繁的时期,人的智谋就略显得非常重要,因此,具有谋略才能的儿童更易被认为是神童。秦国的甘罗最具这一时期神童的典型特征。"甘罗者,甘茂孙也。茂既死后,甘罗年十二,事秦相文信侯",《史记·甘茂列传》中记载了甘罗出色的外交能力:当秦始皇希望扩充领地的时候,吕不韦希望张唐去燕国为相,但劝说未果。甘罗不仅成功地游说了张唐,而且单独出使赵国,以秦燕联盟转而支持赵国伐燕,并使赵国将攻燕所得的部分城池又献给了秦国。甘罗的一系列谋略赢得了秦始皇的高度赞赏,也使他本人成为战国时期最为著名的神童。司马迁对战国时期推崇甘罗这样的人为神童的原因作出了精辟的解释:"甘罗年少,然出一奇计,声称后世。虽非笃行之君子,然亦战国之策士也。方秦之强时,天下尤趋谋诈哉。"①正是天下尤趋谋诈的社会风气使甘罗这样的儿童在春秋战国时代被推崇为神童。

4. 尚德型神童

汉代以来,儒家思想逐渐被确立为封建统治的核心思想,崇尚礼仪、仁德忠孝的道德要求成为为人处世的标准。在这种文化传统下,遵从礼仪、道德高尚的儿童被认为是神童。孔融四岁让梨、黄香九岁替父母温席的故事在民间广为流传,并写入了我国古代影响最大的蒙学教材《三字经》中:"香九龄,能温席,孝于亲,所当执;融四岁,能让梨,弟于长,宜先知。"②汉朝的黄香年方九岁就懂得孝顺父母,相传他夏天替父母扇凉枕席,冬天则

---

① 《史记》,中华书局1959年版,第2321页。
② 喻岳衡:《传统蒙学书集成》,岳麓书社1996年版,第1页。

以自己的身体温暖父母的被衾,在我国古代的《二十四孝》中,就将"黄香枕席"列为一孝。在汉代,孝悌成为人们衡量神童的重要标准有这样几个原因:首先,儿童的主要生活范围限于家庭,尚未真正进入成人社会,交往的对象主要是父母和兄弟。因此,儿童难以忠君侍主,却可以孝顺父母,难以信义朋友,却可以顺从兄长。可见,以孝悌作为衡量神童的标准具有一定的客观性和现实性。其次,儿童也必须做到孝悌。正所谓"家国天下",孝悌教育不仅是维系家族血缘关系的重要手段,也是儒家治国安邦思想的根本。《论语》中写道:"孝悌也者,其为仁之本欤。"①孟子也说:"仁之实,事亲是也;义之实,从兄是也。"②仁义的实质就是孝父母、敬兄长。也就是说,儒家思想是通过孝治达到巩固政权与君权的目的,是所谓的"孝治天下",这才是统治者倡导孝悌教育、以孝悌举神童的根本目的。

5. 尚文型神童

出口成章、赋诗撰文是尚文型神童的主要特点。特别是唐宋以来,不论是长于诵经策论、诗赋文章,还是善于使用八股文中的言辞技巧,凡是在文学与记忆方面有突出才能的儿童总是容易被冠以神童之誉。文献中关于这样神童的史料非常丰富。《新唐书》记载:"王勃,字子安,绛州龙门人;六岁善文辞,九岁得颜师古注《汉书》读之,作《指瑕》以摘其失,年为及冠,授朝散郎。骆宾王,义乌人,七岁能赋诗。"③南宋孝宗(1163—1189)时,礼部尚书陈:"本朝童子以文称者,杨亿、宋授、晏殊、李淑,后皆为贤宰相、名侍从。"④《宋史·晏殊传》记载:晏殊,抚州临川人,七岁能属文,"景德初,张知白安抚江南,以神童荐之,帝召殊与进士千余人并试庭中,殊神气不慑,援笔立成"⑤。尚文型神童的出现和封建国家重视文治教化有着密切的关系。隋唐以来实行的

---

① 《十三经注疏》(下册),中华书局1980年版,第2457页。
② 《十三经注疏》(下册),中华书局1980年版,第2723页。
③ 《新唐书》,中华书局1975年版,第5739页。
④ 《宋史》,中华书局1976年版,第9521页。
⑤ 《宋史》,中华书局1976年版,第10195页。

科举考试对文采诗赋非常重视,而科举童子科的设置更让人们对神童的标准偏重于文章诗赋。文学才华作为对神童重要的考量标准,直到今天仍然影响着人们对儿童的看法和评价。

(三)封建社会对神童的解释

1. "政通人和,天地共济"

这是一种天人感应的思想,认为这类儿童本身携带着天地的灵气,他们的出现,绝非偶然,是天时、地利、人和的自然产物[①]。古代中国人认为上天是最神圣的,皇帝作为"天子"代表着上天的意旨,如果皇帝勤政爱民,江山社稷风调雨顺,黎民百姓安居乐业,那么上天就会认可"天子"的行为,就会降福于人间;反之则会给人类社会带来灾难。这是中国儒家哲学注重"天人合一"思想的反映。在这种哲学思想下,神童的出现就归功于皇帝的功德,认为是"政通人和,天地共济"的重要佐证。因此,各地一旦发现神童,就马上上报朝廷,作为对皇帝歌功颂德、粉饰太平的资料。故中国两千多年的封建社会,几乎历朝历代都有关于神童的记载。

2. "百年望族,其后有神"

这是一种渗透血统论的贵族教育思想,隐含着对遗传决定论的认可[②]。从历史资料来看,中国很多神童的确是出自名门望族,幼年时就表现出非同一般的思维能力。如众所周知的曹冲、司马光以及宋朝"一门父子三词客"中的兄弟俩——苏轼和苏辙。但究其原因,他们之所以成为神童很大程度上是因为这些官宦之家、书香门第的后代有条件接受良好的早期家庭教育以及占有较多社会资源的缘故。实际上,在平民百姓之中,也有很多天资聪颖、资质秉异的儿童,但却往往由于没有条件接受良好的教育而渐渐湮没无闻,如宋朝学者王安石写过的《伤仲永》的故事:江西金溪民方仲永天赋秉异,五岁便可指物作诗,可是其父只把他当做

[①] 张福娟:《特殊教育史》,华东师范大学出版社2008年版,第205页。
[②] 张福娟:《特殊教育史》,华东师范大学出版社2008年版,第205页。

赚钱的工具而不让他学习，十二三"令作诗，不能趁前时之闻"，最终"泯然众人矣"。因此，对于神童来说，遗传天赋固然很重要，后天持续地学习更是不容忽视。

3. "沧桑之变，济世有才"

这一观点认为，在历史发展的紧要关头，总会出现一些杰出人物来力挽狂澜。明末著名诗人、少年抗清名将夏完淳（1631—1647），生于明松江府华亭县（今上海市松江），天资聪颖，五岁读经史，七岁能诗文，十四岁从其父及业师陈子龙参加抗清活动，十七岁时事败被捕，当年九月就义于南京。夏完淳不仅是明末的抗清英雄，同时也是明末诗坛的代表人物之一，其诗优美雄壮，其词哀婉凄恻，其赋怀古伤今。此外，在狱中完成的散文《狱中上母书》声情并茂感人至深，是出色的散文作品。夏完淳一生虽然只有十七年，但在诗词歌赋和史学方面都留下了杰出的作品，代表作有《细林夜哭》《唱歌》《别云间》《续幸存录》等，在中国文学史上占有重要的位置。夏完淳虽然英年早逝，但他仍然是中国古代"乱世英才"的杰出代表，也是"沧桑之变，济世有才"的神童代表。

（四）中国古代神童的教育与考选

1. 中国古代神童的教育

现有文献中关于神童的事例虽然多有记载，但神童教育的相关文献却少之又少；同时从中国古代社会关于神童的类型和解释也可以看出，当时人们对于神童的解释仍然带有一些神秘色彩。实际上，由于科学知识有限，中国古代对神童等超常儿童的身心特点和教育并没有进行深入的研究，也没有形成专门的、系统的、专业化的神童教育。绝大多数神童的教育是融合在家庭教育和普通教育之中的。由于中国古代教育的阶级性，能不能接受适当的教育完全取决于家庭的经济条件、社会地位等情况。出生于王公贵族或富贵人家的神童，则易接受良好的家庭教育。如颜之推在《颜氏家训·序致》中就描写了他从小接受父兄教育的情形："吾家风教,素为整密。昔在龆龀,便蒙诱诲;每从两兄,晓夕温清。规行矩步,安辞定色,铿锵翼翼,若朝严君焉。赐以优言,问所好尚,励短引长,莫不恳笃。"①而如果生于普通百姓人家,则很有可能由于不能接受相应的教育而湮没无闻,历史上大多数神童最终"江郎才尽""泯然众人"大多缘此。

神童教育未能脱离普通教育而独立,意味着大多数时候,神童和普通儿童要在同样的蒙学机构学习同样的内容。我国古代蒙学除少量官办的小学外,主要是私立的家塾、家馆等。这些蒙学的基本任务是通过学习童蒙教材来教会儿童认字,进而传授封建社会的伦理道德、自然地理、历史和文化等基础知识。历代神童就在家庭或蒙学教育机构中学习和成长,实际上,由于缺乏对神童学习特点和身心发展特点的把握,很多神童的潜能都没有被开发出来,甚至压制了神童特殊才能的发展,这对于中华民族来说是十分可惜的。

2. 中国古代神童的考选

中国古代虽然没有专门的神童教育,但是却十分重视对神童的考选。相对发达的神童考选是我国特殊教育活动的一大特点。

我国从汉代开始就建立起针对天赋异禀儿童的考选制度。《文献通考·选举考八》记:"汉法孝廉试经者拜为郎,年幼才俊者拜童子郎。"②汉朝初年颁布律令规定:"太史试学童,能讽书九千字以上,乃得为史,又以六体试之,课最者以为尚书、御史、史书、令史。"③这被视为是后代童子科的起源。东汉顺帝尚书令左雄奏称:"征海内名儒为博士,使公卿子弟为诸生,有志操者,加起俸禄;及汝南谢廉、河南赵建章年始十二,各能通经,雄并奏童子郎。"④汉代的童子科,是选年龄在十二到十六之间,能博通经典的入科。汉代选拔人才以荐举为主,孝廉是举荐童子郎的重要标准,同时也要求儿童能背诵一定的经学内容。儿童一旦被

---

① 王利器:《颜氏家训集解》,上海古籍出版社1980年版,第22页。
② 马端临:《文献通考》,中华书局1986年版,第329页。
③《前汉书》,上海古籍出版社1986年版,第529页。
④《后汉书》,上海古籍出版社1986年版,第979页。

举为童子郎，即可为官。因此，汉朝时我国天资聪慧的儿童就可以通过童子郎步入仕途，这对于尽早发现神童和发展其才能具有积极的推动作用。

唐承隋制，在沿用隋朝科举考试制度的同时，正式设置童子科。童子科是专门选拔神童的科举考试，凡赴者称应童试。唐代的童子科经历了设置到诏禁再到复置这样一个发展、完备的过程。唐高祖武德七年始设童子科，"自隋以来，离乱永久，雅道沦缺，儒风莫扇。朕膺期御宇，静难齐民，钦若典谟，以资政术，思弘德教，光振遐轨。是以广设庠序，益召学徒，旁求俊异，务从奖擢。宁州罗川县前兵曹史孝谦，守约丘园，伏膺道素，爰有二子，年并幼童。讲习《孝经》，咸畅厥旨。义方之训，实堪砺俗。故从优秩，赏以不次，宜普颁示，咸使之闻。如此之徒，并即申上，朕加亲览，特将褒异。"①唐代完全以儿童对经学内容的记忆作为评价标准。对于选出的神童，有的授予官职，有的仅给予任职资格。据载，"初唐四杰"之一杨炯就出身于童子科，"华阴人，显庆六年举神童，授校书郎"②。

五代时期社会动荡不安，科举考试衰微，童子科虽然存在，但是弊端丛生。正如后晋礼部侍郎张允在给高祖的奏折中说：童子每当就试，止在念书，背经则虽似精详，对卷则不能读诵。及名成贡院，身返故乡，但刻日以取官，更无心而习业，滥觞徭役，虚台官名。宋代童子科虽几次停考，但体制更加完善。《宋史·选举制》记载："凡童子十五岁以下，能通经做诗赋，州升诸朝，而天子亲试之。其命官、免举无常格。"③宋朝童子举的选拔程序为州郡推荐，国子监初试、中书省复试、皇帝亲试。考核时不再局限于背诵经文，内容上增加了诗赋，对中第的神童划分等级进行录取，录取标准也更加严格。所以宋朝所选神童大都名实相符，童子科举中者，许多都成为国家重臣。据对《宋会要·选举九》

---

① 徐松：《登科记考》（上册），中华书局1984年版，第7页。
② 徐松：《登科记考》（上册），中华书局1984年版，第50页。
③《宋史》，中华书局1976年版，第3653页。

的统计，两宋童子科考试，共赐出身者36人，授官12人①。宋代童子科有其特点：一是对奇异童子皇帝往往亲试之；二是到宋代后期，将童子科分为上、中、下三等，有不同的考试内容和不同的待遇。金代的童子科和五代时辽的童子科很相似，设经童科。元代承前制，设童子科，历年多有举荐。明代对所举幼童，实行课业廪给之制。先使所举童子养读，然后考核，合格者录用，或让其参加正规科举考试。到了清朝，童子科被完全纳入科举考试的第一级童试中，自此，童子科退出了历史舞台。

纵观我国的童子科考选制度，童子科产生于汉代，兴盛于唐宋，衰落于元明，终结于清代。以童子科为代表的神童考选制度经历了产生、变革、定型与衰废的过程。就童子科的作用而言，确实选拔出了一批才赋出众的儿童，他们担任了重要的官职，成为后世效仿的楷模，也促进了我国古代神童教育的发展。但童子科以功名富贵为利诱，促使儿童刻苦读书，且考核内容过分注重对经书的记诵，使神童教育过早和过分地注重对经书的记诵，从而扼杀了神童的天性和潜能的协调发展。

第二节　中国古代特殊教育思想的萌芽

一、先秦时期特殊教育思想的萌芽

中国古代虽然不乏各种特殊教育活动，但却没有对特殊教育活动进行系统地总结和概括，也没有专门论述特殊教育活动和思想的论著。但是这并不意味着中国古代哲学与教育思想中没有有助于特殊教育萌生的思想。相反，中国传统儒墨道法等文化中蕴含着丰富的特殊教育思想。孔子、孟子、老子、庄子、墨子等先哲及以他们的思想为核心的儒家、道家和墨家学说中就蕴含着很多闪耀着智慧光芒的特殊教育思想。因此，儒道墨等中国传统文

---

① 李正富：《宋代科举制度之研究》，台湾政治大学出版社1963年版，第114页。

化成为我国特殊教育思想萌芽的土壤。

（一）先秦儒家思想中的特殊教育思想资源

1. 孔子——"仁者爱人"

孔子（前551—前479年），名丘，字仲尼，春秋末期鲁国陬邑（今山东曲阜市东南）人，是我国古代著名的思想家、教育家、儒家学派创始人。孔子生逢春秋乱世，礼崩乐坏，战火频繁，受传统礼乐文化的影响，孔子提出以"仁"为核心、以"礼"为规范构建理想社会的主张，但是他的政治抱负始终无法实现，在这种情况下，孔子退而从教。相传孔子30岁开始创办私学，从教40年，从未间断，《史记·孔子世家》记载："孔子以诗、书、礼、乐教，弟子盖三千焉，身通六艺者七十有二人。"[①]孔子重视教育的作用，从"性相近，习相远也"的命题出发，提出了培养具有儒家理想人格的人才的教育目标。孔子曾带领弟子周游列国十四年。晚年潜心致力于古文献整理，修《诗》《书》，定《礼》《乐》，序《周易》，作《春秋》，奠定了我国传统教育内容的基础。在丰富教育实践的基础上，孔子对道德教育、知识教学等进行了总结和思考。孔子的哲学思想与教育思想主要体现在《论语》中，虽然《论语》中没有关于孔子专门论述特殊教育的记载，但在其哲学和教育教学等思想中确实蕴含着中国古代特殊教育思想和观点的萌芽，这在一定程度上表明了孔子对特殊教育的态度。

孔子思想以"仁"为核心，孔子对"仁"的解释可以归结为"爱人"，《论语·颜渊》云："樊迟问仁。子曰：'爱人。'"[②]"爱人"不仅仅是孔子的道德准则，同样也蕴含了朴素的"以人为本"的原则。《论语·乡党》记载："厩焚，子退朝，曰：'伤人乎？'不问马。"[③]马厩失火后，孔子首先关心的不是有没有损失马匹，而是有没有伤到人，这体现了孔子对人的价值的尊重。此外，《论语·子罕》中记载了孔子对盲人充满仁爱与恭敬之心的史料："子

[①]《史记》，中华书局1982年版，第1938页。
[②]《十三经注疏》（下册），中华书局1980年版，第2504页。
[③]《十三经注疏》（下册），中华书局1980年版，第2490页。

见齐衰者、冕衣裳者与瞽者，见之，虽少必作，过之必驱。"魏晋时期的玄学家何晏解释说："此夫子哀有丧、尊在位、恤不成人。"①孔子对盲人的这种态度，正是仁爱思想的体现。而对于"仁"的实现，孔子则希望每个人都能设身处地的为别人着想，《论语·雍也》云："夫仁者，己欲立而立人，己欲达而达人。能近取譬，可谓仁之方也。"②这种提倡推己及人的思想促使人对残疾人的不利处境产生同情之心，饱含着对残疾人朴素的关爱之情。经过孔子的提倡和践行，"仁者爱人"的主张逐渐成为儒家的核心理念，也成为中国残疾人得到关爱和救助的最早的思想基础。

　　孔子的教育思想中也蕴含着特殊教育思想的萌芽。《论语·卫灵公》云："子曰：有教无类。"③意思是指，不论贫富、贵贱、智愚、善恶以及其他任何原因，每个人都是可以接受教育的。孔子生年正值周王朝日渐衰落，经济、政治和文化下移成为时代潮流。正是在这样的背景下，孔子开始了他创办私学和授徒讲学的职业生涯，他希望通过教育来培养"贤才"和官吏，以实现自己的政治理想。因此，孔子在招收学生标准问题上明确提出"有教无类"，认为无论求学之人是富贵还是贫贱，是聪明还是愚笨，都可以入学接受教育。在"有教无类"的思想指导下，孔子的学生来源十分广泛。相传孔子弟子三千，来自当时鲁、齐、晋、宋、陈、蔡、燕、秦、楚等不同的国家，这不仅打破了春秋时期各国国界，也打破了当时的夷夏之分。例如，孔子吸收了被中原人视为"蛮夷之邦"的楚国人公孙龙和秦商入学，还欲居"九夷"之教，充分体现了孔子"有教无类"的教育主张。此外，孔子的弟子有来自贵族阶层的，如南官敬叔、司马牛、孟懿子；也有很多来自平民阶层的，如颜回、曾参、闵子骞、仲弓、子路、子张、子夏、公冶长、子贡等。"有教无类"思想的实施，扩大了教育的社会基础和人才来源，对于全体社会成员素质的提高起到了积极的促进作用，而"有教无类"中蕴含的教育对象人人平等的观念可以被视

---

① 《十三经注疏》（下册），中华书局 1980 年版，第 2490 页。
② 《十三经注疏》（下册），中华书局 1980 年版，第 2479 页。
③ 《十三经注疏》（下册），中华书局 1980 年版，第 2518 页。

为是中国古代残疾人教育的先声。另外,《论语》中记载的另外一件事可以看出孔子对盲人的尊重,《论语·卫灵公》记载:"师冕见,及阶,子曰:阶也。及席,子曰:席也。皆坐,子告之曰:某在斯,某在斯。师冕出,子张问曰:与师言之道与?子曰:然,固相师之道也。"①意思是说,一位名叫冕的盲人乐师来拜见孔子,待他走到台阶沿时,孔子就说:这里是台阶了;待他走到坐席旁时,孔子就说:这里是坐席了;等大家都坐下来后,孔子才告诉他:某人坐在这里,某人坐在那里。等师冕走了以后,学生子张就问孔子:这就是与乐师谈话的道吗?孔子说:这就是帮助乐师的道。钱穆先生对此曾有一段评述:孔子与师冕言,其辞语从容,诚意恳至,使人于两千五百载之下犹可想慕,在孔子则为相师之道固应如此而已。然其至诚恳恻之情,则正以见圣人之德养。从孔子对盲人乐师的态度可以看出孔子对残疾人的尊重和对所有残废孤苦之人的"仁爱"之心。也可以看出孔子对于与盲人进行交往的礼仪的认识,体现了孔子对盲人认知特点的了解和他的教育涵养。

孔子"仁爱"和"有教无类"的思想在理论上为残疾人教育创造了前提条件,而且随着儒家思想成为封建国家的治国思想,孔子的学说产生了更加广泛而深远的文化影响,甚至左右了中国人的文化性格,为中国后世残疾人的生存和教育奠定了理论基础。孔子的道德思想和教育思想中蕴藏着中国特殊教育的火种。

2. 孟子——"恻隐之心"

孟子(前372—前289年),名轲,字子舆,战国中期鲁国邹(今山东邹县东南部)人,我国著名的思想家、政治家、教育家,孔子学说的继承者,儒家的重要代表人物。相传孟子是鲁国贵族孟孙氏的后裔,幼年丧父,家庭贫困,曾受业于子思的门人。孟子一生聚徒讲学,率学生先后到过魏国、齐国、宋国、滕国、鲁国,曾名列稷下学宫。其私学弟子有数百人,曾经煊赫一时。虽得各国君主礼遇,但始终未受重用。孟子晚年归邹,专心著述、

---

① 《十三经注疏》(下册),中华书局1980年版,第2519页。

讲学，留下《孟子》一书。《史记·孟荀列传》中记载："孟轲所如不合，退与万章之徒序《诗》《书》，述仲尼之意，作《孟子》七篇。"①

孟子在政治上提倡"仁政"，主张通过施行"仁政"求得天下统一。其中，"民本"思想是"仁政"的核心。孟子认为"民为贵、社稷次之，君为轻"，"得乎丘民而为天子"，君主想要获得国家统一稳定必须要注意民心向背，要注意尊重民意、收取民心。因此，孟子进一步提出要"制民之产"，认为应当给予百姓固定的农田，并且"薄税敛"，"不违农时"。使民"不饥不寒"，这样才能获得百姓的支持。《孟子·梁惠王下》说道："乐民之乐者，民亦乐其乐；忧民之忧者，民亦忧其忧。乐以天下，忧以天下，然而不王者，未之有也。"②孟子认为教育是"得民心"的最有效手段。《孟子·尽心上》记载："善政不如善教之得民也。善政民畏之，善教民爱之，善政得民财，善教得民心。"仁政必须辅以善教，只有善教才能得到老百姓的支持。孟子站在维护国家统一和社会稳定的立场上，主张通过教育的力量施行"仁政"，这种朴素的民本思想对于保障包括无数残疾人在内的人民生存权和教育权无疑是有利的。

在哲学上，孟子进一步发展了孔子的"仁爱"思想，并且认为仁义礼智都是出自人的本性，而不是外在强制的结果。《孟子·告子上》曰："恻隐之心，人皆有之；羞恶之心，人皆有之；恭敬之心，人皆有之；是非之心，人皆有之。恻隐之心，仁也；羞恶之心，义也；恭敬之心，礼也；是非之心，智也。仁义礼智，非由外铄我也，我固有之也，弗思耳矣。"③可见，孟子将"仁"进一步解释为"恻隐之心"，即人们看到他人受苦受难时自然产生的"不忍之心"，《孟子·公孙丑上》曰："人皆有不忍之心……所以谓人皆有不忍之心者，今人乍见孺子将入于井，皆有怵惕恻隐之心。非所以内交与孺子之父母也，非所以要誉于乡党朋友也，

---

①《史记》，中华书局1982年版，第2343页。
②《十三经注疏》（下册），中华书局1980年版，第2765页。
③《十三经注疏》（下册），中华书局1980年版，第2749页。

非恶其声而然也。"①对于"仁"和"礼"的关系，孟子认为仁爱不能完全拘泥于礼节的束缚：如果嫂嫂溺水，就必须权变加以救援。如果拘泥于礼节而不伸出援手，那就同豺狼没有区别了。孟子将"仁"视为人性所固有的，进一步发展了儒家的仁爱思想，这对于后世同情和善待残疾人的价值观的形成是很有帮助的。

在教育上，孟子秉持"性善论"，认为人性是至纯至善的，人之所以不同于禽兽，就是因为人有善性。不过孟子所说的性本善，并不是说人性中具有纯粹的完全的道德，只是说人性中具有"善端"，即善的因素或萌芽。他说："恻隐之心，仁之端也；羞恶之心，义之端也；辞让之心，礼之端也；是非之心，智之端也。"②而要做一个完善的人，仅有同情心、正义感、礼让态度和道德判断能力这四个善端是不够的。人之贤愚，还取决于对这种先天的善端能否存而养之，扩而充之。如果自暴自弃，或者受到不良的社会环境、教育的影响，就会失掉这种善端，这就是他所说的"陷溺其心"。从这个意义上说，教育的作用就在于找回散失的善的本性，保存和发扬天赋的善端，因此他说："学问之道无他，求其放心而已矣。"所谓"放心"，指的就是人在后天所丧失了的善端。孟子认为，任何人只要愿意接受教育，愿意学习，就可以充分发挥先天的善端，达到最完善的境界，这就是圣人，他曾说："人皆可以为尧舜。"理由就在于人人都有善端，普通人与圣人在先天本质上并无区别："舜，人也，我亦人也。""何以异于人哉？尧舜与人同耳。"由此可见，孟子很看重教育在人的发展中的作用。孟子的人性善端说对于特殊教育也有一定的启迪意义，因为如果普通人和圣人在人性上没有本质上的区别，那么残疾人和普通人也应该没有本质区别，如果普通人通过教育可以成为尧舜，那么残疾人也没有不能成为尧舜的理由。况且孟子所言"人皆可以为尧舜"本身就已经把残疾人也包括在内了。

此外，孟子还广收门徒，提倡因材施教。孟子弟子众多，著名的弟子有万章、公孙丑、乐正子、公都子、屋庐子、孟仲子等。

---

① 《十三经注疏》（下册），中华书局1980年版，第2690-2691页。
② 《十三经注疏》（下册），中华书局1980年版，第2691页。

《孟子·尽心下》记载，孟子到了滕国，住在上宫。有一双还没织好的草鞋放在窗台上，旅馆里的人到处找，但没有找到。有人问孟子："这么说是您的随从把草鞋藏起来了吧。"孟子回答说："你以为他们是为了偷草鞋而来这里的吗？"那人答道："殆非也。夫子之设科也，往者不追，来者不拒。苟以是心至，斯受之而已矣。"①这段话从侧面说明，孟子对于求学的人是敞开大门的，无论什么人，只要是想得到知识，就可以拜到他门下来学习，或许孟子的学生中就有一些身有残疾的学习者也未可知。此外，在教学方式上，孟子强调因材施教，对不同情况的学生采取不同的教法。他说："君子之所以教者五：有如时雨化之者，有成德者，有达财（材）者，有答问者，有私淑艾者。"②意即对学生，有的应及时点化；有的应成就其德行；有的要发展其才能；有的可答其所问；不能及门者则可以间接地受教。孟子甚至还说："予不屑之教诲也者，是亦教诲之而已矣。"③拒绝教诲，足以成为人的警策，事实上也成为一种教导。孟子善于因材施教，采取不同的教育方法教育学生，这种充分发挥学生的潜力和才能的做法也是如今特殊教育在教学方面的基本要求。

孟子的政治、哲学和教育思想中蕴藏着丰富的有利于特殊教育萌芽的资源，"穷则独善其身，达则兼济天下"④"老吾老，以及人之老；幼吾幼，以及人之幼"⑤等思想几千年来已经成为中华民族读书人立身处世的基本原则；孟子主张在逆境中磨练人的意志，"天将降大任于斯人也，必先苦其心志，劳其筋骨，饿其体肤，空乏其身，行拂乱其所为，所以动心忍性，曾益其所不能"⑥。在此虽然打着天命的旗号，但孟子强调的是个人在艰难困苦中磨练自己的意志，树立克服困难的勇气。这段话鼓舞了中国后世无数残疾人及其家庭，使他们树立起和生活抗争的勇气。可以说，孟

---

① 《十三经注疏》（下册），中华书局1980年版，第2778页。
② 《十三经注疏》（下册），中华书局1980年版，第2770页。
③ 《十三经注疏》（下册），中华书局1980年版，第2762页。
④ 《十三经注疏》（下册），中华书局1980年版，第2765页。
⑤ 《十三经注疏》（下册），中华书局1980年版，第2670页。
⑥ 《十三经注疏》（下册），中华书局1980年版，第2762页。

子的思想推动了中国特殊教育思想的萌生。

3. 荀子——"化性起伪"

荀子（约前313—前238年），名况，字卿，又叫孙卿，战国末期赵国人。著名思想家、文学家、政治家，儒家代表人物之一，曾三次出任齐国稷下学宫的祭酒，并被齐国君主授予"列大夫"头衔，晚年任楚兰陵（位于今山东兰陵县）令。公元前238年荀子去职，退而著书授徒，终老兰陵。荀子提倡性恶论，他的思想融合了儒家和法家的观点，可以说是德与力的结合，王与霸的统一。荀子之时，诸侯长期割据称雄的局面即将结束，社会正大踏步的向统一迈进。与此相应，思想和学术的发展也出现了融合的特点和趋势，客观上需要有学者对此进行总结和梳理。而荀子在稷下学宫的经历，为他集诸子百家之大成提供了有利条件，今传《荀子》一书，大部分为荀子本人所作。此外，荀子重新整理儒家典籍，对儒家思想有所发展。因此可以说，荀子是整个春秋战国时期百家争鸣思想的理论总结者。

荀子最著名的思想是他的性恶论。他的总论点是，人生来是恶的，凡是善的、有价值的东西都是人努力的产物。荀子批评孟子及其性善论的观点，指出孟子的错误在于不懂得"人之性伪之分"，把应当属于后天"伪"的东西也归为本性了。因此，荀子首先提出性、伪之分："凡性者，天之就也，不可学，不可事；礼义者，圣人之所生也，人之所学而能，所事而成者也。不可学、不可事而在人者谓之性，可学而能、可事而成之在人者谓之伪。是性、伪之分也。"[1]基于此，荀子认为人性主要包含两个部分：一是人"饥而欲食、寒而欲暖、劳而欲息，好利而恶害"[2]的生理本能；二是为人"目可以见，耳可以听"的感知、认识能力。进而，荀子指出，人的本能中不存在道德和理智，如果听任本能发展而不加节制，必将产生暴力。这就是荀子认为"人之性恶"的原因："今之人性，饥而欲饱，寒而欲暖，劳而欲休，此人之情性也。今

---

[1] 王先谦：《荀子集解》，中华书局1988年版，第435-436页。
[2] 王先谦：《荀子集解》，中华书局1988年版，第63页。

人饥,见长而不敢先食者,将有所让也;劳而不敢求息者,将有所代也。……此二行者,皆反于性而悖于情也。然而孝子之道,礼义之文理也。故顺情性则不辞让矣,辞让则悖于情性也。"①

荀子作"性伪之分",其实是为了论证"性伪之和"与"化性起伪"的可能性和必要性。荀子认为:"无性则伪之无所加,无伪则性不能自美。性伪合,然后成圣人之名,一天下之功于是就也。故曰……性伪合而天下治。"②其实,性与伪就是加工和素材的关系,素材永远是不完善的,只有通过素材与加工的结合——"性伪合",才能实现对人和社会的改造。因此,荀子也认为"涂之人可以为禹",即人人都可以习得仁义礼法,哪怕是下贱的"涂之人",也可以成为大禹那样的圣人。荀子的"涂之人可以为禹"与孟子的"人皆可以为尧舜"有异曲同工之妙,表现了在人性与教育问题认识中的平等观念。而对于如何实现"涂之人可以为禹"这一命题,荀子认为必须是环境、教育和个体努力共同作用的结果,后天的学习和教育具有重要的作用。《荀子·大略》云:"政教习俗,相顺而后行。"③只有寻求政治、教育、环境和个体之间作用的协调有序,才可以造就成功的人了。

荀子的"人性恶端说"实际上是更加肯定了后天环境和学习的重要性,即人要在一定的环境下通过自身不断努力的学习来完善自己。这对于残疾人来说具有特殊的意义,由于某些先天或后天的原因造成缺陷的残疾人,往往会产生自怨自艾或自暴自弃的倾向。在荀子眼里,残疾人和普通人一样生来都是不完美的,因此都具有后天学习的必要性。荀子的理论论证了残疾人接受教育的必要性,体现了所有人在人性和教育问题上平等的理念。

4. 儒家大同思想对残疾人及其教育的支持

大同是中国古代对于理想社会的设计。大同思想在中国源远流长。春秋时期《诗经》中的《硕鼠》篇把奴隶主贵族剥削者比

---

① 王先谦:《荀子集解》,中华书局1988年版,第437页。
② 王先谦:《荀子集解》,中华书局1988年版,第366页。
③ 王先谦:《荀子集解》,中华书局1988年版,第500页。

喻为害人的大老鼠，并且发出"适彼乐土""适彼乐国""适彼乐郊"的呼声。可以说，《硕鼠》是中国古代关于大同理想的最早表述之一。春秋战国至秦汉之际，伴随着封建国家的统一，新兴地主阶层开始勾画理想社会的蓝图，于是产生了各种关于理想社会的设计：农家"并耕而食"的理想、道家"小国寡民"的理想和儒家的"大同"理想等。相比来说，大同理想比农家和道家的理想更详尽、完整和美好，因此，儒家的大同思想在中国思想史上也有更大、更深远的影响。

《礼记·礼运》篇借孔子之口明确表达了大同社会的理想。子曰："大道之行也，天下为公。选贤与能，讲信修睦，故人不独亲其亲，不独子其子，使老有所终，壮有所用，幼有所长，鳏寡孤独废疾者，皆有所养。男有分，女有归。货恶其弃于地也，不必藏于己；力恶其不出于身也，不必为己。是故谋闭而不兴，盗窃乱贼而不作，故外户而不闭，是谓大同。"①也就是说，儒家理想中的大同社会不仅有选贤任能的政治组织、讲信修睦的社会关系，还应该让社会中的每一个人都有安身立命的保障。特别是对于"鳏寡孤独废疾者"，要保证"皆有所养"，而不是弃之不顾。这种理想的社会制度对于残疾人的生存和发展无疑是有利的。

儒家的大同理想，从先秦的儒家学者就开始提倡，到近代康有为、孙中山等政治家和思想家仍然将其视为理想社会的追求。在绵延几千年的传承中，天下大同的思想不仅影响了中国历朝历代的社会政治，也深刻地影响了世世代代的中国人，对于改善残疾人的生存状态和促进中国特殊教育思想的萌生提供了有益的思想条件。

（二）先秦道家思想中的特殊教育思想资源

1. 老子的思想

老子（约前571—前471年），字伯阳，谥号聃，又称李耳，是我国古代道家的开创者，先秦时期伟大的哲学家和思想家。《史

---

① 《十三经注疏》（下册），中华书局1980年版，第1413-1414页。

记·老子韩非列传》认为老子曾为"周朝守藏室之吏"①。作为史官，老子执掌典籍，熟知史事，通晓天文历法，博学而富有智慧。根据《庄子》《史记》《礼记》等书的记载，老聃生于孔子之前且曾做过孔子的老师，先秦典籍《荀子》《韩非子》《吕氏春秋》和《墨子》等也都承认老聃其人、其学与其书。因此，老聃可能是先秦时期最早的私人讲学者之一，只是不像孔丘、墨翟有众多的弟子。老子的思想成果主要体现在《老子》一书中，老子在出函谷关前著有五千言的《老子》一书，又名《道德经》。《道德经》《易经》和《论语》被认为是对中国人影响最深远的三部思想巨著。老聃学说的核心是"道"，是关于宇宙本体、事物规律和认识的本质概括。他对事物运动的辩证法有着深刻的认识，对世事常有出人意料的理解。对政治、道德等人类社会实践，他主张以"自然""无为"为法则，这也成为道家思想的基本出发点，表现了与儒、墨、法各家学说的明显对立。此外，老子的思想中也蕴含了丰富的特殊教育思想资源。

首先，老子以"道"解释宇宙万物的演变，认为"道生一，一生二，二生三，三生万物"②，肯定了世界上万事万物都有一个共同的起源。既然如此，那么残疾人和普通人也应该类属同源，理应得到同样的地位。这实际上有助于改变人们对残疾人的偏见。其次，老子认为人是宇宙间最可贵的，所谓"道大，天大，地大，王亦大。域中有四大，而王处一"，而人在"四大"的地位则是"人法地，地法天，天法道，道法自然"③。人以天地自然为法，可见老子强调的人是自然的人。在道家看来，自然人应该是如同婴儿一般无知无欲的素朴状态，即所谓的"见素抱朴，少私寡欲"④，或者"同乎无知，其德不离；同乎无欲，是谓素朴。素朴而民性得矣"⑤。因此，在老子看来，残疾人也是"素朴"的人的一种，因

---

① 《史记》，中华书局1982年版，第2139页。
② 朱谦之：《老子校释》，中华书局1984年版，第174页。
③ 朱谦之：《老子校释》，中华书局1984年版，第102-103页。
④ 朱谦之：《老子校释》，中华书局1984年版，第75页。
⑤ 郭庆藩：《庄子集释》，中华书局1961年版，第336页。

为有人是生来就带有残疾的。但是，老子或许并不会为残疾人感到担忧或痛心，因为老子思想中含有许多朴素的辩证法观点，比如认为一切事物都具有正反两面——"反者道之动"，并向对立面互相转化。因此，老子的思想对于特殊教育补偿理论也有一定的启示。例如视觉障碍的儿童的听觉往往要优于常人，而听觉障碍的儿童的视觉往往也会比普通人更好。因此，残疾虽然不幸，但往往会"失之东隅，收之桑榆"。特别是在兵役繁重的古代社会，残疾人却有可能因为肢体残疾而免去服役，从而避免客死他乡的悲剧。此外，《老子》一书中还通过"天道"的"损有余而补不足"来表达民本思想，《道德经》七十七章："天之道，其犹张弓与。高者抑之，下者举之，有余者损之，不足者补之。天之道，损有余而补不足，人之道则不然，损不足以奉有余；民之饥，以其上食税之多；民之轻死，以其上求生之厚；民不畏死，奈何以死惧之。"①和普通人相比，残疾人无疑是"下者""不足者"，老子希望"举"下者、"补"不足者，明显有利于残疾人。只有如此，才能使天下无"弃物"和"弃人"，《道德经》二十七章："是以圣人常善救人，故无弃人；常善救物，而无弃物。"②可见，老子是从天道出发，提出了天道利人而不相害，损有余而补不足，从而得出善待一切，常使天下无弃人的伦理道德结论。老子的这一思想对于改善残疾人的生存状况同样具有积极的意义。

在教育上，老子从"素朴"的人性出发，把人的异化归结为社会生活使然，认为多一分人为，就少一分自然。因此，教育不应该是在人身上施加人类文明影响的过程，而应该是把来自社会的影响逐渐损弃的过程，"为学日益，为道日损，损之又损，以至于无为"③这种"复归于朴"的教育是老子对教育和人的发展的基本要求，同时对特殊教育也有一定的启示。例如学校的教育目的、课程的设置以及日常的教育教学活动有没有做到尊重学生个人的价值和需要，或者我们的学校有没有因为繁重的课业和严苛的考

---

① 朱谦之：《老子校释》，中华书局1984年版，第298-299页。
② 朱谦之：《老子校释》，中华书局1984年版，第109页。
③ 朱谦之：《老子校释》，中华书局1984年版，第192页。

试让学生过早的失去了童年的快乐。实际上,很多特殊儿童之所以显得"特殊"只是因为不适应学校的教育现实,也许需要反思和改变的是教育本身,而不是儿童。实际上,任何社会的教育在体现具体的社会要求时,也必须注重个人的价值和发展问题。因此,老子的教育思想不仅对改革普通教育有所启示,对于特殊教育来说也有重要的意义。

2. 庄子的思想

庄子(约前369—前286年),宋国蒙(今河南商丘)人,是战国中期著名的思想家、哲学家和文学家,其代表作为《庄子》,其中的名篇有《逍遥游》《齐物论》等。庄子继承和发扬了老子的思想,使道家真正发展成为一个学派,《史记》记载庄周:"其学无所不窥,然其要本归于老子之言。"[①]因此,庄子和老子史上并称"老庄"。庄子"著书十万余言,大抵率寓言也"[②],现存的《庄子》有三十三篇,其中内篇七篇,外篇十五篇,杂文十一篇。庄子的散文在先秦诸子中独具风格,大量采用并虚构寓言故事,想象非常丰富,奇趣横生,还善于运用各种譬喻,使文章既活泼风趣,又睿智深刻。因此,《庄子》不仅是一部哲学著作,同时也是中国古代文学中的瑰宝。

与老子的部分思想相似,庄子主张效法自然的"道"。在庄子看来,"天"与"人"是对立的两个概念,"天"代表的是自然,而对人的塑造和改变就是对自然的摧残。《庄子·秋水》中写道:"牛马四足,是谓天;落(络)马首,穿牛鼻,是谓人。故曰:无以人灭天,无以得殉名。"[③]在《马蹄》篇中,庄周通过伯乐养马的故事说明这样一个道理:不顺应自然必将受到惩罚;还以伯乐为象征,批评在教育中类似伯乐那样自以为"我善治马"而实际上大批残害马的人和事,指出了教育的弊端。在《人间世》篇中,庄子更是借用大森林中的有用之材往往活不到自然寿命而"中道

---

① 《史记》,中华书局1982年版,第2143页。
② 《史记》,中华书局1982年版,第2143页。
③ 郭庆藩:《庄子集释》,中华书局1961年版,第590-591页。

夭于斧斤"的事例，提出令人深思的问题：为何有用之材最易中途夭折？庄子的这些观点是十分有价值的。首先，他提醒我们重新审视教育，在注重社会化的同时必须重视个人的自然性。其次，庄子无条件赞美自然，这对于特殊教育也有一定的意义。庄子认为只要是天生的就都是美好的，甚至人的手有六指、人只有一只脚都是美的。可见，庄周对于残疾人是抱着认可的态度的。这对于残疾人被社会接纳及其教育是有利的。

庄子的相对主义平等观和公利共给等思想，也包含着有利于残疾人的因素。庄子从物我一体的角度，提出相对主义的平等观。他提出："天地与我并生，万物与我为一""以道观之，物无贵贱；以物观之，自贵而相贱；以俗观之贵贱不在己"①。《庄子·德充符》："自其异者观之，肝胆楚越也；自其同者视之，万物皆一也。"②庄子从天道自然、万物一体的角度又提出了共利共给的社会平等主张，他认为人们应该"不拘一世之利以为己似有"，只要"富而使分之"，"四海之内，公利之谓悦，共给之谓安"，天下就符合了道的要求。庄子的相对主义齐物论、平等观，以及共利共给、强调人与人之间的平等的思想，在客观上有利于改善残疾人的生存环境。

（三）先秦墨家思想中的特殊教育思想资源

先秦时期，儒家和墨家是两个著名的学派，被认为是"世之显学"。墨家的创始人是墨翟，世称墨子，宋国人，生活时代大约在战国初年。司马迁《史记》中的《孟子荀卿列传》中提到墨子："盖墨翟，宋之大夫，善守御，为节用，或曰并孔子时，或曰在其后。"③墨翟出身卑贱，生活简朴，曾学过儒家，后因认为儒家重礼厚葬的繁文缛节"靡财而贫民""伤生而害事"转而批判儒家，创立墨家学派。墨子私学曾兴盛一时，他曾游历鲁国、齐国、卫国、楚国、魏国、赵国等，不遗余力地宣传其"兼爱"的主张，但收效甚微。到汉代独尊儒术后，墨家逐渐成为绝学。后世仅留

---

① 郭庆藩：《庄子集释》，中华书局1961年版，第577页。
② 郭庆藩：《庄子集释》，中华书局1961年版，第190-191页。
③《史记》，中华书局1982年版，第2350页。

下《墨子》一书，但是两千年来几乎一直被埋没，只是到了近代，墨家和《墨子》才又得到人们的重视和研究，墨家的精神才又得到人们的思考和重视。

《墨子》政治思想简明扼要，可以归结为所谓的"十论"，即"尚贤""尚同""兼爱""非攻""节用""节葬""天志""明鬼""非乐""非命"。《墨子·鲁问》中记载："子墨子游，魏越曰：既得见四方之君子，则将先语？子墨子曰：凡入国，必择务而从事焉。国家昏乱，则语之尚贤、尚同；国家贫，则语之节用、节葬；国家憙音湛湎，则语之非乐、非命；国家淫僻无礼，则语之尊天、事鬼；国家务夺侵凌，则语之兼爱、非攻。故曰择务而从事焉。"① 墨子认为当时人民最大的问题是"饥者不得食""寒者不得衣""劳者不得息"，他称之为人民的"三患"。他所说的"人民"就是小农阶级。墨子认为要解决人民的"三患"，首先大家要"兼相爱，交相利"，有力的要用力助人，有财的要用财分人，有道的要用道教人，这样就可以使"饥者得食，寒者得衣，劳者得息，乱者得治"。

墨家教育的最终目标是建立理想中平等、兼爱的社会。墨家的政治思想一方面力图解决人民的生活问题，另一方面又力图符合当时统治者们的政治要求。墨子认为当时统治者的政治要求是"三务"——"国家之富""人民之众"和"刑政之治"。墨子认为，人民的"三患"和"王公大人"的"三务"不是截然对立的。因此，墨子想通过"上说下教"的方式来缓解当时社会统治阶级与被统治阶级之间尖锐的对立。但是，想要达到这一点，仅仅靠财力多余的人来帮助别人是不够的，必须从根本上使整个社会财富都充裕起来。因此墨子又提出了积极促进生产和限制消费的办法。这些办法的原则：一是"使各从事其所能"，就是要求能够做到各尽所能；二是"凡足以奉给民用则止"，就是主张所有生活资料只供给到够用为止；三是"诸加费不加利于民者弗为"，就是要禁止浪费。墨子基于这样的原则，提出了节用、节葬、非乐和非攻等主张。

---

① 《墨子校释》，浙江古籍出版社 1987 年版，第 392-393 页。

墨翟十分重视教育，并且把教育当做是"兴天下之利，除天下之害"的一项重要措施。首先，墨子用"素丝说"肯定了后天环境和教育对人的影响。《墨子·所染》曰："染于苍则苍，染于黄则黄，所入者变，其色亦变，五入必（毕）而已则为五色矣。故染不可不慎也。非独染丝然也，国亦有染……非独国有染也，士亦有染。"①其次，墨子主张通过"有力者疾以助人，有财者勉以分人，有道者劝以教人"，建设一个民众平等、互助的"兼爱"社会，而实现"兼爱"社会的途径只有教育。墨翟说："天下匹夫徒步之士少知义，而教天下以义者功亦多。"正如天下人都不懂得耕作，善于耕作者就应该使天下人都学会耕作，而不是"独耕"。在此，墨子将对人的教育视为"爱人"和"利人"的重要内容和表现。墨子的"素丝说"实际上是肯定了残疾人教育的可能性和必要性，而墨子理想的平等互助的"兼爱"社会，无疑也是一个对残疾人也报以同样关爱的社会，这对于提高人们对残疾人的重视是很有帮助的。

墨家"兼相爱，交相利"的社会理想决定了墨家的教育目的是培养实现这一理想的人，也就是"兼士"或"贤士"。关于兼士和贤士，《墨子·尚贤下》记载："为贤之道将奈何？曰有力者疾以助人，有财者勉以分人，有道者劝以教人。若此则饥者得食，寒者得衣，乱者得治。"在行为上，墨家将"有力者疾以助人，有财者勉以分人，有道者劝以教人"视为"贤"的基本之道。此外，墨翟对"兼士"也提出了三条具体的标准："厚乎德行，辩乎言谈，博乎道术"，即知识技能的要求、思维论辩的要求和道德的要求。知识技能的要求是为了使兼士们投入社会实践，有兴利除害的实际才能；思维论辩的要求是为了通过兼士们的"上说下教"，去向社会推行其"兼爱"主张；道德的要求最为重要，这使兼士懂得以兴天下之利、除天下之害为己任，不分彼此、亲疏、贵贱、贫富，都能做到"饥则食之，寒则衣之，疾病侍养之，死丧埋葬之"②。当需要的时候，兼士还应该毫不犹豫地损己利人，"为身之所恶以

---

① 《墨子校释》，浙江古籍出版社1987年版，第15页。
② 《墨子校释》，浙江古籍出版社1987年版，第120页。

成人之所急"。墨子主张通过教育培养大批心怀天下的兼士,只有这样才能解决"乱者不得治""饥者不得食""寒者不得衣""劳者不得息"的社会弊端,才能建设一个"兼爱"的社会。

墨子培养"兼士"和建设"兼爱"社会的愿望,在当时严酷的社会环境下是不可能实现的,只能是一种美好的理想。但是这种理想中的平等、博爱精神却是人类一笔宝贵的精神遗产。同时,墨子的这些理想对于改善残疾人的生存状况,促进我国古代特殊教育思想的萌芽也有着十分重要的意义。

二、秦汉以来的特殊教育思想

(一)朱熹及其特殊教育思想

朱熹(1130—1200年),字元晦,后改为仲晦,亦称朱文公。南宋著名的理学家、思想家、哲学家、教育家、诗人,儒学集大成者,世尊称为朱子。朱熹5岁就开始读《孝经》,10岁开始读《大学》《中庸》等"圣贤之学",14岁后跟随理学名师学习。18岁中举,次年考取进士,从此走上仕途。朱熹曾先后任泉州同安县主簿,知江西南康军、提举浙东常平茶盐、知漳州、知潭州等地方官。朱熹65岁时,被任命为焕章阁待制兼侍讲,为宋宁宗皇帝进讲《大学》。但仅40天就被罢免,从此结束了坎坷不平的仕途生涯。

朱熹一生主要从事教育和学术研究工作。其一生为学:穷理及致其知,反躬以践其实。主要贡献在于继承并发展了宋代以来的理学思想,"成为程朱理学的集大成者,是宋明理学的第一个发展高潮中的杰出代表"[1]。他的著作颇多,除《资治通鉴纲目》《伊洛渊源录》《四书集注》等20多种专著外,还有《朱文公文集》《续集》《别集》共计121卷,《朱子语类》140卷。主要教育著作有《大学章句序》《白鹿洞书院揭示》《学校贡举思议》《童蒙须知》等。朱熹从"天命之性"和"气质之性"的二元人性论出发,提出了"存天理,灭人欲"的教育目的论,他对不同教育阶段的教育内容、

---

[1] 毛礼锐:《中国教育通史》,山东教育出版社1985年版,第200页。

道德教育、知识教育等都有深刻的思考和论述。朱熹的部分思想对残疾人和特殊教育的发展产生了间接的影响。

朱熹对儒家"仁爱"思想做了进一步的阐发。在朱熹看来，"仁"是儒家道德思想的核心，"如爱，便是仁之发，才发出这爱来时，便事事有：第一是爱亲，其次爱兄弟，其次爱亲戚，爱故旧，推而至于仁民，皆是从这物事发出来"。关于"仁"的外部表现，朱熹认为，对人的爱就是"仁"的具体体现。他在《论语章句集注》中对孔子回答樊迟的"仁者爱人"的解释是，"爱人"即"仁之施"。也就是说，朱熹认为"仁"的外部表现就是"爱"。基于此，朱熹进一步阐述了如何施行"爱人"的道德追求，他在《孟子集注》中写道："盖骨肉之亲，本同一气，又非但若人之同类而已。故古人必由亲亲推之，然后及于仁民；又推其余，然后及于爱物。皆由近及远，自易以及难。"[①]"亲亲而仁民，仁民而爱物，所谓以其所爱及其所不爱。"[②]也就是说，朱熹主张由亲及疏，由近及远，由爱"亲"而及于爱"民"、爱"物"。通过这种"爱"的传递，最终也有利于培养社会对残疾人的爱心。

朱熹既有"仁爱"的思想，也有"仁爱"的举动。据记载，孝宗乾道四年（1168年）的春夏之交，闽北建阳、崇安、浦城一带灾荒严重，饿殍遍野。朱熹力倡救济灾民，并大获成功。1171年，朱熹主持建立崇安县开耀乡五夫社仓，对救济当地乡民百姓起到了重要的作用。淳熙八年（1181年），浙东发生饥荒，朱熹任提举浙东常平茶盐公事，主持救灾。期间，朱熹上表孝宗皇帝，详述崇安社仓行之有效的经验，并请求在各地推广，作为防灾备荒的长久之计。孝宗皇帝采纳他的建议，"颁其法于四方"，进行推广。朱熹创建社仓的思想和实践，虽然不是直接与残疾人生存、教育有关，但仍然是惠及残疾人的举措。一方面，大量残疾人在发生饥荒时可以得到社仓的救助；另一方面，社会救济的思想得到了朝廷和民间的普遍赞同，无疑有助于保障残疾人的基本生存权利，也为残疾人教育思想的萌芽创造了良好的思想条件。

---

① 朱熹：《四书章句集注》，中华书局2012年版，第210页。
② 《十三经注疏》（下册），中华书局1980年版，第2771页。

（二）王守仁及其特殊教育思想

王守仁（1472—1529年），幼名云，字伯安，别号阳明，浙江绍兴府余姚县（今属宁波余姚）人。明代著名的思想家、文学家、哲学家和军事家。21岁中浙江乡试，28岁举进士，宦海浮沉二十余年，晚年因平定宸濠之乱获军功而被封为新建伯，官至南京兵部尚书、都察院左都御史，隆庆年间追赠新建侯。从政期间，王守仁坚持授徒讲学，他继承和发展了陆九渊的学说，提出"心即理""致良知""知行合一"等命题，创立了与程朱理学大相径庭的"阳明学派"，在中国学术史上占有重要地位。王守仁的思想远承孟轲，近接陆九渊，创建了与程朱理学志趣迥异的"心学"体系，代表著作有《王文成公全书》38卷，主要教育著作有《答顾东桥书》《训蒙大意》《示教读刘伯颂》等，其学术思想甚至远传日本、朝鲜半岛以及东南亚的国家和地区，产生了广泛而深刻的影响。此外，王守仁的思想中也包含一些特殊教育的萌芽。

《谕泰和杨茂》一文中记载了王守仁关于江西泰和县一个聋哑人的故事，体现了王守仁对残疾人教育的看法和观点[①]：

你口不能言是非，你耳不能听是非，你心还能知是非否？（答曰：知是非。）如此，你口虽不如人，你耳虽不如人，你心还与人一般。（茂时首肯拱谢。）大凡人只是此心，此心若能存天理，是个圣贤的心；口虽不能言，耳虽不能听，也是个不能言不能听的圣贤。心若不存天理，是个禽兽的心；口虽能言，耳虽能听，也是个能言能听的禽兽。（茂时扣胸指天。）你如今于父母，但尽你心的孝；于兄长，但尽你心的敬；于乡党邻里、宗族亲戚，但尽你的谦和恭顺。见人怠慢，不要嗔怪；见人财利，不要贪图，但在里面行你那是的心，莫行你那非的心。纵使外面人说你是，也不须听；说你不是，也不须听。（茂时首首拜谢。）你口不能言是非，省了许多闲是非；你耳不能听是非，省了许多闲是非。凡说是非，便生是非、生烦恼；听是非，便添是非、添烦恼。你口不能说，你耳不能听，省了许多闲是非，省了许多闲烦恼，你比别

[①] 吴光：《王阳明全集》，上海古籍出版社1992年版，第920页。

人快活了许多。(茂时扣胸指天。)我如今教你但终日行你的心,不消口里说;但终日听你的心,不消耳里听。(茂时顿首再拜而已。)

《谕泰和杨茂》一文反映了王守仁的特殊教育思想。江西泰和县学子杨茂虽然是个聋哑人,但他有心向学、知书达理。他得知王阳明先生到了泰和县,便决意登门拜访。王阳明作为江西巡抚大人和学界泰斗,没有将他拒之门外,而是热情接待了他,并采用笔谈法对他进行了积极引导与教育。这些都表现出王阳明对残疾人的包容和接纳,体现了他教育上平等待人的思想。王阳明关心聋哑人的学习,将聋哑人和普通人一视同仁,认为只要知是非、存天理并知行合一者,无论残疾人还是普通人,同样都可以成为圣贤。此外,王守仁还十分注意对残疾人进行因材施教,针对残疾人的特殊情况采取不同的教学方法,提倡根据聋哑人心理特征、表情等来把握教学内容和教学方法。从《谕泰和杨茂》一文可见一斑,王阳明从启发杨茂"知是非"开始,肯定聋哑人也有正常心智,进而激励杨茂朝着圣贤的人生目标前进,教导他认识人生价值,不要因为聋哑而自卑。王守仁对聋哑人的尊重,把"知是非、存天理、知行合一"作为聋哑人的教学内容,这些都闪耀着特殊教育思想的光芒。

中国古代虽然没有产生专门的特殊教育理论和实践,但是在社会发展的进程中积累了丰富的特殊教育思想和经验。原始社会末期,就已经有残疾人在生产生活中受到非正式的特殊教育的记载。先秦时期,宽疾、养疾和救济逐渐成为我国古代对待残疾人的基本政策。从特殊教育实践方面来看,西周盲人宫廷乐师的培养和使用,表明我国特殊教育在先秦已经萌生,但秦汉以来两千多年的历史长河中,除了神童的教育和考选外,官办残疾人教育处于停滞和萎缩状态。从思想资源来看,先秦儒家、道家和墨家的思想以及秦汉以来的儒家思想中都蕴含着特殊教育思想的萌芽,这是推动古代社会善待残疾人的重要原因,也为中国本土特殊教育的产生奠定了坚实的思想基础。因此,尽管中国古代社会特殊教育的实践有限,但中国古代深厚的思想资源还是为近代特殊教育的产生创造了前提和基础。

第二章　特殊教育在中国近代的兴起

　　第一次鸦片战争之后，中国沦为半殖民地半封建社会，内忧外患迭起，社会动荡不安，国民教育水平很低，特殊教育的发展举步维艰。这一时期中国的特殊教育事业主要依赖于来华的外国传教士。自清朝末年至 20 世纪初，西方来华的传教士通过撰文等方法介绍西方国家的特殊教育思想和实践。同时，他们还身体力行，创办了一些特殊教育学校。中国最早的盲人学校是 1874 年传教士威廉·穆瑞在北京创办的"瞽叟通文馆"，最早的聋哑学校是 1887 年米尔斯（又翻译梅里士）夫妇创办的"登州启喑学馆"，这是中国近代特殊教育的开端。此后，外国传教士在华创办的特殊学校逐渐增加。这些都为国人了解特殊教育思想及创办特殊教育学校提供了思路和经验，并对中国特殊教育事业的产生起到了积极的作用。这个时期，中国的一些有识之士在关注西方特殊教育发展的同时，也将目光投向了中国的近邻日本。很多官员和知识分子在赴日进行考察学习之时，都将特殊教育作为关注的内容之一，并将部分思想和经验通过各种形式引入国内。在西方和日本的影响之下，出现了一些国人自办的特殊教育学校，尤以张謇为代表。但遗憾的是，近代中国特殊教育法律法规的制定远远落后于特殊教育实践的发展，这在很大程度上阻碍了特殊教育事业的发展。

第一节　中国近代特殊教育概述

一、中国近代的特殊教育政策法规

　　通过立法的手段引导和规范社会主体的行为是国家权力的重

要体现和实现方式，同时也是社会各项事业赖以发展的重要条件。因此，特殊教育事业的发展同样需要法律法规的规范。但是，近代中国特殊教育首先萌芽于西方教会个人或社团的自主行为，特殊教育机构数量和规模都比较小，带有一定的自发性和盲目性。因此，特殊教育的立法问题并没有引起当时政府的重视，缺乏对特殊教育的性质、功能、办学方式和社会地位进行详细规定的相关法律法规。可以说，近代初创期的中国特殊教育基本处于无法可依的境况。值得一提的是太平天国后期《资政新篇》中略有提及，但限于各种条件未能实施。清政府于1902年和1903年分别颁布的《钦定蒙学堂章程》和《奏定初等小学堂章程》虽然也有关于特殊儿童的条款，但是并未保护特殊儿童受教育的权利。

自1851到1864年，中国发生了轰轰烈烈的太平天国运动，对中国社会产生了深远的影响。1859年，太平天国运动的主要领袖洪仁玕在其《资政新篇》一书中大力介绍西方残疾人教育的状况，对美国的做法极为推崇，提出兴办四民院和四疾院以敦风化俗（四民院是指专门安置鳏寡孤独的机构，四疾院则是专门为跛、盲、聋、哑者开办的机构），并实行相宜的文化教育和职业技术教育，提倡解放妇女、破除封建性的束缚妇女的陈规陋习。《资政新篇》是太平天国后期颁行的施政纲领。虽然，在太平天国政权存在的14年间，战事频仍，社会动荡，《资政新篇》的很多规定都成为一纸空文，其中有关特殊教育的想法也流于形式，没有施行。但是，这是中国近代首次正式把发展特殊教育纳入到施政纲领中，反映了当时西方文化对中国的深刻影响。

清朝末年，西方教会在中国设立了一些特殊教育机构，一些特殊教育思想理论也逐渐在国内传播，但是特殊教育还没有在我国教育制度中得以认可。长期以来，教会特殊教育学校在国内办学的唯一"法律"依据是1844年中法《黄埔条约》允许设"学房"的规定，该约第22款规定："佛兰西人亦一体可以建造礼拜堂、医人院、周急院、学房、坟地各项。"由于之前片面最惠国待遇的原因，其他国家对此也"一体均沾"。但是这里此项规定仍然过于模糊，不具有可操作性，外国教会设立的特殊教育学校便在此条款下逐渐发展起来。清政府关于特殊教育的规定仍然比较少，只是零散的条文，仍然未见对特殊教育意义的集中论述。1902年，清政府颁布《钦定蒙学堂章程》，其中第三章第七节规定："凡生徒之不可教诲者，大都过时施教，习与性成，有以致之；在童蒙之年，似无虑此。然间有气秉顽劣及身体孱弱过甚者，均可由教习辞退。第八节规定：凡儿童痘温、时瘟、目疾、伤风一切病症，急宜暂出学堂以免传染。"[1]这反映出残疾人仍然没有取得足够的教育权利，特殊教育仍然没有得到法律的支持。在同年颁布的《钦定小学堂章程》中，第三章对学生的入学资格做出规定："小学堂为初受普通教育之始，无论何项收入学生，除试验功课之外，尚有须合格者四事：一志趣端正，二资性聪明，三家世清白，四身体壮健。"显然，特殊儿童并不符合进入小学学习的条件。而第十三条规定："学生入学后，应随时剔退出学者：一资性太低，难期进益；二困于疾病；三累于事故；四未经教习允假，不上讲堂半月以上；五学期试验二次不及格；六不遵规定、屡加戒饬，仍不悛改。"[2]这条规定也不利于保障残疾儿童受教育的权利。而1903年颁布的《奏定初等小学堂章程》明确规定："学龄儿童，如有患疯癫痼疾，或五官不具不能就学者，本乡村绅董可禀明地方官，经其察实，准免其就学；如病弱或发育较迟，不能就学者，本乡村绅董可禀明地方官，经其察实，准暂缓就学；学龄儿童如有患传染病或性行不良，有妨儿童之教育者，小学堂校长可命其停止上学。"[3]这些规定都说明，特殊教育在清朝末年仍未纳入到国民教育体系之中，特殊儿童的教育权利远未得到应有的保障。这种情况直到辛亥革命后教育部颁行《小学校令》（1912）对特殊学校的办学事宜做出有关规定后才得以改观。

总之，近代中国已有些许政策法规对特殊教育进行了有限的关注，尽管其规定比较笼统和宽泛，缺乏可操作性，远不足以保障和规范特殊教育的发展，但从历史的角度来看，对于刚从封建

---

[1] 舒新城：《中国近代史资料》（中册），人民教育出版社1961年版，第402页。
[2] 舒新城：《中国近代史资料》（中册），人民教育出版社1961年版，第412页。
[3] 舒新城：《中国近代史资料》（中册），人民教育出版社1961年版，第427-429页。

社会的桎梏下解脱出来的，正处于千疮百孔，社会动荡不安的中国，在当时的境况下能出台这些旨在保护和推动特殊教育发展的政策还是值得肯定的。

二、中国近代特殊教育的特点

清朝末年至20世纪初，这是我国近代特殊教育的初创期。英美等发达资本主义国家先后用坚船利炮打开中国的国门，打破了中国闭关锁国的现状，中国被迫对外开放。通过一系列不平等条约的签订，英美等国家在中国逐步获取了定居、通商、传教等权利，在此背景下，西方现代文明对古老的中国文明产生了巨大的冲击，对中国近代特殊教育的产生及创立形成了重要影响。

一方面，西方传教士开始在全国各地宣传与介绍西方特殊教育的情况，呼吁在中国关心与兴办特殊教育。如美国长老会教士丁韪良在《西学考略》(1883年)中设《声聩学》一章介绍了西方的盲、聋、哑教育法，并疾呼特殊教育的重要性："至人之既聋又聩，虽具敏才，实难训诲，然亦有能教之者，令其心思发越，志气通明，如破坚石，而探璞玉，其爱人不遗余力矣。"①1886年，西方教会人士在上海出版的中文刊物《益闻录》上发表《中国宜创设瞽恤院议》一文，以沉重的笔调呼吁中国兴办特殊教育："有目不能见，为人生之最不幸事，饮食起居均需人相助，人在前面不识，物在前面不知，日光皎白，摸索暗中，昼夜无分，寸步难举，受人辱，被人鄙，虽三尺童子也敢与之嬉戏。功名利禄，皆人情所好，而瞽者不与焉。紫绶所以增彩色，所以悦目，所以章身，而瞽者不睹焉。楼台亭榭，花木奇珍，天下快心之事屈指不胜，而瞽者不能扩其眼界焉。嗟乎！窘迫至斯，无人生趣矣！"②英国传教士艾约瑟在《万国公报》上发表《栖瞽院说》一文，向中国介绍欧美国家盲人特殊教育："近年泰西各国均立有栖瞽院，而人创立栖瞽院，教以抚琴、读书，而收育瞽者为数无多，嗣或渐次推

---

① [美]丁韪良：《声聩学》，《西学考略》卷下，通文馆铅印本，清光绪九年(1883)。
②《中国宜创设瞽恤院议》，《益闻录》第576号，土山湾印书馆1885年版。

广，遍于寰宇，俾瞽者无一所失，是则有望于中外之仁人，按中国育婴之举，自南宋以来有兴无替，独于栖瞽院缺如亦天地间一憾事也。"①在中国政学两界都颇具影响力的美国监理会教士林乐知也曾撰文指出："救贫济困，为人生当尽之责份。故凡有贫苦疾病衰老残废者，当由公众调恤之，无使所失。……故为国者，当扩充公学之制度，务使国人无一不能就学以储才。"②而英国传教士季理斐则将美国著名盲聋女作家和社会活动家海伦·凯勒的事迹介绍给中国人，借此证明残疾人接受合适特殊教育的必要性，同时还将海伦在纽约慈善大会上发表的演说翻译成中文发表，以鼓励中国残疾人群和从事特殊教育的人们。当时外国的传教士通过撰文等方法介绍了西方国家特殊教育思想和实践，大力提倡中国人开办特殊教育机构，为盲聋哑残疾人带来了福音，这是值得肯定的。

与此同时，大多传教士身体力行先后创办不同的特殊教育机构，成为近代中国宣传和创建"西方范式"特殊教育机构的重要群体。这一时期，西方传教士在中国先后创办北京瞽叟同文馆（1874年）、登州启喑学馆（1887年）、汉口训盲书院（1888年）、台南训瞽堂（1890年）、广州明心瞽目院（1891年）、古田明心盲院（1896年）、福州灵光学校（1898年）等，开始招收一些盲、聋哑儿童，对其抚养并施以一定的教育，使之成为"残而不废"的人，促进了国人对特殊教育的早期认识和了解，以及对残疾人态度的逐步转变。如汉口训盲书院开办之初绝大部分当地民众并不理解，认为是教会阴险恶毒不为人知目的的体现，但学校开办一段时间后不仅招收基督徒家庭的孩子，也招收非基督徒家庭的孩子，学校主管机构（循道会）还不断收到中国民众赞扬训盲书苑的谢函。学校创办者李修善1896年4月病逝后，汉口西商会在

---

① [英]艾约瑟：《栖瞽院说》，《万国公报》第三十六册，光绪十七年（1891），第4-5页。

② [美]林乐知：《欧美十八周进化纪略》，《万国公报》第一百八十八册，光绪三十年（1904），第18-27页。

其安葬日为表示敬礼停止办公一日①。虽然，传教士创办特殊教育机构，从事特教事业，在某种程度上是其招揽人心、宣传教义的一种辅助手段，但是由西方传教士创办的特殊学校长期是我国近代特殊教育学校的主体。在其影响之下，中国一些有志、有识之士也开始积极筹备，创办特殊教育机构，开展针对残疾人的特殊教育实践活动，进一步促进了中国近代特殊教育的发展。如1916年，刘先骥创办长沙导盲学校、张謇创办南通盲哑学校等。分析中国近代特殊教育机构的产生主要是受两种思想支配：一种是宗教慈悲为怀的怜悯情感，这主要在教会人士中间发生，这是西方古老的传统思想资源。另一种是民族主义的理念，这主要在国人中间发生，力求打破西方传教士对中国特殊教育资源的垄断，而自力更生②。

另一方面，中国开明地主阶层和知识分子开始"开眼看世界"，通过各种途径了解西方，不仅学习西方先进的科学技术，也开始学习和借鉴西方的思想和文化，一些亲历西方文明的中国人对西方国家的特殊教育做了记录，通过这些记录，更多的中国人开始了解到西方的特殊教育发展状况。有代表性的如林针的《西海纪游草》、张得彝的《航海述奇·欧美环游记》、李圭的《环游地球新记》、黎庶昌的《西洋杂记》以及薛福成的《出使英法义比四国日记》等，都对欧美国家的特殊教育有不同程度的介绍，使更多国人开始了解国外特殊教育的发展，对当时的知识分子起到了启蒙的作用。

同时，中国一些先进知识分子和驻外使臣等也开始宣传西方的特殊教育理念和实践，倡导兴办特殊教育。近代中国最早介绍西方特殊教育的当属魏源，在其所著的《海国图志》一书中有对美国特殊教育情形的记载"又聋、盲、哑者，原属无用，今国内立仁会设馆训习。如聋哑者亦以手调音而教之；盲者即有凸字，

---

① 郭卫东：《中国近代特殊教育教育史研究》，高等教育出版社2012年版，第67页。
② 郭卫东：《中国近代特殊教育教育史研究》，高等教育出版社2012年版，第478-479页。

是他以手揣摩而读"①，除设立机构之外，还提到了对聋哑人的教学方法，特别是盲人的凸字教学法。另外，在谈到英国情况时又专门谈及"瞽目废疾"由国家赋税供养②。差不多同时，徐继畲在介绍美国康涅狄格地区时也提到："会城有二，一曰哈得富耳，在河滨有大书院一。一曰纽伦敦，在海口有大书院四，其学馆为二十六国之最，又有别院，教哑与聋者，以手指代语言，诸国皆效之。"③启蒙思想家郑观应在其所著的《盛世危言》一书中专辟"善举"一节，"泰西各国以兼爱为教，故皆有恤穷院、工作场、养病院、训盲哑院"等，"善堂至多不胜枚举，或设自国家，或出诸善士。常有达官富绅独捐资数十万，以创一善事"，故"泰西各国乞丐、盗贼之所以少"④。郑观应认为正是因为西方有相对完善的特殊教育，成为了稳定社会秩序的有力保障。1902年，康有为在《大同书》中也倡导为盲、聋、哑人群创设特殊教育学校，让他们接受教育，操习技术，"生而盲哑者，有特别之院，以女子为保傅，看护而教育之。皆设小学、中学、大学，教之识字读书，专学一艺，俾其快然生事之乐而无憾焉"。尤为可贵的是，康有为提出特殊教育不仅涉及初等教育和中等教育，还包括高等教育，这种理想在近代中国是未能实现的。

中国驻外使臣也是宣传和介绍西方特殊教育的重要群体。张德彝是中国最早的驻外使臣之一，自1866年第一次受政府委派出使欧洲各国开始，他一生曾八次出国，在国外度过27个年头。每次赴外，他都以详细的日记记载所见所闻，依次成辑《航海述奇》《再述奇》《三述奇》《四述奇》直至《八述奇》，共约两百万字，其中就包括了大量其在欧洲各国特殊学校的见闻，同治丙寅三月十九日记："盖外国鳏寡孤独聋哑瞎呆之人，皆有安置"；光绪二年丙子十二月二十二日记："伦敦通成立有各会一百三十九处"，其中"养聋哑人会、养瞽者会及经卷会等，每会必有公社，高楼

---

① 魏源：《海国图志》卷五十九《外大西洋》，岳麓书社1998年点校本，第1639页。
② 魏源：《海国图志》卷五十二《大西洋》，岳麓书社1998年点校本，第1434页。
③ 徐继畲：《瀛寰志略》卷九，福建抚署道光二十八年（1848）刻本。
④ 夏东元：《郑观应集》（上册），上海人民出版社1988年版，第289页。

大厦，宏敞壮观，各皆数千人，首领则世爵富室充之，按年份捐公款"。类似这样的记录在《述奇》中还有多处。驻外使臣薛福成撰写的《出使英法义比四国日记》记"西洋各国教民之法，莫盛于今日。凡男女八岁以上不入学堂者，罪其父母，男固无人不学，女亦无人不学，既残疾聋瞽瘖哑之人亦无不有学。其贫穷无力及幼孤无父母者，皆有义塾，以收教之在乡"①。20世纪初叶，考宪大臣于式枚入奏普鲁士情况时谈及："聋哑疯痴养育之院，国家救济贫病之所，旧皆国政，今悉委之地方，故二十年来，举地税、房租、营业税、财产税悉归地方收用，而地方自治完备，财政亦愈精密，以预算由地方起，而收国税亦由地方代办，纤悉不隐也，宽其资力，既如此，既如此，严其法律。"②

此外，甲午战争中国的战败让中国人把探索的目光由欧美国家转向邻近的日本，很多官员和知识分子赴日进行学习考察，其中特殊教育也成为其关注的内容。东京盲哑学校几乎成为赴日官员和学者的必经之地，而从日本归国的学者也成为宣传特殊教育的主力军。1898年，张大镛等人参观东京盲哑学校，看到学校有"木板阳文日本地图一幅，使盲生亦知全国地势"，还记载了盲点字，"点书隆起，使盲生摸而读之，间有通文者；壁间粘有歌词一，系盲生撰，而哑生为之书"③。1899年，沈翊清参观东京盲哑学校，留下较为详细的记载，"现共盲生六十余人，哑生二百零九人。盲生功课：弹琴、唱歌、针灸、按摩、裁缝、图书、雕刻，指物而皆使识字通文，审形辨物"，"历史地理教室：或铅或漆，制各种凸形地图置案，使案由粗而细，由合而分，久而识之，可知全国地形大概"。"图书教室：标毕业生名画甚多。裁缝教室：内有已能女红自食其力者。"其观后感慨："苦心教育，有足多者。"④1901年，罗振玉游历日本归国后著成《学校私议》，其中第 11 条第 2

---

① 薛福成：《出使英法义比四国日记》，参见钟叔河：《走向世界丛书》，岳麓书社1985年版，第290-291页。
② 刘锦藻：《清朝续文献统考》卷三百九十六《宪政四》，浙江古籍出版社1999年影印本，第11470页。
③ 张大镛：《日本各校纪略》，浙江书局光绪己亥年（1899）仲春刊本，第51页。
④ 沈翊清：《东游日记》，福州光绪庚子年（1900）刊本，第59页。

项建议设办"废人学校,如教盲哑者,以音乐、按摩及手工之类。残疾之民亦得自食其力,以免冻馁。此校虽未能即办,亟宜经始,以救无告之民"①。除此之外,还有很多赴日学者关于日本特殊教育的记录和引介。经过对日本情况的考察介绍和对西欧各国特殊教育的宣传介绍,近代范式的特殊教育逐渐被更多的国人所了解。

第二节 聋教育在中国近代的兴起

一、中国近代聋教育思想

聋教育主要是面向聋人(听力障碍人士等)的一种教育形态,是特殊教育的重要组成部分。真正教育学意义上的聋教育出现在18世纪后期的法国,1760年法国人莱佩在巴黎创办的世界上第一所聋校,并先后发表了《通过手势法对聋人进行教育》《真正的聋教育法》,系统地阐述了他的聋教育思想和方法,开启了世界聋教育的大门。1887年,美国传教士米尔斯夫妇(又译梅里士)在山东创办我国第一所聋哑学校——登州启喑学馆,开启了我国近代聋教育的先声。启喑学馆对我国近代聋教育的发展做出了重要贡献,米尔斯夫妇等人在长期对聋哑儿童教育教学实践中,积累了一定的聋教育经验,代表了我国近代聋教育的主要思想,现简要分析如下:

(一)重视聋人教育的可能性和必要性

在古代,人们往往认为聋哑人是无脑力的人,成年聋哑人即使智力出众者也大都相当于健全人中的儿童,聋人的教育问题一直被人们所忽视。即使近代中国大多聋校开设之初,均存在一定的招生困难,其原因主要在于国人尚未认识到聋人接受教育的可能性和必要性。

---

① 罗振玉:《扶桑两月记》,教育世界社1902年版,附录《学校私议》。

米尔斯夫妇在创办启喑学馆之初,就利用一切机会在当地进行宣传。在登州先后走访了44个聋儿的家庭,这些孩子年龄在8岁到16岁之间。米尔斯等认为让他们接受教育刻不容缓,如果错过了最佳教育期,只能给聋儿的成长与发展造成不利影响。因此,米尔斯夫妇等为了吸引聋童家长的关注,及对聋教育的兴趣,先后用已经在校接受聋教育聋童成功的事例进行宣传,来促进社会对聋人教育的认识和了解。如1907年,米尔斯夫人带着几个男聋童到上海参加传教会百年纪念大会,与会人员观看了聋童的听人唇读开口说话表演并给予高度评价,后来启喑学校纳入到了教会管理的范围,并在美国国内取得办学资格。1928年,米尔斯夫人再次带着三个男聋童从烟台出发,行程2000多英里,先后在天津、北京、汉口、上海等城市举行了50多次演说,受到国内许多知名人士的极大关注,如清朝学部侍郎严修、直隶总督杨士骧、两江总督端方以及天津北洋大学校长等均高规格地接待米尔斯夫人等。在其直接影响下,中国很快出现了两所私立聋校保定聋哑学校和杭州聋童学校,而这两所学校的创办者为启喑学馆的教师(孙宗石)和毕业生(周天孚)[1]。

(二)以社会适应能力为导向的教育目标

米尔斯夫人为启喑学馆制定三个方面的教育目标,一是语言和文字方面的训练,促进聋人能和普通人正常交流;二是生活自理能力方面的训练,促进聋人能够手脑并用,增强社会适应能力;三是生活责任感和谋生知识的训练,促进聋人掌握谋生知识,形成一定职业技能,实现人生价值。纵观这三层教学方面,其核心是强调培养与提高聋人的社会适应能力,如劳动能力、生活自理能力、活动能力和交往能力。围绕着三层教育目标,启喑学馆确定聋生每个年级的课程设置,如幼儿园:国语、体操、工艺;一年级:原音、看嘴学话、写字、人物学、浅白算法、体操等;二

---

[1] 马建强:《中国特殊教育史话》,新华出版社2015年版,第30页。

三年级：语言、看嘴学话、日记、国语、写字、算法、国文、工艺、体操等；四五年级：国文、日记、算法、地理、修身、工艺、卫生学、体操等；六七年级：国文、算法、日记、地理、写字、历史、自然科、蚕科、修身、卫生学、体操等；八九年级：国文、算法、历史、地理、论说、自然科、蚕科、读报、生物学、修身、尺牍、工艺、体操等[①]。可以看出，这些课程设置其最终目的是促进聋人社会适应能力的提高，低年级阶段相对偏重于国语、写字、算法、体操等基础课程，其目的在于帮助聋人掌握基本的文化知识、增强身体素质，形成适应社会的基本能力，而高年级阶段相对偏重于自然科、蚕科、生物学、尺牍、论说等职业教育课程，其目的在于引导聋人掌握或形成一定的职业技能，为将来从事某些工作做好准备。总之，这种以社会适应能力为导向的课程设置构成了现代聋校课程设置的基本框架，为聋校教学活动的顺利开展奠定了基础。

（三）综合采用手语教学、口语教学等方法

长期以来，口语教学和手语教学作为聋教育中的两种基本教学方法。许多聋教育工作者对两者的争论一直存在，主张采用口语教学的人认为训练口语能真正发展聋人智力，在普通环境中进行交流，增强其社会适应能力，而主张采用手语教学的人认为聋人学习手语可以和聋人进行交流，传递思想感情。直到20世纪70年代，由聋教师罗伊·霍尔库姆第一个提出了"全面交流"的方法，主张将听觉、手势语和口语交往方式综合起来运用，以保证同聋人及在聋人之间进行有效的交往[②]。其实，米尔斯夫妇在启喑学馆的教学实践活动中，就已经开始了手语教学和口语教学综合应用的实践尝试。她在学习汉语的基础之上，1907年为聋儿编写出版了一套口语教学教材《启喑初级》，这部教科书共有359课，每一课分前后两页，前页上面有图。下面有字。在字的左侧有拉

---

① 山东烟台政协文史资料委员会：《烟台市文史资料》，1982年，第197-208页。
② 方俊明：《特殊教育学》，人民教育出版社2005年版，第181页。

丁字母拼音，右侧有贝尔音符，下面有手指字母拼音图式。后面是由单字母组成的词句，供练习用。这部教科书既包括看图识字，也涉及发音学话①。实际教学中，米尔斯等人用形象生动的图画对应具体汉字，帮助聋童形成字的概念，接着用手语图案教聋生模仿打出手语，然后再教聋生发声。这种手势语加口语相结合的方式，形成了聋校教学的常用模式，一百多年过去了，直到今天我国聋校教学的基本方式依然是手语加口语，最后落实到书面语。

二、中国近代聋教育实践

1887年美国传教士米尔斯夫妇共同在山东登州（今蓬莱）创办的"登州启喑学馆"，开创了中国近代聋教育的先河。米尔斯（Charles Rogers Mills，1829—1895年），1856年毕业于美国新泽西普林斯顿神学院，同年10月携妻子从纽约来华，最初五年在上海度过，1862年迁至山东登州，与更早来到登州的几名教师共同致力于教育事业。米尔斯夫妇共生育了四个子女，其中一子因聋致哑，因此登州启喑学馆的创立与米尔斯的聋哑儿子有着天然的关系，可以说"是他自己儿子痛苦的自然结果"②。1874年米尔斯夫人积劳成疾，弥留之际，同工教友群集床侧，聆听米尔斯夫人向上主的祈求，唯愿其聋疾儿子能得到专门教育，也希望所有的中国聋童有同受此类教育的福缘③。米尔斯夫人病逝之后，米尔斯遵照亡妻遗愿，将其子送入美国纽约罗彻斯特聋哑学校，负责照顾其子在校学习生活的是该校教员安耐德·E.汤普森女士（Annetta E. Thompson，1853—1929年）。汤普森从小与同父异母的聋哑弟弟一起长大，1876年伴随其弟在罗彻斯特聋校上学。罗彻斯特聋校惊叹于汤普森与其聋哑弟弟出色的交流能力，遂聘任

---

① 戴目：《梦圆忆当年》，上海教育出版社1999年版，第201-221页。
② 郭大松、曹立前：《传教士与近代中国启喑教育》，《近代史研究》，1994年第6期，第38页。
③ 曲拯民：《烟台教育发展史》（1865—1945），1988年于美国宾夕法尼亚州自印本，第39页。

汤普森为教员。后汤普森赴波士顿学习哑语一年，返回本校任教。在与米尔斯多年的通信中，汤普森对米尔斯的人品特别是虔诚的宗教精神十分倾慕，于是两人自友谊步入爱情。1884年，汤普森女士带着米尔斯先生的聋哑孩子，漂洋过海来到山东，后与米尔斯结为夫妻，婚后汤普森随夫易姓。米尔斯夫妇由自己孩子的不幸联想到其他聋哑儿童的处境，而当时中国境内却没有专门的从事聋哑教育的学校，于是夫妻二人决意在中国创办一所聋哑学校。

1887年，米尔斯夫妇在其住所创办一所聋哑学校，学校按照中国人的命名方式叫"启喑学馆"，"启喑"的意思就是"要让聋哑孩子开口说话"。米尔斯任馆长，米尔斯夫人实际负责校务。当时在中国开办聋哑教育是破天荒的事情，因此学馆存在生源不足、资金短缺等严重困难。学校开办之初，入学者寥寥无几，只招到一名贫困木匠的聋儿，为了使更多的聋童愿意入学，学校办学初期不仅费用全免，而且免费供应食宿。即便是这样直到1896年学校暂时关闭时，也只有4名学生。此外，"当时，风气不开，人多反对，幸有一二来学，亦皆贫寒子弟，流离失所者，衣服饮食，盖皆仰给于馆内……尤动闻者疑，皆谓西洋人有幻术邪行，鼓惑人听，而米君及其夫人始终持定爱心，维持不辍"[①]。1895年米尔斯病逝于登州。米尔斯的逝世让学校经费来源成为亟待解决的问题。米尔斯生前，鉴于他在教会事业方面的卓著功绩和广泛的社会影响，美国长老会曾经给予登州启喑学馆一点有限的帮助。而在米尔斯病逝后，由于在传教和教会事业上并没有多少功绩，因此长老会拒绝继续为学馆提供经费资助，学馆难以支撑。在这种情况下，1896年，只得暂时关闭启喑学馆。

面对丈夫去世和学馆关闭的双重打击，米尔斯夫人坚持为办学奔走四方，多方求助，曾专门写求助信给美国加劳德特聋人学院院长，以及美国所有聋人学校，希望它们能带动美国的聋人一起为中国聋教育捐助。在她写给美国聋人学校的信中谈道："我们

---

① 上海中华全国基督教协进会：《中华基督教会年鉴》（第一期），1914年，第134页。

希望我们目前所从事的事业能够引起你们最真挚的、最虔诚的关注,引起你们对我们最慷慨的同情……请你们好好考虑这样一个问题:我们的学馆,同时也是你们的学馆,要继续开办下去吗?学馆的继续开办完全依赖于你们,依赖于你们的赞助给我们的捐款数量。"[1] 可以看出,米尔斯夫人为了中国的聋教育事业向美国各界人士发出最迫切、诚恳的求助。精诚所至,金石为开,在她的努力下,罗切斯特聋校同意提供一些帮助,同时也陆续收到来自英国贝尔法斯特和爱丁堡等城市的个人和社团资金捐赠。米尔斯夫人此时在中国孤身一人,亡夫之地难免触景生情,再者考虑到登州之地过于偏狭,在这种情况下,考虑重新开办学馆,决定将学馆迁往烟台。1897年,米尔斯夫人在烟台租赁了两间小平房,因陋就简,正式复校,改称"烟台启喑学校"。此后,她继续为改善办学条件而奔走呼号,募捐建校。1900年,米尔斯夫人在烟台东山海滨购地新建校舍,但是资金短缺问题一直困扰着学校的发展。为了解决学校的经费问题,1902年至1906年,米尔斯夫人走遍欧美两洲,"奔走于社会各界……通过集会、演讲、幻灯、报道等形式宣传中国的聋哑学校",通过她的努力,美国各地聋哑学校和英国、加拿大、澳大利亚和瑞典等国家热心聋哑教育的人们纷纷给予了各种形式的捐助。米尔斯夫人还得到美国总统罗斯福(第26任总统)的亲切接见,著名教育家、盲聋哑人海伦·凯勒也从"海伦·凯勒"基金会里捐出700美金,还专门在《波士顿文摘》上发表文章呼吁社会各界为米尔斯夫人捐款。1909年,美国长老会将学校纳入教会的管理范围,也开始重新资助学馆的经费。这样,启喑学馆办学经费有了相对稳定的支持。

学馆有了较为充裕的办学经费后,米尔斯夫人开始为提高学馆教学质量而努力,她一直动员自己的外甥女安妮塔·卡特(又译为葛爱德小姐)来协助她。卡特小姐是美国纽约贝佛尔医院的一名护士,曾担任过一所公立学校的卫生教员,有做过教师的经

---

[1] 马建强:《中国特殊教育史话》,新华出版社2015年版,第25页。

历。为了更好的胜任聋哑学校的工作，卡特在来华之前专门学习了聋哑人使用的"布莱尔和贝尔的可见语言符号"，并学习了汉语。1906年，卡特来校后，对学校进行了全方位的改革。招生方面，坚持遵循"无论基督教哪个宗派，还是异教徒出身的孩子，都予接受"的原则①；学制方面，将学制增加到9年的期限，也就是初中三年级的程度；课程方面，向普通教育课程靠拢，加强工艺课程的学习，女生主要学习缝纫、刺绣、编织等，男生则学习排字、木工、机器编织等；教学方法上，采用唇读法进行哑语教学，哑语教材依据美国的哑语教材进行编撰；社会实践方面，采用开放式的办学理念，鼓励学生多与社会接触，经常在社会上举行各种表演；体制方面，增设女学部，实行男女分班教学，使学馆真正成为为全体聋哑儿童服务的机构。除此之外，卡特还重新制定了办学章程，共分12章，对办学宗旨、教学内容、学生的入学年龄、日常生活安排、学杂费等问题作了详细规定。

  1912年，学馆开设师范部，并举办全国性的师范训练班，每期一年，毕业生分布在全国各地新建的聋哑学校工作，有的还创办了新的聋哑特殊教育学校。烟台启喑学馆成为近代中国培养特殊教育师资力量的发源地，为我国特殊教育事业发展培养了一大批优秀人才。这一时期，我国许多聋哑学校如北京私立聋哑学校、辽宁私立聋哑学校、天津私立聋哑学校、福建古田聋哑学校等的创办者及教师均在启喑学馆师范部参加过学习。1913年，学校又在女学部附设幼稚园，相应的修学年限也延长为12年。在卡特的艰苦工作下，烟台启喑学校办学规模不断扩大，办学质量不断提升，学校影响力日渐增强，1909年学校接受外来参观者中国人为12人，外国人为100人，1910年中国人为9人，外国人为111人，1911年中国人为16人，外国人为108人②，得到了国内外广泛的关注和赞许。

---

① 曹立前译：《烟台中国启喑学校》，《山东文献》（台北）第十八卷第四期，1993年，第11页。
② 马建强：《中国特殊教育史话》，新华出版社2015年版，第32页。

从登州启喑学馆创立到1911年，中国先后创建了多所聋哑学校（含盲哑学校），具体见表 2.1。总体上来看，这一时期我国聋哑教育机构数量非常少，办学规模不大，师资相对缺乏，存在时间较短。从学校地区分布来看，聋哑学校基本分布在山东、上海等沿海区域，而大多数省份尚未出现聋哑学校，这与这些区域最早被迫对外开放而传教士活动频繁有关，也与这些区域经济、社会发展状况有关。从学校创办者的性质来看，聋哑学校基本上为私立学校，尚未出现由各级政府所创办并管理的公立学校。其中有些聋哑学校由中国一些知识分子、开明人士积极筹备创办，如山东济南盲哑学校、河北清苑盲哑学堂等。这些私立聋哑教育机构是我国这一时期聋哑学校的重要组成部分，其办学经费主要依靠个人资本、社会募捐和收取学生学杂费等方式来筹集。同时，也有部分聋哑学校由外来传教士开办，是我国这一时期聋哑学校的重要补充。如登州启喑学馆、上海法国天主堂圣母院聋校（该校是为圣母院育婴堂所收养一些中国聋哑孤儿进行教养的内部机构，不公开招生）。这些学校办学经费主要依靠教会组织供给、社会募捐等方式来筹集。

表 2.1　1887—1911 年中国聋哑教育机构情况一览表

校　名	创办时间	创办地点	创办人（或机构）
登州启喑学馆	1887 年	山东登州	米尔斯（英）
圣母院聋哑学校	1894 年	上海	法国天主教
盲哑学校	1905 年	山东济南	时克荫、刘冠三
盲哑学堂	1908 年	河北清苑	黄国煊

注：上表主要根据马建强《中国近现代特殊教育学校年表》中信息整理而成[1]，限于资料有限，疏漏之处在所难免，敬请读者包涵指正。

---

[1] 马建强：《中国特殊教育史话》，新华出版社 2015 年版，第 293-294 页。

第三节　盲教育在中国近代的兴起

一、中国近代盲教育思想

1784年，法国人霍维（又译为阿维、阿羽衣等）在巴黎创办了世界上第一所盲童学校，招收盲人，并于1786年出版《盲人教学笔记》来阐述他的盲教育思想和方法，开始了盲人教育教学实践活动，初步形成了盲教育体系。1874年，英国传教士威廉·穆瑞在北京创办我国第一所盲校——瞽叟通文馆，1888年，英国传教士李修善在湖北创办我国第二所盲校——汉口训盲书院，1916年，刘先骥在湖南长沙创办导盲学校，同年底张謇在江苏南通创办狼山盲哑学校等。西方传教士和国人纷纷创办了多所盲人学校（或盲哑学校），促进了我国近代盲教育的兴起与发展。早期盲人教育机构创办者们在长期的盲童教育教学实践中，积累了一定的盲教育经验，代表了我国近代盲教育的主要思想，现简要分析如下：

（一）肯定盲教育对社会发展具有重要意义

在古代，盲人是极易被忽视遗弃的一个群体，少有人尊重与关心他们的社会价值、生存状况。一些来华传教士和开明知识分子则认为盲人不应仅是被怜悯和施舍的对象，而是与普通人一样的社会成员，盲人只不过是眼睛失明，但是仍然应该具有独立而自由的人格。盲人应该像普通人一样获得完整的初等教育、中等教育甚至高等教育，使他们能够自食其力，实现自身的社会价值。1911年，上海盲童学校创办者英国传教士傅兰雅在其专著《教育瞽人理法论》中谈到："尝思恻隐之心人皆有之。残废之民，无地无之。凡仁人善士，见人残废，未有不嗟惜悼叹者也，况乎瞽人？双眸既瞽，百事不明，虽居光天化日之下，直同幽狱暗室之中。动作需人，糊口无方，其悲凄惨苦，殊有不堪言者也。惟赖仁人用心，设法怜救，始可少减其苦，此各处训瞽学堂之所应急设也……俾能自食其力，果能小作得法，有益于众……国家自可多拨公款，于各大城镇，广设瞽院，嘉慧群盲，皆属当尽之义务，并非寻常善举所可等量齐观也。"①可见，傅兰雅对近代中国的国情比较熟悉，强调大力开办盲人学校，发展盲人教育对盲人发展、社会发展的重要性。1916年，南通狼山盲哑学院创办者张謇主持学校开学典礼并发表讲话，其中也谈到设立盲哑学校的原因"愚兄弟所以有此理想之感，发生于山路乞丐之多，为地方名誉之累，继考察此类乞丐中，有真穷而无告者，不穷而以为营业者。穷可悯也，不穷而以为营业，则诡薄而无耻之人多，地方人士之羞也。由是计划残废院，而盲哑亦残废中之一类"②。可见，张謇从改良社会风貌，营造健康有序社会氛围的角度论述了盲哑教育等的社会价值。

（二）自立谋生是盲教育的首要宗旨和教育目标

19世纪末20世纪初，中国军阀混战，民不聊生，教育事业的发展受到了很大的影响。在这种社会环境下，"盲童，贫则乞食，富则逸居"，绝大多数盲童沦为"城南胜水处"的"沿街群丐"。实际上，盲等特殊儿童与正常儿童相比，身体方面存在某些缺陷，这些缺陷会阻碍特殊儿童正常的社会生活，甚至成为家庭和社会的负担，更何况当时的社会条件根本无暇顾及盲童等的教育和补偿问题，这就造成很多贫困的盲童不得不沿街乞讨，于个人来说命运是极其凄惨的，于社会来说也不利于社会稳定。因此，1912年，傅兰雅捐出个人地产创办上海盲童学校，其子傅步兰后来谈到学校的办学宗旨"在因学生能力之所及，授以完全之教育，使之毕业后能支持其生活的全部或一部，成为独立可敬之国民及社员"③。1916年，张謇克服种种困难，鬻字筹款，创办狼山盲哑学校，学校教育的首要目的就是训练特殊儿童自力更生的能力。故在盲哑学校开学典礼上，张謇着重提出盲哑学校教育的目的是为

---

① 马建强：《中国特殊教育史话》，新华出版社2015年版，第57页。
② 《狼山盲哑学校开幕会上之演说》，《张謇全集》（第四卷），江苏古籍出版社1994年版，第108页。
③ 马建强：《中国特殊教育史话》，新华出版社2015年版，第66-67页。

了实现"其始待人而教，其归所不待人而自养"。不久，张謇根据国内外盲哑学校的经验和自己办理盲哑学校的实际情况，将盲哑学校的宗旨拟定为"造就盲哑具有普通之学识，俾能自立谋生"。1929年在其为学校制定的《章则》第一条中明确指出，学校"以培养盲哑师资，造就盲哑，使具有独立自存之能力"为核心宗旨；在《章则》的第二条，列出了三条主要教育目标，一是供给盲哑适应生活上的知识；二是把分利的盲哑变成一种技艺，做生利的国民；三是增进盲哑享受社会娱乐的幸福，以减少其单调乏味生活之痛苦。可见，我国近代盲教育实践者大多将促进盲人独立生活、自食其力作为盲教育的主要目标，来保障盲校教育教学活动的健康发展。

（三）生利教育为核心的课程设置及教学内容

盲童教育的最终目的是促进盲童掌握基础文化知识，形成一定的职业技能，成为能够自食其力的劳动者，所以盲校课程设置及教学内容安排应以促进盲童形成职业技能为核心。19世纪末至20世纪初，我国大多盲校的课程设置均体现了突出职业（生利）教育的特点。如北京瞽叟通文馆在职业教育课程设置上，男生部的课程有纺织、藤木、织袜、制鞋等，女生部的课程有织布、绒工、纺毛等[①]。上海盲童学校的课程设置主要由家政、手工、体育、文化、音乐五部分组成，其中手工课程主要"训练盲童使用手指，并使他们逐步用心于游戏以达到有所创造的教育目的"，手工训练的项目有木工、钉板、折纸、剪纸、编草、织物、圆球、黏土工等[③]。张謇任狼山盲哑学校校长期间，规定学校教学内容要"以生利教育"为核心，包括知识教育和技艺教育两个部分。据1916年南通盲哑学校招生启事中关于课程的介绍可知，是年学校盲部开设的课程有凸字、科学、音乐和手工，1917年盲哑学校盲科实开课程为凸字、音学、修身、国文、历史、地理和手工。1921年开设园艺教育，"民国十一年三月添设藤工科"等。学校专门聘请专

[①] 顾定倩、朴永馨、刘艳虹：《中国特殊教育史资料选》，北京师范大学出版社2010年版，第1175页。

职教师、技师加强手工训练，又先后开设按摩、打字和雕刻等课程，一定程度上达成了"盲哑所受相当之教育以自养"的目的①。由此可以看出，我国早期盲校在课程设置上既关注普通知识教育，又重视生利教育，最终促进盲童一方面掌握基础的文化知识，提高自身文化素养，具备初步适应社会的基本能力；另一方面掌握一定的职业知识和技术，形成一技之长，能够成为自食其力，残而不废的劳动者。

（四）以感官功能补偿为核心的教学方法

感官功能补偿是指针对特殊儿童的身心特点，尽量用健全的器官来代替受损器官的组织功能，充分发挥儿童的内在潜能，增强儿童的社会适应能力。盲童由于视觉器官及功能组织受损，大多存在一定的生理、心理缺陷，因此，盲校教学方法应促进儿童受损感官功能的补偿，适应其身心发展特点。1903年，张謇考察日本京都疗养院，后又多次考察来华传教士创办的烟台启喑学馆等，这使张謇对盲哑学校的教学方法有了直接的观感，不仅如此，他还自行研究了盲文的起源、发展和现状。他认为盲哑者"所残者废者口耳手耳，至目与口外之官骸，固同为天赋，目与口外之官骸之知能即同为天授"，"心思和手足皆可教也"。基于此，张謇认为，盲哑学校的教学方法思想应该是"期以心思手足之有用，弥补目与口之无用"。傅兰雅在一次关于盲童教育的演说中也谈道"盲童学校教授读书之法，书面现高起之点使盲童以手代目而读，其奏效与用目无异。昔某教育者有言，吾人不能使盲人之他官发达补其一官缺则教育为无用，故缺失一官不能即视之为废人，盖依生理言之，一器官失其效用可发达其他器官以代之，施教者即本此理，乃用心手相应之发达以补无目者之缺陷，则常人但有两目，而盲人反有十目也"②。可见，这种教学思想和当今"补偿教

---

① 顾定倩、朴永馨、刘艳虹：《中国特殊教育史资料选》，北京师范大学出版社2010年版，第1353页。
② 顾定倩、朴永馨、刘艳虹：《中国特殊教育史资料选》，北京师范大学出版社2010年版，第1319页。

育"有异曲同工之妙，都是通过训练"心思"和"手足"的能力，达到对缺陷器官的补偿，促进盲童的身心健康发展。

二、中国近代盲教育实践

现有资料表明，外国教会力量是近代中国盲教育事业的先行者，来自不同国家和地区的教会组织在开展传教活动的同时，也开办了一些带有慈善性质的特殊教育机构。早在1835年成立的澳门女塾中就有关于对女盲童进行教育的记载，这是外国传教士在中国进行特殊教育实践的最早记录。据曾在澳门女塾就读的容闳记述："其后此塾因故停办，予等遂亦星散。古（郭）夫人携盲女三人赴美，此三女乃经予教以凸字之法。"①澳门女塾以盲女为教育对象，以凸字法为教学方法，是有据可查的最早的教会在华招收盲人进行教育的最早记录，反映了教会办学之初已经将残疾人群纳入到教育对象中来。但是，澳门女塾并不是专门的特殊教育学校，在校学习的盲女也只是附读性质，因此澳门女塾并不能算作是我国近代特殊教育机构之始。

有确凿证据可以证明，中国第一所近代特殊教育机构是英国传教士威廉·穆瑞（William Murray）1874年创办于北京的盲教育机构"瞽叟通文馆"。威廉·穆瑞（1843—1911年）出生于英国格拉斯哥城（Glasgow），9岁时因为锯木机器事故而失去了左臂，这次不幸让穆瑞的人生陷入黑暗之中。但是穆瑞并没有因为肢体残疾而成为家人的负担，他在格拉斯哥城从事邮递员的工作，同时努力学习希伯来语、希腊语和音乐等。后来，穆瑞成为"苏格兰圣公会"的一名派发圣书人，并于1870年被派往中国北方进行传教工作，这成为穆瑞人生的重要转折点。

穆瑞来到中国后，起先在山东工作，后来又赴东北工作了两年，最后来到北京定居下来。穆瑞的工作主要是在闹市等人多的地方售卖圣书，因此有机会接触到中国街头为数众多的残疾人。

---

① 容闳：《西学东渐记》，湖南人民出版社1981年版，第3-4页。

起初穆瑞对这些残疾人并没有特别的兴趣，直到有一次和盲人的际遇对穆瑞产生了深刻的震动，成为穆瑞一生都难以忘怀的事情。穆瑞曾回忆说："我作为苏格兰圣经公会的成员来到中国，经常看到一些盲人购买封面有凸起绘画的圣书，特别是有一位年轻人给我留下了深刻印象，在他拿着《马可福音》以后，表示非常想知道里面讲些什么，当我满足了他的愿望，为他读了其中的片段之后，他满意地付了钱，拿着书走了。在他的脸上漾溢着欢乐。这件事提醒我，这个世界上还有这一类人群的存在，当救赎他们的生命，提高他们的生存价值。"这样的事情发生了不止一次，有一次穆瑞提醒一个买书的盲人，既然不能看书又何必花钱买书，盲人回答他的朋友可以读给他听，穆瑞就告诉他"盲人也能读书，甚至能写字"。然而，盲人并不相信他所说的，这刺激了穆瑞，穆瑞开始感到他必须为这些盲人做些特别的工作。于是，他向教会发出呼吁，在没有得到任何回应后，穆瑞决定自己研究设计中文盲文，并先后选择两个盲人学生进行授教，经过学习的盲人能够阅读，这说明他设计的盲文是有用的，教授方法也是有效的。这给了穆瑞很大的信心，他开始筹集资金，着手创办中国第一所盲人教育学校。

随着办学条件不断成熟，1874年，穆瑞通过长老会在北京甘雨胡同的房屋创办了"瞽叟通文馆"，这成为中国近代第一所特殊教育学校。学校初办时规模不大，根据教会方面的记载，该校早期的生源多来自教会的推荐，办学目的也主要是为了培养传教人才，"所收各生大半来自各处教堂，期以养成纯粹传教之才"[①]。办学初期，正如一位教会人士所写："在中国从事盲教事业，创业阶段颇为不易，改变盲人旧的生活环境甚至比教他们阅读还要困难，但黑暗总是与光明同行，最终，光明，必将照亮黑暗。"[②]1891年，苏格兰的戈登·库明（C. Gordon Cumming）到校参观，感于穆瑞的崇高精神，提出愿意资助学校。戈登·库明除了自己捐助外，还在伦敦等地为盲校代募资金，成立基金保管委员会，按年

---

① 上海中华全国基督教协进会：《中华基督教会年鉴》第一期，1914年，第133页。
② 郭卫东：《中国近代特殊教育史研究》，高等教育出版社2012年版，第51页。

拨款，补助学校经费。这对于学校来说简直是久旱逢甘霖，很大程度上帮助学校摆脱了资金困境，学校的办学规模也得以不断扩大。1900年，"庚子事变"使学校遭受重创，而穆瑞也在1902年患病，如此勉力维持，于1911年9月6日病逝于河北北戴河。穆瑞病重时期，学校的工作就由其妻女着力维持，穆瑞逝世后，其夫人出任校监，并聘请中国人担任助手，同时学校设立管理委员会，成员包括各差会的代表和各界有影响的人物。到1914年，学校已经有7名女生，31名男生，"有超过250名学生从该校毕业。这些毕业生大部分从事与基督教有关的工作，一些成为手风琴师，一些成为布道者，一些成为盲人的教师，还有一些成为圣经的诵读者。这些毕业生分布在中国的各个省份：东北、山西、山东和京津等。其中汉口盲童学校的校长就是从北京瞽叟通文馆毕业的"①。1919年，由于第一次世界大战的影响，学校停办。次年复校，复校后改由董事会领导，聘任英籍牧师甘华德（Lionin White）为校长，设总务、文书、教育、工业各部门，学校管理渐上正轨。是年，学校迁往北京恩济庄新校舍，"甘华德牧师积极向海内外募集捐款，在北京西郊八里庄西五路，购买土地八十三亩，按英国房屋建筑模式，建校舍一百五十余间，作为新校址，改名北平启明瞽目院"②。后几经演变，新中国成立后由北京市人民政府接管，成为现在的北京市盲人学校。

北京瞽叟通文馆不仅是中国近代第一所特殊教育机构，同时也是中国最早引介"布莱尔盲文体系"的盲人教育机构。如前所述，穆瑞来华后，有感于中国盲人的生存境况，决定为中国盲人做一些有意义的事情。他认为"西方人可以借助布莱尔盲字来使盲人达到阅读写作的目的。那么，中国人应该也可以；西方的文字能够进行凸点盲字符的改造，那么中国的文字也应该能够；欧洲的盲童能够享受教育，那么，中国的盲童也应该享受"③。在这种信念的支持下，穆瑞经过自己的钻研和多方求助学习，根据"布

---

① 郭卫东：《中国近代特殊教育史研究》，高等教育出版社2012年版，第51页。
② 徐玉达：《我国最早的一所盲校》，《现代特殊教育》，1994年第6期，第42页。
③ 郭卫东：《中国近代特殊教育史研究》，高等教育出版社2012年版，第51页。

莱尔点字法"和《康熙字典》的音韵，以北京"官话"为基准语言而创制的中国历史上第一套汉语盲字系统，即"瞽叟通文"或"康熙盲文"，英文称作"穆瑞号码法"（The Murray Numeral System）。这套汉语盲字系统采用了能够代表中国北方常用的单字408个音，用40个数字符号组成408个音节，每个音节由两个数字盲符编成编码以表示不同的读音，并以前后两个盲符号位的高低来区分声调。"康熙盲文"创立和使用后，中国的盲人教育有了较大的发展，经过训练的盲童"在阅读书写的流利程度和准确性上并不比明眼人差"。"康熙盲文"不仅适用于盲童的识读教育上，由于其简单易学，还广泛适用于普通人的扫盲教育，甚至可以用于音乐的教学、练习、录谱和演奏。"康熙盲文"的创立为中国盲人架设了通往未知世界的桥梁，让无数盲人能够用手指代替眼睛来启迪心智，为中国盲人特殊教育提供了可靠的教学工具，在中国盲人特殊教育史上具有里程碑式的意义。同时"康熙盲文"也奠定了中国盲文改造的基石，此后一系列中国盲文改造都是建立在其基础上的。继"康熙盲文"之后，柯乐塞（J. Crossette）和大卫·希尔（D. Hill）在汉口创立的"大卫·希尔法"就受到了"康熙盲文"的直接影响，而之后流行的"心目克明盲字"又受到"大卫·希尔法"的直接影响，如此环环相扣，不断发展。实际上，直到1879年，国际上才完全承认"布莱叶法"的价值并在世界范围内推广，而威廉·穆瑞在国际上尚未广泛使用此法时就将其引进中国并运用到中国盲字的创制上，确实是富有前瞻性和创造性。"康熙盲文"开中国盲文之先河，是穆瑞留给中国盲教育界的宝贵遗产，给中国盲人的无光世界打开了一盏明灯，永远烛照中国盲界的宇宙视野[①]。由此可以说，北京瞽叟通文馆是中国盲文的发源地，而威廉·穆瑞则是中国盲文当之无愧的奠基人。总之，瞽叟通文馆的创立是中国特殊教育史上划时代的重要事件，是我国残疾人教育事业具有里程碑意义的起点。虽然主要是由外国传教士创办的，但是对于中国盲人来说，瞽叟通文馆确实居功至伟，既

---

① 郭卫东：《中国近代特殊教育史研究》，高等教育出版社2012年版，第447页。

弥补了盲人的身体缺陷，又救赎了盲人脆弱的灵魂，成为中国盲人的福音。

从北京瞽叟通文馆创立到1911年，中国先后创办多所盲校（含盲哑学校），具体见表 2.2。总体上来看，这一时期我国盲教育机构办学规模不大，师资相对缺乏，学校的招生和经费等面临重重困难，接受教育的盲人所占比例非常小。许多盲教育机构存在时间非常短，由于经费、招生等困难，部分盲校存在时间均在一两年左右。从学校地区分布来看，盲校基本分布在山东、北京、上海、浙江、福建、广东等沿海与沿江区域，而大多数省份尚未出现盲校，这主要是因为鸦片战争后，西方列强与晚清政府签订一系列不平等条约，中国沿海与沿江地区的一些城市被迫对外开放，西方许多国家在这些城市取得了传教、建教堂、建学校等特权。在这种情况下，许多外国教会人士主办或资助了很多盲人教育机构。另外，这一时期盲校的数量明显多于聋哑学校数量，这可能是因为盲人双目失明，视觉通道的缺陷使其丧失了获取大量信息的能力，而生活在"幽狱暗室"之中，最需要他人的怜悯与同情，也易于得到教会人士、开明知识分子的关注。总之，我国近代盲人教育的产生受西方传教士影响较大，带有一定的殖民主义色彩。但不论是以传播宗教为目的还是出于悲天悯人的人道主义精神，早期的盲人教育机构或多或少对当时中国盲人教育的发展起到了积极的作用，客观上有助于促进中国官员和知识分子开始关注盲人教育，对当时的中国特殊教育的发展有一定的推动作用。

表2.2　1874—1911年中国盲教育机构情况一览表

校　名	创办时间	创办地点	创办人或创办机构
瞽叟通文馆	1874年	北京	威廉·穆瑞（英）
汉口训盲书院	1888年	湖北汉口	李修善（英）
台南训瞽堂	1891年	台湾	甘为霖（英）
明心盲人学校	1891年	广东广州	嘉秉道（美）
明心书院	1892年	广东广州	赖马西（美）

续表2.2

校　名	创办时间	创办地点	创办人或创办机构
泉州指明堂	1895年	福建泉州	礼荷莲（英）
明心盲院	1896年	福建古田	高师姑（英）
瞽女书院	1896年	香港	德国基督教信义会
连江盲童学校	1898年	福建连江	岳师姑（澳）
奉天瞽目重明学校	1902年	辽宁	德儒博（英）
明道学校	1903年	福建福州	沈爱美（英）
盲哑学堂	1905年	山东济南	时克荫、刘冠三
德华盲女学校	1907年	广东韶关	德国基督教信义会
建州盲校	1908年	福建建宁	英国圣公会
心光盲校	1908年	福建建瓯	英国圣公会
长沙内地会瞽女院	1908年	湖南长沙	顾蒙恩（德）
训盲学校	1908年	河北沧县	李志周
盲哑学堂	1908年	河北清苑	黄国瑄
慕光瞽目学校	1909年	广东广州	基督教浸信会
盲女学校	1909年	广东肇庆	基督教喜迪堪会
盲目女校	1910年	广东高要	基督教内地会

注：上表主要根据马建强《中国近现代特殊教育学校年表》中信息整理而成[①]，限于资料有限，疏漏之处在所难免，敬请读者包涵指正。

第四节　培智教育在中国近代的兴起

培智教育，顾名思义是指对智力落后儿童实施的，旨在开发智力，培养基本生活技能，提高社会适应能力的教育。1778年，

---

① 马建强：《中国特殊教育史话》，新华出版社2015年版，第293-294页。

法国人伊塔尔在巴黎附近阿维龙森林发现一个随野兽一起长大、秉性似兽的男孩维克多，随后采用精心设计环境、单一感官功能训练、医教结合等方法使维克多产生学习经验，促其智力发展。尽管后来训练的结果不是很满意，维克多到30多岁死时也没有成为伊塔尔理想中的人，但是伊塔尔的一系列工作积累了许多训练智力障碍者的宝贵经验，开创了训练智力障碍者的先河。受其影响，他的学生法国人谢根于1837年在巴黎创办世界上第一所智力障碍者训练教育学校，促进了近代培智教育的产生及发展[1]。

清末民初是我国近代特殊教育的发端时期，一些特殊教育学校机构先后在中国创办。然而，相对而言，在我国近代早期特殊教育的理论和实践中，盲、聋哑和肢体残疾等特殊儿童一直是被关注的主要特殊教育对象。如康有为在《大同书》中曾阐述"人之有盲、哑、跛及诸废疾，接入院治之，其美备与各疾同，而各有特别之器具，以供特疾者之娱乐，与无疾之人欢快无异"，同时建议"生而有盲哑者，有特别之院，以女子为保傅，看护而教育之"[2]。这一时期，智力落后儿童、发展迟缓儿童等的教育问题尚未获得时人足够的关注，也没有出现专门的培智教育机构。但是，自古以来，中国就用"鲁""钝""痴""愚"等词汇表明儿童智力上的差异，并倡导对不同智力发展水平的儿童因材施教。随着清末民初西方近代教育思想的涌入，中国一些学者对智力障碍儿童的成因和矫治有了较为科学的认识，留下了一些关于"低能教育"的文章和观点。这些文章和观点成为研究当时培智教育理论思想的重要资料，代表了近代中国培智教育的初步兴起。

1910年，《教育杂志》刊载了《精神薄弱之原因》一文，该文论述了低能儿童的成因和预防方法[3]。关于儿童低能的原因，该文认识到有先天和后天两种因素，但是主要阐述了遗传方面的因素，"低格之原因，本于遗传者为多"。第一，该文提到有家族神经病史的家庭更容易生育低能儿童。第二，"血族结婚"和"父母

---

[1] 朴永馨：《特殊教育学》，福建教育出版社2014年版，第29页。
[2] 康有为：《大同书》，中州古籍出版社1998年版，第46页。
[3] 《精神薄弱之原因》，《教育杂志》，1910年第7期，第43-46页。

中酒精毒"被认为是引起儿童遗传性智力低下的重要原因。第三，强调母乳喂养，认为"分娩中所引起脑之变化，及少年期所受脑之外伤等，皆无甚意义，而于乳儿之营养障碍，关系甚多，故乳儿最宜用自然营养法，饮以母乳。"第四，"精神薄弱成立之原因，为佝偻病"，认为重度的佝偻病是引起儿童智力发展迟缓的重要原因之一。关于"精神薄弱之预防"，文章借鉴了国外其他学者的研究，从出生前和出生后两个方面进行论述。首先，文章认为应该禁止患有遗传性精神病等会导致遗传性弱智的成年人结婚和生育，提倡婚前检查。其次，提倡要重视孕妇的生理和精神健康，认为只有健康的妇女才能孕育健康的儿童。再次，幼儿出生后要积极预防传染病、脑脊髓膜炎、甲状腺等疾病，防止后天疾病导致智力发展障碍。最后，文章还呼吁社会要对儿童予以适当的教育，只有及时施教、正确施教才能促进儿童正常的智力发展。

可见，这一时期虽然我国还没有出现专门的培智教育机构，但是培智教育已经引起了国内一些学者的重视，在学习西方文化的同时，十分注意借鉴国外培智教育的思想和理论。从现有资料来看，当时国内对于培智教育的思考研究主要集中在智力落后儿童的成因、类别、预防以及教育等几个方面，特别是在成因和预防上提出了一些较为科学的认识，这些都为我国培智教育的兴起积累了能量，是我国近代培智教育思想理论发生发展的重要环节。

第三章 中国现代特殊教育的发展

1912年,孙中山先生宣誓就职中华民国临时大总统,革命党人对传统的旧文化教育展开了批判与斗争,先后颁布《小学校令》《国民学校令》《国民学校令实施细则》等,对清末的教育做出一些重要的改革,客观上为我国现代特殊教育事业的发展提供了良好条件。同时,随着新文化运动和"五四运动"等的发生,一定程度上促进了知识分子、社会大众思想的启蒙,社会对残疾人教育认识程度也在逐步提高,特殊教育已开始逐渐地被纳入国民教育的体系。民国时期,我国特殊教育相关的政策法规开始制定,并初步形成一定体系,为特殊教育发展奠定了制度基础。特殊教育学校数量开始增加,特殊儿童范围和数量也在逐步扩大,部分普通学校开始了低能儿童等特殊教育的实践活动。一些知识分子开展了少量特殊教育的学术研究工作,部分高等院校也开设了一些与特殊教育相关的课程,对特殊教育实践活动产生了一定的影响。但是,这一时期由于国家战乱频繁、民不聊生、社会动荡不安,特殊教育无论是办学的规模和效益,还是研究水平都远远落后于当时经济发达的国家。

第一节 中国现代特殊教育发展概述

一、中国现代的特殊教育政策法规

民国时期,受到世界特殊教育发展潮流影响,人民大众开始觉醒,中国的一批有志、有识之士逐渐认识到发展特殊教育的重要意义。在当时极其艰苦的条件下四方奔走,呼吁政府和全社会都要关心特殊教育,积极筹备开办特殊教育学校,使我国的特殊教育事业缓慢地向前推进。最重要的是,通过他们的大力提倡和支持,政府出台了一些有限的保护和推动特殊教育的政策和法规。

(一)中华民国前期的特殊教育政策法规

从中华民国临时政府颁布的《壬子·癸丑学制》,到1922年"新学制"颁布之前出台的一些教育政策法规,都对特殊教育的发展做了不同程度的规划,这意味着我国特殊教育政策的初步形成。

1.《壬子·癸丑学制》中有关特殊教育的规定

中华民国临时中央政府成立后,面对百废待兴的社会情况,在政治经济文化等方面都采取了一些比较有力的措施。1912年教育部召开全国临时教育会议,会议历时一个多月,讨论了许多重要的教育问题和教育政策。最终于1912年9月以《学校系统令》的名义颁布了新的学制,史称《壬子学制》。《壬子学制》颁行后,教育部又陆续颁布了《小学校令》《中学校令》等一系列法令和规程,这些法令和规程与《壬子学制》一起构成统一的学校系统,史称《壬子·癸丑学制》。由于当时的特殊教育机构主要是小学层次,因而诸多的法令和规程中仅《小学校令》涉及特殊教育。

1912年9月,临时政府教育部公布《小学校令》。这一法令在"总纲"中的第三条和"设置"中第九条提及特殊教育事宜,即盲聋哑特殊学校的建立要按普通学校相应的条文的规定办理审批手续。"总纲"第三条规定:"蒙养园及其他类似于小学校之各种学校,亦如前条第三项之规定。"[①]所谓"前条第三项"的具体内容则为:"由城镇乡立初等小学校或高等小学校;由县担任经费者名某县立高等小学校;由私人或私法人担任经费者,名私立初等小学校或高等小学校。"[②]这实际上是对特殊学校办学体制的初步规划。"设置"第九条规定:"蒙养园、盲哑学校并其他类似于

---

① 舒新城:《中国近代教育史资料》(中册),人民教育出版社1981年版,第445页。
② 舒新城:《中国近代教育史资料》(中册),人民教育出版社1981年版,第444页。

小学校之各种学校，得适用第四条之第一、第三项，第六条之第一、第三、第四项及第七条。"①这里所指的第四条、第六条和第七条的相关内容实际上是对特殊教育的办学主体做了规定：初等小学校由城镇乡负责设立；一乡财力不足可以由两乡以上协议联合组织初等小学；高等小学由县负责设立；财力富余的乡经县行政长官许可可以设立高等小学校；城镇乡也可以协议联会设立高等小学校；私立小学校的设立、停办或改革须经县行政长官许可。这些规定，实际上是通过法律的形式初步明确了特殊学校的办学主体，即特殊学校可以按照普通小学的办法，既可以由县、城镇乡联合举办共同经营，也可以由私人举办并负责经营。除此之外，在"就学"第二十八条中也有与特殊教育有关的内容，具体规定学生若"患传染病及有可虞之情状者，或行为不良、妨碍他儿童之教育者，得停止其出席"②。这一条款虽未出现特殊教育或特殊儿童的字样，然而可以肯定的是一些特殊儿童确在"可虞之情状"或"行为不良"的范围之内。因此表明当时对特殊儿童的生理机制的认识还不够深入，不能以一视同仁的态度对待特殊儿童。

因此，《小学校令》中只在个别条目中涉及"盲哑学校"应遵循普通小学的办学要求，实际上并未对特殊教育事业的发展做出更加细致的规定。这说明，当时的教育人士和政府官员已经开始有意识地利用政策的力量来引导和保护特殊教育的发展，但是鉴于当时的实际情况，对特殊教育的支持仍然停留在表面，具体实施起来不免流于形式。

2.《教育部官制》中有关特殊教育的规定

1914年，民国政府教育部出台了《教育部官制》，根据该项法案的规定，教育部设总务厅及普通教育、专门教育和社会教育三司。该法案第四条规定了普通教育司的职责，而第四条的第四款进一步规定普通教育司所掌事务包括"盲哑学校及其他特种学

---

① 舒新城：《中国近代教育史资料》（中册），人民教育出版社1981年版，第446页。
② 宋恩荣：《中华民国教育法规选编》（1912—1949），江苏教育出版社1990年版，第210页。

校事项"①。该法案的相关规定反映出这样一些信息：第一，盲哑学校是当时主要的特殊学校；第二，由普通教育司负责管理盲哑学校等特殊教育机构；第三，普通教育和特殊教育归属于同一部门管理。该项法案明确了教育最高行政领导机关对发展特殊教育的责任，对当时特殊教育的发展有一定的积极作用。

3.《国民学校令》及《国民学校令实施细则》中关于特殊教育的规定

教育部于1915年7月颁布了《国民学校令》，并于次年10月对其进行修正。该法令并未直接涉及特殊教育事宜，只在第五章第24条对特殊儿童就学做了规定，具体如下："学龄儿童如以疯癫、白痴或残废不能就学者，区董报经县知事认可后，得免除其父母或监护人之义务。""学龄儿童如以病弱或发育不完及其他不得已之情事，达就学期而未能就学者，区董报经县知事认可后，得展缓其就学。"②该条规定透露出两个信息：第一，根据特殊儿童的具体情况作为其免除入学或缓期入学的依据。第二，鉴于当时特殊教育学校并未发达，具体实施过程中容易出现剥夺特殊儿童受教育权利的行为。

为了贯彻国民学校制度，教育部于1916年1月公布了《国民学校实施细则》（简称《细则》），并于当年10月修正。在《细则》第六章"蒙养园及类似于国民学校之各种学校"涉及了特殊学校的办学事宜，对特殊学校的校长、教师及其管理做了相关规定。内容如下③：

第八十三条 盲哑学校及其他类于国民学校之各种学校，得置校长。

第八十四条 盲哑学校及其他类于国民学校之各种学校教员须有国民学校教员之资格，或经鉴定合格者充之。

---

① 舒新城：《中国近代教育史资料》（上册），人民教育出版社1981年版，第287页。
② 宋恩荣：《中华民国教育法规选编（1912—1949）》，江苏教育出版社1990年版，第210页。
③ 舒新城：《中国近代教育史资料》（中册），人民教育出版社1981年版，第481-482页。

第八十五条 盲哑学校及其他类于国民学校之各种学校，其校长教员任用惩戒等项，依国民学校教员之例。区立盲哑学校及其他类于国民学校之各种学校，其校长教员之俸额及其他给与诸费，县知事依照国民学校教员之规定，参酌地方情形定之。

此外，1918年12月，政府对教育部分科规程进行修订，详细规定了教育部内部的结构设置和职责安排，明确了特殊教育事项由普通教育司的第三科负责[①]。

总体来看，民国政府已经开始从政策法规层面对特殊教育的发展做出一定的规划，这些政策法规显得比较笼统和宽泛，缺乏落实这些政策的必要配套措施，对特殊儿童入学学习的政策支持力度远远不够。但是从历史的角度来看，刚从封建社会的桎梏下解脱出来的中国，千疮百孔，社会动荡不安，当时的政府和各界人士能够对特殊教育给予有限的关注，出台这些保护和推动特殊教育的政策还是值得肯定的。

（二）中华民国后期的特殊教育政策法规

1.《壬戌学制》中的特殊教育政策

1922年11月教育部公布的《学校系统改革案》，又称《壬戌学制》或者《新学制》，此后虽屡经修改，但是《壬戌学制》作为民国学制的基本框架延续到新中国的成立，因此这一法案在中国教育发展过程中具有里程碑的意义。该法案在"附则"中涉及对特殊教育的对象、意义和目的有一些简单的规定。其中第28条规定："注重天才教育，得变通年期及教程，使优异之智能尽量发展。"第29条规定："对于精神上或身体有缺陷者，应施以相当之特种教育。"[②]《壬戌学制》中对特殊教育的政策规定显示出两个特点。首先，特殊教育的对象有所扩大。相对于前期仅限于"盲哑教育"，"天才教育"也被纳入到特殊教育对象和体系中来，这反映了当时

---

① 宋恩荣：《中华民国教育法规选编（1912—1949）》，江苏教育出版社1990年版，第77页。
②《新教育》，第五卷第五期，1922年12月。转引自宋恩荣：《中华民国教育法规选编（1912—1949）》，江苏教育出版社1990年版，第45页。

特殊教育思想的进步。其次，特殊教育在宏观学制规划中被明确提出，说明特殊教育较以前更加受到重视，在整个的教育体系中开始占有一席之地。

2. 南京国民政府时期特殊教育管理部门的调整

南京国民政府成立初期，在蔡元培等人的倡导下，借鉴国外的教育制度改革教育管理体制，试行学区制，改教育部为大学院。1928年，南京国民政府公布《修正中华民国大学院组织法》，其中第四条规定大学院"设社会教育处"，社会教育处的职能包括"低能及残废者之教育事项"①。这就把特殊教育的管理职能由原先的普通教育司转移至大学院的社会教育处。大学院制推行不到两年，又改回教育部制，特殊教育管理也重新划归教育部管理。1931年7月，教育部公布第三次修正后的《教育部组织法》，法案规定教育部设总务司、高等教育司、普通教育司、社会教育司以及蒙藏教育司。其中，社会教育司负责"低能及残废者之教育事项"②。在1947年的《教育部组织法》修订案中，"低能及残废者之教育事项"仍规定由教育部社会教育司负责。特殊教育管理部门的变迁对特殊教育发展的实质性影响可能不大，但是特殊教育始终和普通教育分别由教育最高领导机关下的不同部门负责，一定程度上可以说明特殊教育已经被纳入当时整体的教育发展规划中了。

3.《学校卫生实施方案》有关特殊教育的政策规定

鉴于当时中国学生体格和学校卫生的糟糕状况及对卫生强国的期望，学校卫生被视为"民族自强的根本办法"而受到卫生部前所未有的重视。因此，卫生部积极联络教育部"指派人员并延聘专家会议进行办法"③。1929年初，教育部通过第七二六号训令颁行《学校卫生实施方案》，要求地方政府依各地情形办理。方案分为学校卫生服务人员、经费、健康检查、疾病畸形之矫治、预

---

① 中国第二历史档案馆编：《中华民国史档案资料汇编》（第五辑·第一编·教育一），江苏古籍出版社1997年版，第34-35页。
② 教育部参事处编：《教育法令汇编》（第1辑），商务印书馆1936年版，第2页。
③ 教育部编：《教育部训令》，《教育公报》，1929年第46期。

防接种、预防传染病、一般学校卫生、卫生教育、体育训练九个部分，之下又分列甲、乙、丙等项，基本涵盖了卫生教育的各个方面，其中包含了大量有关特殊儿童的条款①。第一部分"学校卫生服务人员"中规定，学校卫生医员的职责包含"处理学生畸形疾病之矫治事宜"，学校卫生护士的职责包含"协助学校卫生医员或校医，完成学童畸形疾病之矫治"和"访问学生家庭，联络学校与家庭，促进畸形疾病之预防及矫治"。第三部分"健康检查"中规定"在施行检查前，宜通告学生家属，到校参观，并示以疾病畸形之所在"。第四部分对"疾病畸形之矫治"的意义和办法做了详细说明，现摘要如下：

疾病畸形之矫治

疾病畸形之矫治，较之健康检查尤为重要，若仅施检查，而不设法矫治，实无异下种而不收获也，且身体之健康，常受环境之支配，儿童入校若感新鲜空气及阳光缺乏，并受行动之束缚，身体多致孱弱，各项疾病畸形从而发生，其影响甚大，可不察夫，兹略述疾病畸形之矫治办法如次。

......

乙、矫治办法

矫治时应有手续。此种手续乃促成矫治之实现，并唤起学生家属之同情。

1. 学生疾病畸形证明后，应函告其家属早日延医，或送医院诊治。

2. 如家属对于其子女矫治事宜，无暇顾及，则应请该家属允许校医护士，代为料理。

3. 陈述疾病畸形之危害及处理。

A. 通知家属后，经一定时期学生之疾病畸形尚未见矫治。则应函请该生家属，于规定日期来校，由校医陈述疾病畸形之危害及处理。

B. 通知家属后，经一定时期，学生之疾病畸形尚未见矫治，

---

① 国民政府教育部参事室编：《现行重要法令汇编》，1930年，第10-21页。

则护士应亲赴该病生家中，陈述疾病畸形之危害，并劝早日矫治。

4. 奖励矫治。

利用儿童竞争之心，藉奖励之法，（择体格强健，遵守卫生习惯者，授以奖章等品）促成学生自动的求健全之兴趣。

5. 宣传品。

编制疾病之印刷品，简明叙述各症之危害，及处置方法，以唤起学生家属之注意。

6. 学生疾病畸形之状况，不能在学校诊治室，由学校卫生医员、校医或护士矫治时，可送往特殊医院，或专科诊疗所，惟在施行此种手续之先，必须得家属允许，已于前节述及之。

……

鉴于当时中国的政治和社会环境不稳定，战乱频发，学校正常的教育教学秩序难以保证，《学校卫生实施方案》在很多地方不免流于形式，对实践的作用大打折扣。但是这种以政府为主导、以学校为主体，社会力量广泛参与的学校卫生实施体系还是在一定程度上有利于改善当时的学校卫生状况，客观上也对提升特殊儿童的生存境遇起了积极的作用。《学校卫生实施方案》的颁行表明国家对学校卫生教育的重视，客观上有助于特殊教育思想和实践的进步，同时也表明，特殊教育并不单是一个单纯的教育问题，而且也是卫生问题，同时特殊教育与更广泛的社会经济紧密地联系在一起，值得人们进一步思考。

4. 关于义务教育阶段的特殊教育政策规定

20世纪30年代后，中国的义务教育通过国家颁布的一系列法令"从倡导转入全面实施"。而在义务教育的相关法案中不乏对特殊教育做出的一些规定，这反映出特殊教育受到一定的关注。1935年，南京国民政府通过《实施义务教育暂行办法大纲》，计划在十年内逐步实施一至四年的义务教育。同年6月14日，教育部公布了《实施义务教育暂行办法大纲施行细则》，其中第二章第七条规定："学龄儿童之有疾病或其他一时不能入学之原因者，得由其家长或保护人具结请求缓学；有痼疾不堪受教育者，得由其家长或保护具结请求免学。"①1937年7月，教育部公布《学龄儿童强迫入学暂行办法》，其中第十九条对"有疾病或其他原因不能入学"的学龄儿童的缓学和免学政策进一步细化："凡学龄儿童体弱，或发育不完全；经指定医师证明并经当地强迫入学执行人员证明属实者，得准其缓学；但经过相当时期，儿童身体状况认为足以入学时，仍应督令入学。""凡儿童身有痼疾或肢体残疾，经指定医师证明不堪入学，并经当地强迫入学执行人员证明属实者，得准其免学；如当地或邻近各地有特殊教育机关，得将上项儿童送入肄业。"同时，第二十条加强对缓学和免学的监管："依照《实施义务教育暂行办法大纲施行细则》第八条，凡已受教育或依法请准缓学或免学之儿童，应由联合小学区或小学区内强迫入学执行人员填发证明书。"②同时，由于抗战爆发，战争造成的失学民众强迫教育问题也在政策层面得以体现。1937年8月，教育部公布《各省市失学民众强迫入学暂行办法》，其中第十一条规定失学民众有如下情况时可以请求缓学或免学："凡身心衰弱，经指定医师证明并经当地强迫入学委员会证明属实者，得准其缓学。但健康恢复时，仍应督令入学。""凡身心有痼疾或肢体残疾，经指定医师证明不堪入学，并经当地强迫入学委员会证明属实者，得准其免学。如当地或邻近各地有特殊教育机关，仍应劝令其入学受特殊教育。"③上述法令和规定不仅更加细化和规范了义务教育阶段的特殊儿童教育的操作规程，而且在缓学和免学的适用条件中增加了专业医师的鉴定环节，从保证特殊儿童接受义务教育的角度来看，这是应该加以肯定的。1944年国民政府公布并于次年修改的《强迫入学条例》也有相关规定，其中第十条规定："学龄儿童如因疾病经指定医生证明一时不能入学，并经当地强迫入学委员会证明属实者，得准其缓学，但健康恢复时仍应入学。"第十一条规定："学龄儿童如因痼疾或肢体残废经指定医师证明不堪入

---

① 教育部编：《教育法令汇编》（第一辑），商务印书馆1936年版，第298页。
② 教育部编：《教育法令汇编》（第三辑），正中书局1939年版，第60页。
③ 宋恩荣：《中华民国教育法规选编（1912—1949）》，江苏教育出版社1990年版，第578页。

学,并经当地强迫入学委员会证明属实者,得准其免学。"[①]

通过这些法令法案的颁行和实施,中华民国时期的特殊教育较之清末有了长足的进步。虽然由于各种各样的原因,义务教育阶段的特殊教育仍然发展比较缓慢,但是这些法令法案确实为解决特殊儿童的教育问题奠定了良好基础。

5. 收回教育权运动中的特殊教育政策规定

近代以来,西方教会依仗不平等条约的保护和各种特权,在中国兴办了大量的教会学校,其中就包括以盲哑学校为代表的相当数量的特殊学校。客观来说,这些教会学校为中国培养了第一批近代化人才,有利于推进中国教育近代化进程,在一段时期内也对我国特殊教育做出了一定的贡献。但是教会学校毕竟是中外关系非正常的产物,侵犯了中国教育主权的独立和完整。随着中国社会近代化的不断深入和国人自办近代教育的发展,外国教会教育的客观促进作用也日益弱化,相反对中国独立自主办教育的负面影响越来越大。到了20世纪20年代,民族主义运动达到了一个高潮,其中对教会特殊教育影响较大的有"收回教育权运动""非基督教运动"和"中国教会自立运动"等,在这些运动的影响下,当时的北洋政府和南京国民政府先后多次颁布法令,对教会学校进行约束和限制,这样外国教会特殊教育机构在我国的生存环境有了较大的变化,同时中国现代的特殊教育格局也有了较大的转变。

1925年11月,北洋政府教育部针对"外国人捐资设立的各等学校"的管理事宜发布《公告》,规定凡外国人在华设立的各种学校在名称上,应冠以"私立"字样,这就结束了长期以来教会学校长期存在的性质不明的状况,明确了教会在华学校的属性。1929年8月,南京国民政府教育部公布《私立学校规程》,进一步明确规定外国在华学校的性质:"凡私人或私法人设立之学校为私立学校,外国人及宗教团体设立之学校均属之。"[②]1933年3月,国民政府颁布《私立学校规程修正》,对1929年的法令进行调整,其

[①] 教育部参事室编:《教育法令》(全一册),1947年,第288—289页。
[②] [日]多贺秋五郎:《近代中国教育史资料》(民国编·中),台北文海出版社1976年版,第573页。

中很重要的一条修改是："非中华民国之人民或其他所组织之团体不得在中华民国领土内设立教育中国儿童之小学。"①这就从根本上断绝了外国人或宗教团体在华设立初级教育机构的可能。而当时的特殊教育学校多为初级教育层次，因此这条法令成为外国教会在中国开办特殊教育机构不可逾越的法律屏障。1943年2月，国民政府教育部又颁布《修正私立学校规程》，再度重申："外国人不得在中国境内设立教育中国儿童之小学，其专为教育其本国儿童而设立之小学应受所在地主管教育机关之管理。"②至此，外国人在华开办包括特殊学校在内的初级教育的管理章程基本完备，通过法令的限制、实族和规范，逐渐将初级教育创办权（包括特殊教育创办权）逐步收归国有，客观上有利于鼓励国人自行创办特殊教育机构，改变了近代特殊教育格局。

6. 其他有关残疾人的政策法令

国民政府时期，为保障残疾人的生活权利和社会救济等颁发了一系列的法令。1928年，国民政府颁布了《各地方救济院规则》，规定各地政府"为教养无力自救之老幼残废人，并保护贫民健康，救济贫民生计，于该省区、省会、特别市政府及县市政府所在地，应依法律规定设立救济院"。同年6月和次年6月相继颁发《管理各地方私立慈善团体机关规则》和《监督慈善团体法》，进一步规范对社会慈善团体的管理。1930年又公布《慈善团体法实施细则》，明确了主管部门对慈善团体的监督程序。1932年颁发《各地方慈善团体立案办法》，详细规定了慈善团体向主管部门呈请立案的各项手续。1934年国民政府行政院第148次会议通过《社会救济事业进行办法大纲草案》，将社会保障和一般救济明确纳入社会事业的管理范围。此外还有于1943年颁布的《社会救济法》和1944年颁布的《社会救济法实施细则》等③。

---

① [日]多贺秋五郎：《近代中国教育史资料》（民国编·中），台北文海出版社1976年版，第573页。
② [日]多贺秋五郎：《近代中国教育史资料》（民国编·中），台北文海出版社1976年版，第573页。
③ 谢振民：《中华民国立法史》（上册），中国政法大学出版社2000年版，第521页。

（三）中华民国时期特殊教育政策法规的特点

1. 特殊教育政策体系仍欠完备

特殊教育立法是特殊教育普及化、大众化、社会化的要求，是特殊教育现代化的标志。政府的教育立法使中国的特殊教育事业初步走上法制化的轨道，使特殊教育事业有法可依，获得一定的法律支持。但是必须要指出，由于历史发展、社会经济条件和人们认识等多方面的局限性，近代历届中国政府对特殊教育的关注是有限的，相关的政策法规多是零星地附加在普通教育或社会教育的法规中，缺乏专门为特殊教育制定的法律法规。从1912年的《小学校令》到1947年的《教育部组织法》，特殊教育总是在各个一般教育法规中连带提及，如果不做特别的文献梳理工作，很难发现特殊教育政策法规的条款。因此，这一阶段中国的特殊教育政策法规体系仍然极不完备，尚未出现独立的特殊教育法，而且总体立法条款数量有限，立法层次偏低，基本没有国家专门立法机关或国家最高权力机关制定的专门的、独立的特殊教育法。

除此之外，特殊教育长期被归为"社会教育"的类别，被列在博物馆、体育场，甚至在感化院和救济院的制度中，却未能纳入国民普通教育的体系中，事实上不利于特殊教育地位的提高。1914年，国民政府教育部出台的《教育部官制》规定教育部下设总务厅及普通教育、专门教育和社会教育三司，实际上承认了特殊教育管理隶属于普通教育司的格局。而南京国民政府成立之初施行"大学院制"，特殊教育的管理职能也由原先的普通教育司转移至大学院的社会教育处。后来虽又重新改回教育部，但被划归为社会教育司管辖。这就在事实上造成了特殊教育隶属于社会教育司的新格局。例如，1930年，教育部准备起草特殊教育办法时，就将"全国低能残废之救济事业，及监犯感化教育"列在一起，拟共定"特殊教育之方案"，侧面证明了当时的特殊教育政策仍然极不完备。

2. 特殊教育政策多停留在法理层面，实践效果较差

一方面，由于缺乏系统的特殊教育法案，在特殊儿童入学、经费投入、资源配置、社会救济、学制教程、师资管理等方面没有明确的法律规定，在特殊教育质量的评估、鉴定制度以及受教育权的强制性保障等方面也缺乏法律规定。另一方面，政府颁行的有关特殊教育的法令法案都停留在法理层面，缺乏可操作性。这一时期的特殊教育法令政策对特殊学校的建立和管理、特殊儿童的教育等有一定的规定。但是由于这些政策过于零散，缺乏系统的规划和具体的支撑措施，相关规定缺乏强制性和具体的法律权责界定，缺乏法定的条件和程序，难以实施法律意义上的干预和责任追究，因此实际实施过程中的操作性和实践性都大打折扣。实际上，对此并不能过于苛责，因为即便是世界发达国家在立法和执法的过程中也不能完全吻合，鉴于当时特殊教育在中国处于萌芽和起步阶段，政府既没有致力对特殊教育事业进行宏观的立法规划，也没有能力给既有的政策提供各种必要的支持，表现出这样的特征似乎也不足为奇了。

二、中国现代特殊教育发展的特点

20世纪20年代至50年代，是我国现代特殊教育的发展期。自中华民国成立以来，国人的民族意识空前高涨，一系列由民众参与并得到政府支持的民族主义运动接连发生，其中对特殊教育学校影响最大的是"收回教育权运动"。近代西方教会依仗不平等条约的保护以及获得的各项特权，在中国兴建了一批特殊教育学校，虽然对中国特殊教育的产生与发展客观上起到了有益的作用，但这些教会特殊学校毕竟是中外关系步入非正常、非对等失衡期的产物[①]，严重侵犯了中国的教育主权。随着第一次世界大战和"五四运动"的爆发，国人对西方的崇拜心理受到重创，反帝情绪趋

---

① 郭卫东：《中国近代特殊教育史研究》，高等教育出版社2012年版，第254页。

于高涨，在民众声势浩大的"收回教育权"的压力下，北京的北洋政府和南京的国民政府先后多次颁布法令，对教会特殊教育学校进行约束与限制，国人自己创办的特殊教育学校开始出现并增加，教会特殊教育学校在我国的活动环境发生变化，我国特殊教育的发展也开始逐渐发生改变。

首先，我国现代特殊教育逐渐正规化。1912年，教育部长蔡元培在工作报告中阐述政府对教育的责任时，专门谈到残疾人教育门类，即"普通教育之设施：一曰普通学校……二曰社会教育之含有普通教育者，三曰特殊教育，如盲哑残废者之教育"，明确了政府对特殊教育承担的使命①。随后政府颁布的诸多法令法规中均涉及特殊教育，特殊教育事业发展变得有法可依、有序可循，并得到法律一定的保障。中国政府对特殊教育的管理开始逐步加强，政府的管理系统逐次架构起来。如1914年，《教育部官制》中指出普通教育司执掌事物包括盲哑学校及其他残废等特种学校事项，1918年，《省视学规程》《县视学规程》中均指出省、县视学指导的事项包括幼儿教育及特殊教育；1933年，各级政府曾奉教育部九二七二号训令全面调查本辖区的特殊教育学校发展概况；1945年，《教育部处务规程》中指出社会教育司执掌事项包括低能残废等特殊教育事项。与此同时，从小学、初中到高中程度的特殊学校体系开始建构起来，并得到政府认可支持。民国时期大多特殊教育学校仅为小学程度，国家的法律法规中也对特殊教育学制没有做出明确规定，但在实践发展中，一些学校设有初中班，甚至高中师范班等，政府给予立案认可，表明政府在事实上认可与支持初、高中的建制。

其次，特殊教育学校的性质职能开始逐渐转变。长期以来，国人往往认为特殊教育学校是恤孤养育、慈善救济机构，如傅步兰所说"在中国人的眼里，历来把救助盲人看做是一种慈善行为，是一种积德行善的做法"。然而，随着时代的发展，特殊教育学校（主要由教会创办的）的慈善功能开始淡化，走向世俗，教育功能

---

① 郭卫东：《中国近代特殊教育史研究》，高等教育出版社2012年版，第255页。

开始初步显现。如曾有人撰文表示"我承认教育不是慈善事业，所以特殊教育学校，只能拿慈善机关所创办的为补贴，而不能以它为满足"①。作者要求特殊教育更应该考虑教育本质因素而不是慈善因素，这也反映了当时人的一般看法。此外，特殊教育学校的规章制度开始逐渐日趋完善。规章制度是学校实施管理的"明文依据"，是确保学校各项工作正常运转的重要因素。如北平市立聋哑学校于1935年制定该校章程，共分十章，对学校组织、学制及修业年限、入学资格及转学办法、课程、学年学期及放假、成绩考查、留级休学退学及开除、经费等方面做了明确而较为详细的阐述与规定，既便于公众了解学校的办学宗旨及措施，宣传学校的办学理念及效果，也便于学校各项工作有章可循，可持续发展。

再次，我国现代特殊教育逐渐专业化。特殊教育是面向特殊儿童的教育形式，民国时期，特殊儿童所涉及的范围在理论界已逐渐达成共识，如李万育指出特殊儿童是在生理、心理上不同普通儿童者，包括天才、低能、聋哑、盲目、瘫跛等②。潘大白也指出特殊儿童主要包括智慧特高（天才）、智慧特低（低能），具有特殊才能与专长、残废等③。实践上，特殊教育的对象（特殊儿童）也得到一定扩大，自中国近代早期的特殊学校产生，招收盲、聋哑儿童以来，感官残疾儿童（盲、聋哑儿童）一直是政府部门和特殊教育界关注的重点，然而，随着特殊教育的发展，一些知识分子、教育工作者也开设（办）短期的低能（天才）儿童学校（班），来招收智力异常（不足、超常）儿童并展开针对性的教育实践活动，促进了我国现代培智教育和天才儿童教育的产生，也促使了中国特殊教育对象由残疾儿童向特殊需要儿童的专业化转变。与此同时，特殊教育教师的专业化问题得到了大多研究者与实践者的关注与探讨。理论界对特殊教育教师的任职资格条件等问题在借鉴国外特殊教育教师发展经验的同时展开了相关的探讨与分析，从专业知识、专业能力、专业情意等方面形成了一定的共识。

---

① 予同：《中国特殊教育问题》，《教育杂志》，1922年第2期，第4页。
② 李万育：《特殊学校》，商务印书馆1937年版。
③ 潘大白：《怎样训练特殊儿童和问题儿童》，《浙江教育》，1948年第12期。

如关于低能儿的教师资格,华林一认为除了掌握一般良好教师资格之外,还应具备乐观与同情的心态、强健与稳定的身心素质、训练特殊儿童的能力等[1]。廷柱也认为应该具有同情与乐观的态度、强健而稳定的身心素质、心理学知识、言语上的修养等[2]。实践上,许多特殊教育学校的教师队伍在职业化理念影响下情况有所改善,由早期的非专业兼职教师逐渐转变为以专职教师为主。如华北聋哑学校属于私立学校,其师资状况在当时中国特殊教育学校中处于中等水平,该校在后期共有教职工18人,其中14人为教师,在14名教师中,有4人接受过高等教育(两人毕业于山东齐鲁大学,一人毕业于北京辅仁大学,一人毕业于艺术学院),另10人接受过中等教育(大多毕业于一些有名气的中学,如北平美术学校、烟台启喑学馆等)[3]。陈鹤琴管理的上海特殊儿童教育辅导院其教师队伍中,"有不少是大学生,而且是学教育的。其中两个是重庆大学,两个是上海圣约翰大学的……第二任辅导组长陈永声,是美国留学的,专门研究伤残教育的"[4]。此外,学者们对特殊教育实际问题进行了专业化的学术研究,并取得许多有益的研究成果,先后出现一系列特殊教育的专著,如华林一《残废教育》(1931年)和《低能教育》(1931年)、庞君博《特殊儿童教育法》(1936年)、李万育《特殊学校》(1937年)等,这些研究成果大多比较详细地介绍国外特殊教育发展历史与现状,以及低能、聋哑、盲目、天才等各类特殊儿童的教育教学的原理与方法,为我国现代特殊教育发展提供了重要的理论与思想支持。

此外,我国现代特殊教育逐渐中国化。随着中国政府对教会学校干预的开始与加强、国人主流心态的逐渐转变和中国新式知识分子群体的兴起,我国特殊教育发展呈现出中国本土化的特点。在国内外形势的推动下,教会所创设的特殊教育学校大都经历了

---

[1] 华林一:《低能教育》,商务印书馆1931年版。
[2] 廷柱:《低能儿童的管教问题》,《教育生活》,1935年第11期,第2-8页。
[3] 华北聋哑学校编印:《华北聋哑学校三十周年纪念特刊(1919—1949)》,1950年,第20页。
[4] 徐桃坤:《陈鹤琴特殊教育文选及研究》,华夏出版社2005年版,第130页。

由西方人经办向国人经办的转变,这主要是伴随中国政府的一些法令性、强制性的要求而出现的。1925年北洋政府教育部发布公告,要求外国人在华创办的学校,应该改由中国人来领导,学校的宗教色彩必须减弱[①]。1929年,南京国民政府颁布《私立学校规程》规定"学校须先由设立者筹组校董会,推选理事长,并呈请主管机关立案;在校董会获准成立后再报请核准开办;学生在开办一年后方能呈请立案;并规定开办三年尚未立案者,主管部门得令其停办并撤销其校董会之立案"[②]。教会人士创办的特殊学校也是私立学校的一种,自然应当依此规定办理。与此同时,由中国人(政府部门、中国教徒、非宗教民间人士)所创办公立或私立特殊教育机构先后出现,在数量上不断增多,从而为更多的残疾儿童提供接受教育的机会,并逐渐打破了教会特殊教育机构的垄断局面,成为促进中国现代特殊教育可持续发展的主导力量。另外,许多特殊教育学校的课程设置及改革更多地关注中国的传统与现实、中国的文化传承与国情特点。宗教类课程逐渐减少,中文类的课程作为主课广泛开设。据民国教育部《第二次中国教育年鉴》中的统计,我国大多盲校初中阶段开设课程有公民、体育、卫生、国文、英文、数学、博物、化学、物理、地理、历史、音乐、国乐、劳作、汉字等,小学阶段开设课程有凸字、国语、音乐、体育、算术、社会、自然、汉字等。聋哑学校初中阶段开设课程有公民、体育、童子军、卫生、国文、英文、数学、博物、化学、物理、地理、历史、音乐、国乐、劳作、手语、发音、学话等,小学阶段开设课程有国语、体育、算术、社会、自然、手语、发音、学话等[③]。可以看出,我国特殊教育学校课程基本上与普通教育接轨,课程设置比较规范和稳定,课程名目较为丰富,中国化特色比较明显。

总之,民国时期我国现代特殊教育发展呈现出规范化、专业化、中国化的特点。但是,整体而言我国现代特殊教育事业发展

---

① 《教育部最近公告》,《中华基督教教育季刊》,第一卷第四期,1925年。
② 《教育部公布之修正私立学校规程》,《中华民国档案资料汇编》。
③ 教育部教育年鉴编纂委员会:《第二次中国教育年鉴》,1948年。

尚不能尽如人意，存在诸多问题。政府层面上，各级政府都未能将特殊教育作为独立的教育类别来看待，对特殊教育事业的管理、统计、视察都将其列在社会教育栏目之下，与民众教育、补习教育、文化团体等列在一起，没有独立地位。社会层面上，一般群众对特殊教育事业的了解虽有进步但仍不够，大多对特殊教育的理解停留在慈善事业的层次。学者对特殊教育的理论与实践研究非常滞后，许多研究主要针对国外特殊教育发展经验的介绍，而缺乏对中国特殊教育发展现状及存在问题的关照与反思。特殊学校层面上，特殊教育机构数量依然太少，广大残疾儿童依然未获得适宜的受教育机会。据解放前的不完全统计，1948年，我国有盲、聋哑学校42所，盲、聋哑学生2380人[①]，而据傅步兰1931年的估计"中国约千人中有一哑者，五百人中有一盲者，以人口四万万计，当有哑者四十万、盲者八十万，去其老弱及幼稚者，学龄儿童哑者不下十万、盲者约有二十万"[②]，可见，长期以来我国接受教育的盲、聋哑儿童的比例非常低，特殊教育学校数量与盲、聋哑儿童数量间的矛盾特别突出。

第二节　中国现代聋教育的发展

一、中国现代聋教育的发展

中华民国成立以后，越来越多的中国人开始了解西方的先进技术和文化观念，要求打破封建传统文化观念束缚，社会对聋人的态度与认识也在发生变化。中国人开始关注聋人受教育权，推动聋教育从零星尝试向专门化转型，聋教育事业开始得到了一定的发展。首先，我国聋教育行政管理体系开始初步形成，国家各级教育行政部门通过颁布并实施聋教育法令、聋教育发展和改革规划等，来加强对聋教育事业的领导、管理和支持。如1912年《小

---

① 朴永馨：《特殊教育学》，福建教育出版社2014年版，第35页。
② 郭卫东：《中国近代特殊教育史研究》，高等教育出版社2012年版，第396页。

学校令》中规定盲哑学校分初等小学校和高等小学校，其经费之负担，依法律所规定，盲哑学校之设置，须经县行政长官之许可，其废止和变更时亦同[①]。1914年《教育部官制》中规定"盲哑学校及其他残废等特种学校事项由教育部普通教育司负责管理"。1918年《教育部组织法》中规定低能及残废者之教育事项由社会教育司负责管理。1947年，国民政府颁布《中国盲哑教育发展计划》，对我国盲哑学校建设发展、行政督导做出了初步规划；同年颁布《改进全国盲哑教育计划草案》中强调加强对盲哑学校管理、增设盲哑学校、调整学校课程，统一发音教学并制定注音符号手势、提高师资等[②]。可见，国民政府对聋哑等特殊儿童教育的重视与管理在逐步加强。同时，开始关注与支持同国外聋哑教育间的交流、学习，借鉴国外聋哑教育经验来推动我国聋哑教育的改革与发展。如辽宁省政府1931年曾划拨津贴500元支持吴燕生赴日留学，以便推进辽宁省特殊教育发展。杜文昌也于同年前往日本参观考察聋哑学校，回国后也对北平私立聋哑学校做出一定的改革。民国政府1947年颁布《改进全国盲哑教育案》中也曾强调"派遣人员出国考察学习研究盲哑教育，以为我国盲哑教育之借镜"[③]。

其次，许多聋哑学校开始尝试教育教学改革，先后采取手语教学、口语教学等方法。但是，各地聋哑学校在手语使用上存在一定差异，手语体系不完善、欠规范，对聋哑儿童的语言训练关注不够，影响聋哑儿童的成长与发展。因此，1947年《教育部令》中指出"查我国一般聋哑学校采取比拟手势方法，但此种仅借动作与视觉以代替语言及听觉之消极办法对于完好之发音器官未能予以训练及使用，殊有未妥。合行令仰，该校对于聋哑学生之教学应力谋改进，并采用较新式之教学方法"[④]。1947年教育部《令本部特设盲哑学校》中提出"哑生手势应予改进、统一，并增手

[①]《教育杂志》，第四卷第八号，1912年。
[②] 顾定倩、朴永馨、刘艳虹：《中国特殊教育史资料选》，北京师范大学出版社2010年版，第71页。
[③] 顾定倩、朴永馨、刘艳虹：《中国特殊教育史资料选》，北京师范大学出版社2010年版，第71页。
[④] 教育部总务司编印：《教育部公报》，第19卷第6期，1947年。

势之种类使无意不能表达"①。

　　再次，部分聋校通过在具体的教育实践中采取"师傅带徒弟"的方式或开办短期聋哑师范培训班的形式，来培养早期的聋校师资，比如启喑学馆通过开设聋哑师资培训班，张謇创办南通师范传习所等，均培养了一些聋哑教育教师。也有一些普通师范院校通过开办聋哑教育培训班等，承担为聋哑学校培养师资的任务。如1940年国立北平师范学校在三年级设"聋哑教育选修班"，以培养一定的聋哑教育师资。但是，这一时期随着聋生入学人数增长，各地师资短缺的情况仍很突出。以北平为例，1939年两所聋校共计教职员20人、学生106人，师生比约1∶5；1946年两校教职员26人、学生159人，师生比超过1∶6，可以看出师资短缺的矛盾更加突显。此外，许多知识分子开始了早期的聋教育研究活动，并取得一定的成果。如陈鹤琴1925年《特殊儿童耳聋和口吃》②一文中介绍了国外聋生记忆、智力、学业的最新研究，对聋教育具有很强的指导意义。鲁迅1933年曾在《由聋而哑》③一文中对聋和哑及其关系做了明确的区分与阐述。吴燕生1935年编写出版《聋教育常识》④，阐述我国聋教育现状、师资问题、教学方法等，这是我国第一部聋教育专著。1947年，"荣誉军人生产事业委员会北平分会"创办《残不废月刊》，专门刊发聋哑教育等特殊教育方面的文章，成为中国第一部介绍聋教育研究的专门刊物。

　　总之，这一时期我国聋教育事业整体上得到一定程度发展，聋校的数量、聋校入学的学生数和从事聋教育工作的教师人数相比以前有所增加。大多聋教育工作者开始尝试在聋校开展教学改革活动，促进手语教学等方法的规范应用与发展。也有部分研究者对聋教育问题展开了专门研究，探讨分析聋人的生活权利、总

---

① 高宇翔：《中国的聋教育：历史与反思》，《教育史研究》，2012年第4期，第67页。
② 《陈鹤琴全集》（第一卷），江苏教育出版社1991年版，第484-493页。
③ 《鲁迅全集》（第五卷），人民文学出版社2005年版，第294页。
④ 顾定倩、朴永馨、刘艳虹：《中国特殊教育史资料选》，北京师范大学出版社2010年版，第832-850页。

结与反思聋校教育经验，促进了聋校教育实践活动的发展。

二、中国现代聋教育家及其思想

从 1874 年米尔斯夫人创办国内第一所聋哑学校以来，许多知识分子、民主人士先后在国内不同地区创办聋哑学校。如杜文昌 1919 年创办北平私立聋哑学校，高砚耘 1920 年创办上海群学会附设聋哑学校，1922 年俞宗国创办杭州惠爱聋哑学校，1923 年吴燕升创办辽宁聋哑学校……1949 年肖学良创办西安市聋童教学班，1949 年孙祖慧创办杭州华东聋哑工艺学校等。这些聋哑教育机构的先后成立，推动着我国聋教育由零星尝试向正规化、中国化发展的转型。这些聋哑教育机构创办者躬身聋教育实践，反思总结聋教育经验，著书立说，演说宣传，在我国聋教育历史上留下了丰富的精神财富。现简要分析吴燕升和杜文昌两位聋教育家的实践及思想。

（一）吴燕升的聋教育实践及思想

吴燕升（1900—1958 年），满族人，生于北京。从小热爱学习，热爱聋教育，1923 年在辽宁沈阳景佑宫庙内创办聋哑职业学校。学校最初只有一名学生，后逐年增加，"时以教室窄小，仅容数人，及届开学日期，仅有一生上课，其后相继前来就学者，计达五六人。惟以课堂狭隘，促膝难容，后继数度迁移，迄至民国十九年止，始克完成扩大校舍，生徒亦达六十余人"[①]。"九一八"事变后，学校被迫关闭，"孰料民国二十年九月十八日国难突发，情势突变，而此血汗积成之事业，亦随之破产矣"[②]，学生遣散回家，吴燕升远赴日本留学，师从聋教育专家川本宇之介学习聋哑教育。1934 年回到北京，曾担任北平市长袁其湘女儿（聋哑人）的家庭

[①] 顾定倩、朴永馨、刘艳虹：《中国特殊教育史资料选》，北京师范大学出版社 2010 年版，第 1230 页。

[②] 顾定倩、朴永馨、刘艳虹：《中国特殊教育史资料选》，北京师范大学出版社 2010 年版，第 1230 页。

教师，后积极动员、募捐筹备，"燕升以国家百业待举之际，聋哑教育事业之促进，亦为不可忽略之事业。想念及此，至感兴奋，故愿以个人名义，向诸友好募集开办费五千元……并在筹备期内纯尽义务，不受薪津，遂具备正式呈文请求，其后蒙袁市长准予所请"①创办北平市立聋哑学校，1935年编印出版《聋教育常识》。新中国成立后，吴燕升出任中国聋哑人福利会副会长兼总干事，1957年曾率领中国聋哑人代表团参加在南斯拉夫举行的世界聋哑人大会，1958年病逝于北京。吴燕升一生钟情于聋教育事业，先后创办两所聋哑学校，并出版中国最早的一部聋教育专著，是我国现代为数极少的聋教育家之一。他的聋教育思想主要体现在以下几个方面。

1. 聋教育师资问题

吴燕升指出我国缺乏聋教育的专门人才，聋教育教师多系"先具爱护聋哑残废之热心。而后选择此种事业，任事以后，一面研究，一面教学，如此经过相当时间，由经验之中而具心得。再或系前往规模较大之聋哑学校见习，经过一度师范生之阶段，然在学校方面，亦少有相当课程，可供研究，惟学习者处于进修无门之情况下，虽有名实不符之处"②。聋教育教师专业素养参差不齐，因此，他倡议联合全国现有聋教育教师，组成"聋教育促进会"，并且征求耳鼻喉专家、脑系科专家、心理学专家、音响学专家、语言学专家、体育学专家等来共同研究聋教育，相互交流，学习研讨，促进聋教育教师专业化水平的提高。同时，他考虑到创办专门的聋哑师范院校的困难性，建议在普通师范院校增设聋教育相关专业及科目，以此来培养聋教育师资，即"为今之计，如欲解决聋教育师资问题，最好于普通师范院校，自四年级起，添设聋教育选科，聘请具有专门知识经验者，担任讲学，并成立小规模'聋口语法学校'，作实习之场所，数年之后，人才辈出，则师

---

① 顾定倩、朴永馨、刘艳虹：《中国特殊教育史资料选》，北京师范大学出版社2010年版，第1231页。
② 顾定倩、朴永馨、刘艳虹：《中国特殊教育史资料选》，北京师范大学出版社2010年版，第833页。

资问题，即可迎刃而解"①。

2. 对聋哑问题本身的认识

聋人听力障碍产生的原因，吴燕升总结分析了其先天性因素有遗传（近亲结婚等）、先天疾病（梅毒等），后天性因素有后天意外事故和出生后的疾病，如脑膜炎、麻疹、感冒、猩红热、天花、肠热症等，这在一定程度有益于国人对聋人听力障碍产生原因形成科学的认识，消除传统的迷信和偏见。同时，吴燕升也对听力障碍对聋人身心发展所造成的影响做了初步分析，如影响聋人口语能力、社会交往能力的正常发展，"聋子失去最重要之听力以后，以至影响其学习言语之能力……聋子既失去语言，既难免被社会所摒弃，甚至父母骨肉，亦不若常态人之感情亲密，是以无形之中，迫入孤独苦闷之境，且被世人视为痴愚，或谓之如疯汉，无人与之接近"，"盖吾国社会，从无何等职业可供聋哑插足，即或勉强求得一份工作，亦不免被人加重剥削……欧美聋教育比较发达之国家，早已确立聋哑职业之基础，但吾国四十余万聋哑同胞，其职业根本无处求得，迄今未闻有人计及此事"②。可见，吴燕升针对听力障碍对聋人所造成的影响和聋人的生存现状有清晰明确的认识，并希望引起社会大众对聋人教育、就业等问题的关注与支持。

3. 聋教育教学方法

吴燕升参考日本聋教育专家川本宇之介先生对聋教育方法的研究成果，并结合自己的思考与研究提出聋教育教学的五种方法，分别是指语法、手语法、口语法、混用法、听话法。其中指语法是"以字母之符号，用手指编成指文字，依照语言之语法，表现思想之作用"。手语法即是身势表情语言，主要用于聋人与其同伴等的交流中。口语法是指教师发出一定声音，引导学生"注视教师口形，及唇之启闭，舌之运动，及其他颜面筋肉运动之状态，

---

① 顾定倩、朴永馨、刘艳虹：《中国特殊教育史资料选》，北京师范大学出版社2010年版，第834页。
② 顾定倩、朴永馨、刘艳虹：《中国特殊教育史资料选》，北京师范大学出版社2010年版，第838-840页。

模仿之",而训练聋人发音及口头语言表达能力。混用法是"采用各种方法之长处,用其二或其三"来促进儿童语言能力的发展。听话法主要指针对尚存一定听力的聋人,在保护并利用其残存听力的同时,也训练发音及口语表达等,最终促进儿童听觉能力和口语能力的发展。吴燕升提出的聋教育方法,涉及聋人教育中的听力开发、发音训练、口语表达等实际问题,既参考了国外聋教育教学经验,又结合了我国聋教育实际情况,对我国现代聋校教育教学实践活动具有很强的指导价值。

4. 聋哑儿童的家庭教育

吴燕升针对广大聋哑儿童家长缺乏聋教育常识与方法,而导致"聋儿终身失其发言之便利"的现状,对聋哑儿童家长提出了一些教育聋哑儿童的注意事项,主要包括:第一,及时治疗,即"儿童在初习语言时,一经罹病,为家长者即应注意其听觉器官,施以相当之保护"。第二,送入学校接受聋教育,经医生证明听力不佳的儿童应送入聋哑学校接受教育。第三,聋儿亟应特别注意用眼卫生。第四,课外指导较课室指导更为重要,即关注课外对聋儿的学习指导。第五,聋儿亟应避免身势表情。第六,聋儿在发音说话过程上切勿求效过速,避免急功近利的心理。第七,聋儿读话(读唇)练习比较说话更为重要。第八,聋儿亟应注意实行深呼吸练习。第九,如何发展其残存听力。第十,揭穿迷信应在教育上努力。这些建议简明易懂,对于家长在家庭等环境中对聋儿开展适应的教育训练、巩固学校教育成果具有较强的参考价值,促进聋儿的身心发展,即"在任何环境下,均可使聋儿身心发展获得相当效益"[①]。

(二)杜文昌的聋教育实践及思想

杜文昌(1893—1968年),山东掖县人,1914年毕业于山东齐鲁大学。大学期间偶然认识中国第一所聋哑学校创办者米尔斯夫人,为其献身中国聋教育事业的精神所打动,而后报考烟台启

[①] 顾定倩、朴永馨、刘艳虹:《中国特殊教育史资料选》,北京师范大学出版社2010年版,第845-850页。

喑学馆师范班，跟从米尔斯夫人潜心研究聋教育达五年时间。1919年，只身来到北京，艰辛筹备，创办北京第一所聋哑学校——华北聋哑学校。杜文昌将"做有用人"作为校训，始终强调通过聋教育使聋哑儿童具备普通常识及生产技能，成为有用之人才。学校开办之初，只有7名学生，杜文昌是校长也是唯一的教员，随着杜文昌坚持开门办学，经常主动召集组织社会各界人士来校参观，并定期举办家长恳亲会、成绩展览会等。先后带领老师和学生到天津、山西、河南、江苏、安徽乃至日本、南洋等地举行聋教育成绩表演等宣传聋校办学经验，并积极争取社会名流、政府部门的支持，如1924年北平基督教青年会资助办学经费500元，1927年北平市政公所开始每月补助办学经费50元，南京国民政府也专门补贴办学经费200元等。学校办学条件得到改善，办学规模不断扩大，办学效果日臻完善，到1937抗战爆发前，学校在校学生已增至100余名。新中国成立后，北京市人民政府接管了杜文昌苦心经营的学校，学校由"私立华北聋哑学校"改名为"北京市第二聋哑学校"（北京市第一聋哑学校即吴燕升1934年创办的北平市立聋哑学校）。此后，杜文昌被北京市教育局调整到北京第一聋哑学校。杜文昌把自己的一生奉献于中国的聋哑教育事业，其聋教育思想主要体现在以下几个方面：

1. 积极宣传、争取各方力量支持聋教育事业

杜文昌在其三十余年的聋哑办学实践中，始终能坚持通过不同形式或方法来宣传聋教育事业，促进全社会了解聋教育，帮助残疾人。杜文昌多次到北平电台、南京中央广播电台传播聋教育知识，介绍聋哑学校情况，呼吁政府、群众关心与支持聋教育事业。如1936年，杜文昌曾在南京中央广播电台演讲，并向政府及各慈善家们呼吁"对于聋哑教育，加以提倡并援助，俾数十万孤苦残废同胞，均得受特殊教育之施，个个成为健全有用之国民，更希望全国聋哑教育界同志们，大家要联合起来，对于聋哑教育改进，幸勿固步自封，致贻误了可怜的青年"①。此外，杜文昌邀

---

① 《中央日报》，1936年10月20-21日，第4版。

请、组织各界人士来聋哑学校参观，消除普通人对聋教育的疑惑与误解，增进其对聋教育的同情与理解。如许多社会名流先后给学校题词，促使学校获得更多的社会支持。1920年，黎元洪曾给学校题词"巧夺天工"；1924年，阎锡山为学校题词"人定胜天"；1928年，张伯苓为学校题词"教尔多术"；1929年，蔡元培题词为"功补造化"；1930年，胡适题词为"征服自然"等[①]。

2. 重视聋人生存技能教育

聋教育的最终目的在于促进聋人掌握或形成一定的生存技能，成为自食其力的劳动者。聋校教育实践中，杜文昌在重视聋哑学生听读、发音、说话、手语、书面语等的教学同时，还注意从小培养聋生的生活技能、职业技能。杜文昌自1924年起在学校开办织袜工厂；1932年添设纺织科，并把高年级改为二部制，实行半工半读；1933年设立织带科、木工科、园艺科；1934年设立装订科、缝纫科、化学科等；1935年利用创校十七周年纪念活动展示并出售学生劳动生产的产品。杜文昌采取并实施这一系列举措突出了聋人生存技能教育的重要性，因地制宜地发展聋人职业教育，促进聋人"做有用人"。

3. 对聋哑学生的管理

聋哑学生由于其生理和心理上的缺陷，大多存在一定的心理问题，对于聋哑学生的管理，应先了解其心理特点及发展规律，适应其心理发展特点、注重启发引导，从而以爱动其心，以理服其人，以智导其行，促其健康发展。1936年，杜文昌在南京中央广播电台讲演时就谈道："聋哑儿童因听不见，知识未开，昧于事理，故初入学时，有的举动非常野蛮，而又不能施之以体罚。因为聋哑人犯了过错时，越打他，他越急，越急越不明白对方的意思。所以对于管理实当特别注意启诱和辅导，使学生与师长宛若父母之与子女，聋哑学生因常识缺乏，最易发生误解，所以为师

[①] 顾定倩、朴永馨、刘艳虹：《中国特殊教育史资料选》，北京师范大学出版社2010年版，第1223-1224页。

长的,更应当有绝大的耐心,加以详细解释,方能消除误解。"①

三、中国现代聋教育机构

(一)聋哑教育学校的发展

从1912年至1949年,我国聋哑教育学校的发展可以大致划分为两个阶段。1912年到1937年抗日战争全面爆发,这是我国聋哑学校起步并获得一定程度发展的阶段;从抗日战争开始到1949年新中国成立,这是中国聋哑教育学校在低潮中曲折发展的阶段。

1. 第一阶段:1912—1937年

从1912年,中华民国成立以来,迄1937年抗日战争爆发为止,这一阶段是我国聋哑教育学校初步发展的阶段。这一时期虽然中国内战连连,政治环境混乱,但是聋哑教育学校在数量上有所增长,全国先后创办的聋哑校(含盲聋校)约二十余所(参见表3.1),主要分布在三个地区:苏、浙、沪、闽地区,京、津、辽、吉地区,湘、鄂、川地区。这些地区均是我国沿海、沿江发达或比较发达的地区。

表3.1　1912—1937年中国聋哑教育学校情况一览表

校名	创办时间	创办地点	创办人(或机构)
杭州哑童学校	1914年	浙江杭州	周耀先、周天孚
狼山盲哑学校	1916年	江苏南通	张謇
台北盲哑学校	1917年	台湾台北	木村谨吾(日)
北平聋哑学校	1919年	北京	杜文昌
上海群学会附属聋校	1920年	上海	杨聘渔
杭州惠爱聋哑学校	1920年	浙江杭州	周耀先
成都中西慈善团盲哑学校	1922年	四川成都	夏时雨

---

① 《中央日报》,1936年10月20-21日,第4版。

续表 3.1

校名	创办时间	创办地点	创办人（或机构）
辽宁聋哑职业学校	1923 年	辽宁沈阳	吴燕生
上海福哑学校	1926 年	上海	傅兰雅
南京盲哑学校	1927 年	南京	南京市政府
天津聋哑学校	1928 年	天津	齐美娜
古田聋哑学校	1929 年	福建古田	雷静贞
吴县救济院聋哑学校	1929 年	江苏吴县	张仲仁
杭州吴山聋哑学校	1931 年	浙江杭州	龚宝荣
金州聋哑学校	1932 年	辽宁大连	于孝纯
绍兴救济院聋哑学校	1933 年	浙江绍兴	孙庆麟
上海聋哑学校	1933 年	上海	施殿清
北平市立聋哑学校	1934 年	北京	吴燕升
杭州启智聋哑学校	1935 年	浙江杭州	孙祖慧
如皋盲哑学校	1935 年	江苏如皋	沙元榘
长春聋哑学校	1936 年	吉林长春	

注：以上学校情况主要根据戴目《中国早期聋人学校教育发展概况综述》整理[①]，限于资料有限，疏漏之处在所难免，敬请读者包涵指正。

这些学校根据主办者性质的不同，大致可以分为以下几类：

第一，公立学校。这一时期，中国的公立聋哑学校（盲哑学校）开始出现，这些学校通过政府教育部门直接开办、社会救济机构附设学校等方式创办。比如南京市立盲哑学校，1929 年成立，隶属于南京教育局，是我国第一所公立盲哑学校，也是第一所公立的特殊教育机构。抗战爆发后曾内迁到四川江津，在艰苦的条件下仍然着力维持。抗战胜利后迁回南京，仍隶属于教育局。1949 年南京解放后由新中国南京人民政府接办。北平市立聋哑学校，1935 年 7 月由吴燕生成立，属于北平市社会局管理，学校性质为

---

① 戴目：《梦圆忆当年》，上海教育出版社 1999 年版，第 201—220 页。

市立公办，办学模式为公私合办。1935年8月开课，1936年有学生50人，是北京第一所公立特殊学校。此外还有，浙江绍兴救济院残废所附设盲哑学校，也称绍兴盲哑学校，1933年成立，由浙江绍兴救济院主办，成立当年共有学生8人，主持者为孙应麟，1936年共有学生17人。江苏如皋盲哑学校，1935年由县救济院沙元榘创办，1936年在校生人数男女共计36人。

第二，私立学校。私立学校主要包括由西方来华传教士和国内开明知识分子所创办的学校。其中国内开明知识分子所创办的聋哑学校逐渐成为我国现代聋哑学校的主体。如上海群学会附属聋校，1920年由社会团体"群学会"中杨聘渔等人基于民族情绪，痛感当时上海没有一所华人创办的特殊教育机构而创办，"当时在华人方面，仅属创始，市教育局每月补助百元以示鼓励"，初任校长为杨聘渔，后由高砚耘等人接任。浙江吴山聋哑学校，1931年由龚宝荣（聋）在浙江杭州市吉祥巷创办。龚宝荣，自学成才，热心聋人教育事业，成为中国聋人兴办聋校的第一人。1936年时学校有男生38人、女生8人，共46人。新中国成立后，吴山聋哑学校由杭州市人民政府接管，改为杭州市聋哑学校。此外，西方的传教士等也开办了一些聋哑学校。如上海福哑学校，1926年由傅兰雅在上海创办，1936年由其子傅步兰任校长，学校有预科1年、初级4年、高级2年，1936年时有男生45人、女生24人，共69人。福哑学校早期办学成绩斐然，师资力量较强，在当时的中国聋校中具有一定的声望。成都中西慈善团盲哑学校是由基督教浸礼会牧师夏时雨（美国人）于1922年创办，校长为张卿根（中国人，曾在烟台启喑学校师范科学习），1937年共有盲哑学生50余人，教职员12人。1939年因日寇空袭，经费困难暂时停办，1942年复校，更名成都市基督教盲哑学校（也称成都市私立盲哑小学），聘请罗蜀芳女士兼任校长。

2. 第二阶段：1937—1949年

这一阶段是以1937年"七七"卢沟桥事变抗日战争爆发为起点，迄1949年9月中华人民共和国成立为止。这十二年是中国人民进行八年抗战和四年解放战争的非常时期，也是中国聋哑教育在低潮中曲折发展的阶段。卢沟桥事变引发了抗日战争的全面爆发，各项社会事业在战争中都受到严重破坏，聋哑教育学校也不能幸免。最直接的影响表现在两个方面，一方面原有教会学校受到重大打击，许多教会聋哑学校来自英美等国的经济支持受战争影响已经不能维系，很多传教士避战回国；另一方面国人自办的聋哑教育学校也面临重大威胁，一些学校内迁或者停办，一些在万分艰难的条件下苦苦支撑，还有一些被日伪军接管，只有处于后方战事相对缓和地区的聋哑学校能够获得一丝发展的余地。抗日战争胜利结束后，国家重新获得和平，特殊教育事业也获得了喘息的机会，有志于特殊教育的学者和官员重整旗鼓，开办了一些聋哑教育学校，较战前有了一定的发展。根据南京国民政府教育部组织编写的《第二次全国教育年鉴》的统计，截至1946年年底，全国公私立聋哑学校23所，公私立盲哑学校9所，共计有三十余所聋哑教育学校，大多数为私立。又据1948年6月《大公报》刊载《教育部发表全国聋哑学校统计》一文，统计结果显示当时中国有四十所盲聋哑学校，在校生2322人。现转载如下：

教育部发表全国聋哑学校统计

共四十校一百五十七级　学生人数共二三二二人

本报南京一日专电据教育部最近调查，全国盲聋哑学校共四十校，分布情形如下：京二校（市立盲哑，首都聋哑），沪五校（上海盲哑，上海盲童，中华聋哑，光震聋哑等），平二校（市立聋哑，私立华北聋哑），津一校（聋哑学校），青岛二校（市立盲童工艺，私立樱花聋哑），渝一校（私立聋哑），苏四校（镇江胜天聋哑、武进县立聋哑，无锡县立聋哑，松江县立怀瑛聋哑），浙一校（杭州市立吴山聋哑），湘二校（省区救济院盲哑，信义瞽目院），鄂一校（武昌瞽目女子学校），川三校（私立明声聋哑，成都基督教聋哑，资阳县立聋哑），晋一校（私立聋哑职业学校），陕一校（私立西京盲哑教养院盲哑学校），闽三校（灵光盲童，明道女子盲童，莆田私立善育孤儿院附设盲童学校），粤二校（启聪聋哑，慕光瞽目院），桂一校（私立熙心瞽目女子书院），滇二校（滇光瞽目，义光盲哑），黔一校（安顺盲哑），台湾二校（台北盲哑，台南盲哑），东北地区三校（沈阳私立中正聋哑，辽北省聋哑，长春聋哑）。学生人数三十五年度统计二千三百二十二人，共一百七十五级。

《大公报》1948年6月2日

这一时期的聋哑学校从数量上来看，较上一阶段的十余所有所增加，但从地区分布来看变化不大，大多数聋哑学校仍然分布于中国沿海与沿江地区，而其他省份，如安徽、山西、河南等省内仅有一两所聋校，有的地区还是空白，比如宁夏、甘肃等，这不仅与长期战乱有关，也与中国现代社会经济发展状况有关。1937年至1949年，我国新成立的聋哑学校主要有：

第一，公立学校。这一时期，我国新办的公立聋哑学校以及由私立转为公立的聋哑学校逐渐增多。其中新办的公立聋哑学校有两广聋哑学校，又称为粤桂聋哑学校，1943年4月由广东、广西两省教育厅联合创办，校本部在广西桂林，分部在广东曲江，学校经费由两省政府共同承担。1944年，学校被日本空军炸毁，遂停办，这是广西省第一所公立特殊学校。由私立转为公立的聋哑学校有：江苏无锡县立聋哑学校，1940年5月由无锡聋哑青年钱天序等人创办，是无锡地区第一所特殊教育学校。1947年2月改为县办，收归国有。1948年学校设8个班级，有教职工8人，学生40人[1]。四川资阳县立聋哑学校，1943年成立，初有教会背景，系基督教会福音堂举办的聋哑班，1945年收归县立，改为县立聋哑学校，招收5～18岁身无其他残疾的聋哑人，首届招生25人，有教员3人，次年学生增至42人，教员增至5人，1950年该校并入民众教育馆附设聋哑班，同年9月停办[2]。江苏武进县立聋哑学校，前身是1944年3月由戴目

---

[1] 陆德阳：《近代上海残疾人事业研究》，《上海市社会科学第五届学术年会文集2007年度——哲学·历史·人文学科卷》，上海人民出版社2007年版。

[2] 张述明、曹怀德：《资阳县聋哑教育始末》，政协四川省资阳县文史资料委员会编印：《资阳文史资料》第5辑，政协资阳县文史资料委员会1984年内部发行。

等人成立的武进县民众教育馆聋哑教育班，1945年改名为武进县立聋哑学校，费耀奇出任校长，学校经费由县政府拨付，社会各界亦有捐款。1949年再更名为"常州市聋校"，学制三年，开设文化课和专业美术课等，颇有成效①。

第二，私立学校。这一时期，教会力量在中国特殊教育领域逐渐退出，私人创办特殊教育学校已逐渐成为聋哑学校发展的主流，先后约有三十余所规模不等的私立聋哑特殊学校相继出现。其中如中华聋哑学校，该校成立于1937年"八一三"淞沪会战爆发以后不久，第二年更名为"中华聋哑协会附设聋哑学校"，由中华聋哑协会理事长何玉麟兼任校长，后由王逊、孙祖惠、宋鹏程等人相继担任。中华聋哑学校学生数量增长较快，1938年时有学生40人，1940年发展到100多人，成为抗战期间沦陷区学生人数最多的聋校。1948年设班级4个，教职员8人，学生50人②。总之，这一时期全国各地先后出现由国内有识之士创办的二十余所私立聋哑教育学校（含盲哑学校），具体如表3.2所示。这些学校办学规模虽大小不一、影响有限，但在很大程度上推进了我国现代聋哑教育的发展。

表3.2　1937—1949年中国私立聋哑教育学校情况一览表

校名	创办时间	创办地点	创办人（或机构）
上海中华聋哑学校	1937年	上海	何玉麟
镇江胜天聋哑学校	1937年	浙江杭州	尹印一
成都明声聋哑学校	1937年	四川成都	罗蜀芳
辽源聋哑学校	1938年	吉林辽源	潘志海
上海哑青学校	1938年	上海	胡文忆
无锡慧喑学校	1940年	江苏无锡	钱天序、陈祖耕
太原聋哑职业学校	1940年	山西太原	刘翔云
南京首都聋哑学校	1940年	江苏南京	孙慧祖
杭州聋哑学校	1941年	江苏吴县	周乃真

---

① 陆德阳：《近代上海残疾人事业研究》，《上海市社会科学第五届学术年会文集2007年度——哲学·历史·人文学科卷》，上海人民出版社2007年版。
②《全国聋哑学校调查》，《教育月刊》（上海），1939年第1卷第1期，第81页。

续表 3.2

校名	创办时间	创办地点	创办人（或机构）
沈阳聋哑学校	1941年	辽宁沈阳	于诚中、王效英
黔光盲哑学校	1942年	贵州安顺	傅雅各、芮若兰
上海光震聋哑学校	1944年	上海	李定清
青岛聋哑学校	1945年	山东青岛	
松江县立聋哑学校	1945年	浙江松江	戴病龙、吴金龙
温州聋哑学校	1946年	浙江温州	蔡润祥、陈希聪
广州盲哑学校	1946年	广东广州	麦藻华
广州启聪聋哑学校	1946年	广东广州	张颖仪
开封聋哑学校	1946年	河南开封	郝梦麟
沈阳中正聋哑学校	1946年	辽宁沈阳	孙民生
南昌私立启喑学校	1946年	江西南昌	汤俊萍
宁波聋哑学校	1947年	浙江宁波	章春坡
江都聋哑学校	1947年	江苏扬州	陆君欧、王洪景
汉口四智聋哑学校	1947年	湖北武汉	杨时贤、杨智贤
重庆扶青聋哑学校	1947年	重庆	安龙章
汉阳聋哑学校	1948年	湖北武汉	汪兴起
芜湖聋哑学校	1948年	安徽芜湖	周正宁
吉林聋哑学校	1948年	吉林	王祖谦
嘉兴聋哑学校	1949年	浙江嘉兴	左义文、朱札贤
杭州华东工艺聋哑学校	1949年	浙江杭州	孙慧祖
永康聋哑学校	1949年	浙江金华	陈卓祥、黄振东
西安市聋哑学校	1949年	陕西西安	李金良、肖学良

注：以上学校情况主要根据戴目《中国早期聋人学校教育发展概况综述》整理①，限于资料有限，疏漏之处在所难免，敬请读者包涵指正。

---

① 戴目：《梦圆忆当年》，上海教育出版社1999年版，第201—220页。

（二）聋哑社团组织的发展

中国民间人士创立的聋哑联合社团对于聋教育事业的本土化发展具有重要意义。这些联合社团整合了单薄的个人力量，使过去松散的个体行为变成集体意志的共同努力，有助于调动更多的社会资源，以制度化的力量对教会势力作出回应，从而加快了聋教育事业本土化的步伐。另外，联合社团的成立也表现出国人对聋教育认识和理解的增强，它们的出现标志着开办聋哑教育机构不再是以往个人的、零星的慈善行为，而是已经变成了一种具有普遍意义下的社会共识，标志着早期外国人在特殊教育领域占统治地位的状况已经开始改变，并且随着本土化的加强，中国人已经开始逐步扭转这一现状，成为中国聋教育事业的主力军。

1. 中华盲哑教育社

中华盲哑教育社是中国较早出现的盲哑教育社团组织。早在1928年，时任南通盲哑学校代理校长的朱冲涛等人就开始筹备成立联合组织，提出"盲哑教育职业化，化分利为生利"的口号。经过两年的筹备工作，1930年4月，中华盲哑教育社在江苏省京沪路安亭镇正式宣告成立，这标志着中国最早的盲哑教育联合社团组织的成立。中华盲哑教育社成立以后，拟定了《中华盲哑教育社章程》，提出其宗旨在于"研究盲哑教育，并促进其发展"，其主要任务有："一、调查国内外盲哑教育状况。二、设立试验盲哑学校。三、编印盲哑教育刊物。四、培植盲哑师资。五、设立盲哑教师介绍所。六、盲哑职业指导。七、办理各地委托关于盲哑教育之设计事项。"教育社设置执行委员会主持常务工作，设置监察委员会执行监察职责，两会的委员由选举产生，实行候补制和弹劾制；教育社成员分为"普通"社员和"特别"社员两类，"普通"社员是"凡现任或曾任盲哑教员暨教育界热心盲哑教育者"均可出任，"特殊"社员是"以精神或经济赞数本社事业之发展之个人或团体"可以出任；规定每年召开社员大会一次，"遇有重大事件，由执行委员会之决议或社员三分之一之请求"，可以召开临时大会[①]。继中华盲哑教育社后，类似的社团相继成立，为盲、聋哑教育的本土化做出了积极的贡献。

2. 中华聋哑协会

中华聋哑协会是中国残疾人群体自行设立的第一个全国性的社团。1937年6月，本为聋哑人的何玉麟、孙祖惠和王逊等人率先发起建立协会的倡议，倡议得到沪杭两地聋哑教育工作者的大力支持。1937年8月，在上海群学会附设聋哑学校召开会员代表大会上宣告成立。该会由王逊主持，时任中华民国教育部部长的王世杰受聘为名誉理事长，上海群学会附设聋校毕业生何玉麟当选为首任理事长。协会成立后以"联络同病感情，增进盲哑福利"为宗旨，在南京、北平、重庆和杭州等地开设分会，开始广泛吸收会员加入，在抗战期间仍然坚持办学，积极活动，成为当时聋哑教育的楷模。协会重要成员余淑芬、孙祖惠等还曾自主编印了中国特殊教育史上第一本综合性聋人读物——《聋哑青年》。1937年在上海组织成立"中华聋哑协会附设战时聋哑学校"，收容教育战火纷飞中的聋哑人群。1939年曾主办"第一届全国聋哑艺术展览会"，展出作品七百余件。这些努力都使中华聋哑协会成为当时中国具有相当影响力的特殊教育社团。

3. 聋哑生活互助社

聋哑生活互助社由方范九、刘松年、叶柄华等人于1947年春天发起，得到南京国民政府社会部允准，于3月3日正式宣告成立。总社设在南京，主席为孙祖慧，最初会员90余人。该社以"改善社员生活，实施聋哑职业教育，发展生产"为宗旨。专设招待所，免费供同病者住宿，又成立康乐室、补习学校、工艺生产合作社等，对聋人职业教育和职业发展提供指导与帮助，曾发展聋哑社员达200人[②]。

[①]《第一次中国教育年鉴》丙编《教育概况》，第650-651页。
[②]《聋哑生活互助社》，《残不废月刊》，1947年第5期，第11-12页。

第三节 中国现代盲教育的发展

一、中国现代盲教育的发展概况

自西方传教士威廉·穆瑞等人在中国创办早期的一些盲人教育机构，开展对盲童的救助、教育实践活动以后，我国现代的盲教育开始萌芽。辛亥革命后，民国政府教育部颁布一系列法令《小学校令》《国民教育令》《国民教育令实施细则》等将盲童教育纳入国民教育体系，为盲教育发展提供了一定的制度保障，促进我国现代盲教育事业的初步发展。首先，从 1912 年至 1949 年，各级政府部门加强了对盲教育的领导与管理。如上海市 1932 年颁布《上海市私立特殊教育学校立案规程》中指出特殊教育学校包括盲人学校、聋人学校等，其设立必须呈请市教育局立案并转呈市政府及教育部备案，创办时需向市教育局呈送关于学校名称、目的、所在地、资产及来源、校董姓名籍贯职业等信息[①]。1947 年，国民政府教育部颁布《盲人学校及盲哑学校规程》，该规程包括 11 章 74 条相关内容，对盲人教育机构设置及管理、编制及课程、德育、设备、成绩及考查、学年学期及休假日期、经费及待遇、教职员及学校行政等方面做了详细规定[②]，为我国盲人教育迈向规范化、制度化发展阶段奠定了基础，但是该《规程》并未付诸实施。

其次，认识到辅助技术、教具等在盲教育中运用的必要性和重要性，积极推进盲校教育教学改革，强调统一盲字、制造盲教育用具等。如国民政府教育部 1947 年在《令本部特设盲哑学校》中指出盲哑学校应分部设置，即"盲哑生在语言文字上均无法交

[①]《教育周报》，1932 年第 151 期，第 4 页。
[②] 顾定倩、朴永馨、刘艳虹：《中国特殊教育史资料选》，北京师范大学出版社 2010 年版，第 77-81 页。

流，共同生活，时生分忧，且该校训管教学又均同一设施，殊非所宜。应分部设立，聘请明了盲哑生心理及有该项训教经验者分别充任盲科、哑科主任，负责计划推进各项科之特殊设施及训导事宜"①。同年，教育部《改进全国盲聋哑教育计划草案》中强调："我国盲字种类既多读音亦复各异，致使阅读及书籍之发行均感困难，应由部订标准国音盲字通令，全国各盲人学校一律通用。"②此外，盲童教育教学等实际问题的相关研究受到一些知识分子关注，并得到初步发展。如朱衡涛1931年采用调查法统计分析了当时全国盲教育机构概况、盲生入学情况、盲生毕业情况、学生入学年龄、办学经费、学生待遇、课程及教材等问题，揭示了我国当时盲教育发展现状及所面临困难，期待引起整个社会的关注与合作来解决难题③。傅步兰1937年撰文《盲聋哑儿童教育》，全面介绍了西方盲人教育的产生和发展历程，探讨了学龄前盲童的安置形式包括幼稚园、寄宿学校、盲人日校、巡回教师、职业教育、盲人工厂等，盲校教育内容应该包括健康教育、音乐教育、工艺教育等，拓展了盲教育工作者和社会民众对西方盲教育的认识和了解，为盲校教育教学实践活动提供了一定参考④。高凤山1947年总结自己开办盲残院、教育盲童的经验，指出盲教育的教学内容要从"修养""知识""专业"三方面做起⑤，其中"修养"的科目包括音乐、歌曲等，旨在帮助盲童陶冶德性，改变不良的心理。"知识"的科目包括盲字、史地常识、卫生常识、普通科学知识等，旨在帮助盲童启发思想、增长知识；"专业"的科目主要指身心劳动，提高盲童社会适应能力。

总之，这一时期我国盲教育事业发展与聋教育事业发展呈现出相似的特点，各级政府出台相关的法令法规中均涉及盲教育，

---

① 顾定倩、朴永馨、刘艳虹：《中国特殊教育史资料选》，北京师范大学出版社2010年版，第82页。
② 顾定倩、朴永馨、刘艳虹：《中国特殊教育史资料选》，北京师范大学出版社2010年版，第71页。
③ 朱衡涛：《中国盲哑教育状况》，《教育与民众》，1931年第5期，第18-25页。
④ 傅步兰：《盲聋哑儿童教育》，《儿童教育》，1937年第2期，第1-30页。
⑤ 高凤山：《荣盲教育与善后之我见》，《残不废月刊》，1947年第3期，第1-2页。

并加强了对盲教育的管理。盲校、盲哑学校的数量、入学的人数和从事盲教育工作的教师人数相比以前有所增加。盲教育工作者尝试在盲校展开教学改革活动，促进盲文的规范统一、盲教育用具的应用和发展。也有部分研究者对盲教育问题展开了一定研究，探讨分析盲教育实践存在的问题、总结与反思盲教育实践经验，进一步促进了盲教育实践活动的发展。

二、中国现代的盲教育家及其思想

自 1874 年英国传教士威廉·穆瑞创办国内第一所盲校以后，全国各地先后出现多所盲人学校（或盲哑学校）。如 1912 年傅兰雅、傅步兰创办的上海盲童学校，1916 年刘先骥创办的长沙导盲学校，1942 年傅雅各创办的安顺黔光盲哑学校等。这些盲人学校创办者大多深入盲教育教学实践，同情与怜悯盲童之疾苦，呼吁社会各界关心与支持盲教育，为我国现代盲教育发展起到了承前启后、中流砥柱、引领示范的作用。现简要分析上海盲童学校创办者傅兰雅、傅步兰这对特教父子兵的盲教育实践及思想。

傅兰雅（1839—1928 年），英文名为 John Brown Fryer。出生于英格兰肯特郡海斯镇的一个牧师家庭，受其父亲影响，傅兰雅从小就十分向往中国。1860 年，傅兰雅以优秀的成绩毕业于伦敦海伯雷师范学院，之后申请并获得了赴中国香港圣保罗书院任教员的机会，次年就任圣保罗书院院长一职。在晚清洋务运动中，傅兰雅接受中国政府邀请，在江南制造总局附设翻译馆工作28年，口译西方著作达 116 种，曾被晚清政府授予三品文官顶戴、三等第一双龙勋章。晚年的傅兰雅对中国最大的贡献就是致力于盲聋哑教育事业，曾出版与发表盲教育的专著与文章，如《教育瞽人理法论》《盲童教育论》，并先后创办了上海盲童学校、上海福哑学校。1928 年，傅兰雅在美国家中逝世，他逝世的讣告中写道："傅兰雅博士是在中国居住过的西方人士中最知名的……在近九十年的生命的后期，他热衷于中国的盲人教育。由于他的努力和支持，上海爱丁堡路上的上海盲童学校在他儿子傅步兰的监管下茁壮成长、发展兴盛,这是对傅兰雅博士一生和长期热爱中国最好的纪念。"①

傅步兰(1887—?),英文名为 George Brown Fryer,是傅兰雅第三个孩子,出生在中国,毕业于美国康奈尔大学,由于受到人本主义思想的影响,傅步兰逐渐形成了尊重人的个性和自由的教育观念。1911 年,为筹办上海盲童学校,傅步兰奉父亲傅兰雅之命,赴美国加利福尼亚州盲哑学校实习 6 个月,初步了解和掌握盲人教育的基本知识,接着又赴阿弗不罗克地方盲人学校见习 5 个月,加深对盲人教育理论和实践的认识,提高了对盲人教育的管理能力,后又赴波士顿帕金斯盲人学校学习和考察。民国元年,傅步兰启程来华同傅兰雅一道筹办上海盲童学校。1912 年 11 月,上海盲童学校正式成立,傅步兰出任校长,他对这所学校倾注了大量的心血,在教学和管理多方面都做出精心安排。1931 年,国际盲人会议在英国召开,傅步兰以非政府身份出席了此次会议,同与会的 36 个国家和地区的 82 名代表共同讨论,宣传中国的盲人教育事业。返回上海后,傅步兰在大夏大学教授盲人教育课程,虽然学生只有 9 人,但是在大学开设并讲授盲人教育课程仍然引发了社会对盲哑教育更多的关注。傅步兰主持上海盲童学校历时 38 年,1949 年 9 月宣布退休,次年离沪,取道天津离开中国,卒年不详。傅步兰对中国盲哑教育事业做出了杰出贡献,其上海盲童学校和福哑学校的创办成为近代中国特殊教育史上光辉的一页。傅兰雅和傅步兰的盲教育思想主要体现在以下几个方面:

1. 傅兰雅提出的办理上海盲童学校的六项原则

1911 年,傅兰雅出版了《教育瞽人理论法》,简述了对盲人进行教育的方法。同年,傅兰雅在给筹建上海盲童学堂董事会的委托合同中,提出了创办盲童学堂的原则,集中体现了他的盲教育思想。其主要观点包括以下几点:

(1)效法欧美盲童学校的教育方法和内容,教以用触觉读书写字,教以音乐,鼓励盲童参与游戏及娱乐;教以体操、演讲与

---

① 马建强:《中国特殊教育史话》,新华出版社 2015 年版,第 72 页。

出席各种集会的知识；教以各种工业与通信技术；教以谋生之法或做工以支给其费用之一部。

（2）各门功课遵中国教育部之课程标准，均用中国文字教授，读音使用中国官话，盲文则采用由统一的布莱尔六点制中文盲字音符。

（3）学堂实施基督教新教教育，但不强迫盲童信教，如学生的父母或监护人有明确的意见，可以免除宗教教育和每日祈祷。

（4）委任其子傅步兰为学堂监督及总教，并责令其速赴美国，以一年时间学习管理盲童学堂及聋哑学堂的方法，返沪后立即开班接受盲童入学。

（5）盲童学堂是慈善事业也是宗教事业，凡从事盲童教育事业者，包括傅步兰，均应有献身精神，他们的薪水应与在中国执行宗教事业者略同，不得靡费。入学盲童，应每月出一定费用。对特别贫苦者，学校应免费为其置备住宿与衣物（实际上均由学校向社会募捐，为贫苦学生缴付费用若干，直至离校为止）。

（6）为了使更多的中国盲童得到应有的教育，希望学堂能成为培养盲童教育师资的师范学堂，为更多的盲人教育机构提供教师。如学堂办有成效，准备增设聋哑科，更希望中国政府和慈善家们参与、支持学堂在各地设立分校。

傅兰雅在建校之初提出的六项原则，可以说是在立足于当时中国国情的基础上，同时吸收西方特殊教育思想和经验精华的后提出的，其中关于盲教育理念、学校管理、师范教育的观点是十分正确而具有先见性的。作为上海盲童学校最初的构想者和组织者，傅兰雅的盲教育思想就像一面旗帜，引领着盲童学校未来的发展。

2. 傅步兰的盲教育思想

傅步兰作为上海盲童学校的直接负责人，在其漫长的特殊教育专业学习和工作生涯中，形成了比较完整的盲教育思想，对现代中国盲教育理论和实践的丰富与发展有着极其重要的意义。傅步兰盲教育思想主要表现在以下几个方面：

（1）盲教育不应囿于慈善救济范畴，而应该与普通教育获得同等的尊重。

20世纪初期，中国盲教育仍然处于起步阶段，国人对于盲教育认识仍然停留在慈善和救济的层面。对此，傅步兰认为，关于盲人教育可以有两种出发点：一种是将盲人教育看成是人道主义的慈善事业，把盲人作为施舍的对象，并向公众宣传，盲人是无法自立的，我们公开募捐、训练盲人是为了从饥饿中拯救生命，并使他们获得足够的精神支持以弥补他们空虚的生活。以这种观点出发，盲人教育的重点似乎着眼于培养盲人唤起别人的同情以获得更多的施舍和援助。另一种是不把盲人当做怜悯和施舍的对象，而是当成同样的社会成员，盲人只不过是眼睛失明，但是仍然应该具有独立而自由的人格。从这种观点出发，盲人应该像普通人一样获得完整的初等教育、中等教育甚至高等教育，使他们能够自食其力，获得人格的完善。傅步兰明确指出，我们的盲人教育观应该是第二种，盲人教育事业的出发点应该是"恢复他们生来就有的权利和自由"，"造就一批有自尊心的、残而不废的公民"。

傅步兰的思想在当时的中国无疑是具有先进性的。在当时的中国，国家破败，百业凋零，普通儿童的教育都得不到保障，盲童的教育更是无从谈起。虽然不乏慷慨之人以仁慈的名义向盲童伸出援助之手，但是这些援助也仅仅限于是肉体上的援助。因为援助者以高高在上的"救世主"姿态出现，忽略了虽然身有残疾但却是有着完整人格的盲人。因此，这种处于慈善的援助表面上帮助了盲人，实际上却使盲人遭受精神上的苦痛。面对中国传统文化中的不利因素，傅步兰秉持人本主义思想向蒙昧的中国人反复强调，盲人教育事业不是慈善事业，不应该像乞讨一样遭受冷眼，而应当像普通教育一样获得政府的资助。傅步兰认为，首先要使所有参与盲人教育事业的人都树立正确的教育观念，这是盲人教育健康正常发展的前提。其次，要反复宣传，使更多的中国人改变对盲人过时的、错误的观点，从而使公众形成平等尊重盲人教育事业的观念。对此，傅步兰曾真诚地感叹道："我希望这样的时刻早日到来，把盲人作为施舍对象的观念以及与此相适应的盲教育将成为过去的事情。"傅步兰带有人本色彩的特殊教育观是其进行盲人教育实践的思想源泉，正是在这样思想的指引下，傅步兰领导上海盲童学校不断发展，取得了令人瞩目的成就；同时傅步兰不遗余力地反复宣传，使更多的人改变对盲人错误的看法，进而支持盲人教育事业的发展。

（2）盲人教育要注重培养盲人自力更生的能力。

傅步兰认为，盲童比一般正常人更需要教育以使他们能够自立于社会，他十分推崇著名的盲人文学家海伦·凯勒说过的话："盲人最大的精神负担并非是失明，而是无所事事""盲人既不是天才，也不是怪诞，更不是白痴，他有头脑，能够接受教育；他有双手，可以进行训练；还有一颗雄心，促使他去奋斗、去实践。帮助盲人充分发挥其主观能动作用，使他通过劳动赢得光明，那是人们的责任"。同时，傅步兰指出，盲人是一种特殊的教育对象，因为失去了视觉功能，因此必须发展其他器官功能予以补偿，其中尤以听觉和触觉最为重要。傅步兰说："儿童由于失明或仅有一些残余视力而被排斥于一般学校的门外。"实际上"他远比其他正常的人更需要教育，由于他失去了第五官能，更需要充分发挥保育的其他四种官能的作用，用以补偿失去的官能，这是需要训练的"。因此，傅步兰认为，盲童教育要遵循盲童的思维特点和思维观念，通过训练眼睛以外的其他器官来弥补视觉功能的缺失，而盲童的手指和耳朵是十分灵敏的，通过科学的方法就可以使它们最大限度的发挥作用。

因此，上海盲童学校的办学宗旨就是，"因学生能力之所及，授予完全之教育"，使之"毕业后能支持其生活的全部或一部"，成为"独立可敬之国民及社员"。为了达到使学生自立的目的，学生入学前几年主要学习一般的基础知识，培养起正常的心理素质和独立生活的技能，在此基础上，后面几年主要培养盲生谋生的能力。为此，傅步兰提出了"训练与教授并重，学生退班与上班之时，予以同等之注意"的教育原则，并将盲童学校的学习生活分为五个部分：

第一，起居。训练盲童掌握自己穿衣、洗漱、整理床铺、管理衣物等日常生活技能，使之能够自己照顾自己的基本生活，这是盲童成为独立人的基本要求。同时，注意训练盲童养成清洁卫生、守时、礼貌等文明习惯。这有助于使盲生习得基本的与人交往的能力。

第二，手工。这是盲校课程中最重要的一部分。手工训练的项目有木工、钉板、折纸、剪纸、编草、织物、圆球、黏土工等。傅步兰认为手工是一种极为重要的教育手段，能够帮助盲童养成专心工作的习惯，同时也是一种修身养性的方法。

第三，体育。"坚强的意志，寓之于强壮的体魄"，而一般盲童体质都比较弱，为了更好地学习和工作，必须要增强盲生的体质。学校开设的体育项目有，哑铃操、棍棒操、民间舞蹈、中国拳术以及跳高、赛跑等，户外游戏和散步也颇受重视。经过几年的积累，学校形成了一套盲童的体育教材，并在盲童中实施军事训练。盲生表演的叠罗汉、民间舞蹈、哑铃操等受到社会公众的好评。

第四，文化。盲童学校按照教育部颁布的课程标准开设课程，并使用相同的教材。书写和读音全部以中文"国语"进行，采用布莱尔六点制盲文字符。盲童学校的英文课程尤其受到重视，盲童从幼稚园开始接触英语，以后逐年增加学时。盲童在学校完成小学和初中的学业后，可以进入圣约翰大学的中学部和大学部继续学习。傅步兰对于盲生的文化学习要求是十分苛刻的，对于学习能力无法满足课程要求的学生一律要求退学，这也为盲童学校毕业生在中学和大学的学习奠定了基础。

第五，音乐。盲校对音乐课程十分重视。傅步兰认为盲童比明眼人具有更好的音乐才能，音乐是他们创造美、表达美的重要途径，也可以在将来成为谋生的手段。学校教授声乐与风琴、钢琴等器乐，并组建了乐队和唱诗班，他们的表演获得了社会各界的好评。

此外，学校还尽可能通过各种渠道丰富盲生的生活，开拓他们的视野。盲童曾有机会到实验室聆听关于电、飞艇、无线电报的奇妙讲课，还邀请外国人士来给盲生做讲座。盲生还自行组织了辩论会和文娱俱乐部，定期举行演讲和游戏。学校通过一系列的课程与活动来帮助盲生形成健康的心理品质，促进盲生各方面的进步。

（3）重视盲童早期教育和职业教育。

重视盲童早期教育是傅步兰在盲校的实践中形成的经验。盲校初期实践证明幼稚园阶段的教育对于盲童养成健康的生活习惯是十分重要的。傅步兰指出，"人生的早期是塑造性格的阶段"，接受幼稚园教育"是从家庭到学校的一个合乎规律的步骤"。盲童在幼稚园里养成的整洁、守时等良好的生活习惯和独立能力对于以后的学习和生活是极为有利的。因此，傅步兰提出盲童入学的最佳年龄是7～10岁，此时入学有利于盲生日后的发展。

盲生的职业训练也是盲校非常重视的教育内容。只有盲生掌握了一定的社会生存能力和技能，学校培养"独立、可敬之公民"才不至于沦为空想。傅步兰还认为，在与明眼人的职业竞争中，手工艺工作可能要比其他任何工作都有利一些。盲童学校开设工艺部，主要训练学生进行家具、篮筐的制作。盲童学校的手工艺品样式繁多，做工精细，深受各界人士喜爱，还销往美国、英国和丹麦等其他国家。

（4）重视盲童教师素质。

盲童教育的关键在于教师，上海盲童学校的教师大多是明眼人，因此，对教师的培训成为傅步兰关注的重点。他认为，从事盲童教育的教师必须用正确的观点进入这一新的教育领域，才能以很高的能力适应教学的要求。他说："教育者，适合与环境之整理也。盲人之环境，既与有目者不同，则所以整理之方法，亦因之而已。"这里的环境指盲童独特的心理特点。他指出："吾人在教育盲童之前，须知一根本原则，原则为何，即知盲童之心理是已。照盲童之思想以思想，依盲童之观察以观察已。"他认为，盲人教育面临的最大困难是，大多是教师不懂得盲人心理学，也不去体会盲童是怎样认识周围环境和社会的，他们往往按照经验或者根据教育明眼儿童的方法去教育盲童，这样很难取得好的效果。为此，傅步兰开办了盲童师资培训班，向有志于盲童教育的教师们讲解盲童心理学、特殊教育方法、盲字的来源与构造等课程，以培养合格的盲童师资力量。

三、中国现代的盲教育机构

（一）盲人教育学校的发展

中华民国成立后，我国盲人特殊教育进入新的历史时期。这一时期我国盲教育发展也可以大致分为两个阶段，从1912年到1937年抗日战争爆发，这一阶段由于全国反基督教运动爆发及影响，许多由欧美教会人士创办的盲人教育机构受到一定程度的影响，而由中国各级政府、民间开明人士、中国本土教徒等创办的盲教育机构先后出现并稳步发展。从1937年到1949年，这十二年是我国进行抗日战争和解放战争的非常时期，也是我国盲教育在低潮中曲折发展的阶段。无论是教会人士创办的盲人学校还是中国人自己创办的盲人学校等都受到不同程度的影响，总体上发展缓慢。从1912年至1949年，我国先后曾出现盲人教育机构二十余所，从数量上来看相比1874年至1911年变化不大，1912年以来新出现的盲人教育学校具体情况如表3.3所示。

表3.3　1912—1949年中国盲教育机构情况一览表

校　名	创办时间	创办地点	创办人（或机构）
上海盲童学堂	1912年	上海	傅兰雅（英）
嘉应心光女校	1912年	广东梅州	基督教喜迪堪会
益阳盲童男校	1913年	湖南益阳	基督教信义会
浔州明心盲校	1914年	广西桂平	美国宣道会
曹县盲校	1915年	山东曹县	基督教孟那福音会
长沙导盲学校	1916年	湖南长沙	刘先骥
狼山盲哑学校	1916年	江苏南通	张謇

续表 3.3

校　名	创办时间	创办地点	创办人（或机构）
均县瞽目学校	1917年	湖北均县	基督教路德会
台北盲哑学校	1917年	台湾台北	木村谨吾（日）
圣玛丽盲人学校	1917年	山东兖州	英国圣公会
朔县盲童学校	1918年	山西朔县	万尔恩（瑞典）
社会服务盲校	1918年	四川绵州	英国圣公会
武昌瞽目女子学校	1919年	湖北武昌	艾瑞英（美）
熙心瞽目女书院	1921年	广西贵县	杨清华、施天恩（美）
振聩瞽目女校	1922年	云南昆明	宓学信（德）
广州市贫民教养院盲哑学校	1922年	广东广州	广州教养院
成都盲聋哑学校	1922年	四川成都	夏时雨（美）
道明盲儿学校	1922年	广东新会	新会县政府
西宁盲童学校	1923年	青海西宁	青海省立教养院
闽莆水私立盲童学校	1925年	福建莆田	郑国秀
无锡教养院附设盲童班	1926年	江苏无锡	无锡教养院
贵溪瞽目学校	1926年	江西贵溪	马葆贞（英）
广州福瞽工读学校	1926年	广东广州	陈其瑗
南京市立盲哑学校	1927年	江苏南京	南京市教育局
邹平县立贫盲词曲改良传习所	1928年	山东邹平	杨在河
浙江省立救济院盲哑教养所	1929年	浙江杭州	朱家烨、朱耀廷等
上海群学会附属盲校	1930年	上海	高砚耘
青岛市立盲童工艺学校	1933年	山东青岛	杨纯
绍兴县救济院残废所附设盲童学校	1933年	浙江绍兴	孙子松、孙应麟

续表 3.3

校　名	创办时间	创办地点	创办人（或机构）
甘肃省区救济院盲童训练	1934 年	甘肃兰州	李盛德
仙游县盲童学校	1934 年	福建仙游	地方慈善团体
湖北宜昌救济院附设盲童学校	1934 年	湖北宜昌	宜昌县政府
湖北省立残废所附设盲童训练班	1934 年	湖北武昌	
如皋盲哑学校	1935 年	江苏如皋	沙元榘
义光盲哑学校	1936 年	云南昆明	罗淑义
西京盲哑教养院	1936 年	陕西西安	郭宝桢
黔光盲哑学校	1942 年	贵州安顺	傅雅各、芮若兰（法）
烟台瞽目学道院	1942 年	山东烟台	陈瑞庭
南昌私立启明盲童学校	1946 年	江西南昌	邓述堃
愉恩盲童学校	1947 年	浙江杭州	马乐恩

注：上述学校信息主要根据李万育《特殊学校》[1]、朱衡涛《中国盲哑教育状况》[2]、傅步兰《盲聋哑儿童教育》[3]、陈云英《中国特殊教育学基础》[4]中的相关内容整理而成。限于资料有限，疏漏之处在所难免，敬请读者包涵指正。

从表 3.3 信息可知，从盲人教育学校的地理分布来看，我国大多数省份均先后出现了盲人学校，为盲童提供了接受教育的机会。但是盲人教育学校分布极不均衡，如广东四所、福建三所、浙江三所、湖北两所、江苏两所、山东两所等，而有的省份仍然处于"空白状态"，如宁夏、河南等省份，这可能与各地社会经济发展情况的差异有关，也与各省市对盲童等教育重视程度的差异

---

[1] 李万育：《特殊学校》，商务印书馆1937年版。
[2] 朱衡涛：《中国盲哑教育状况》，《教育与民众》，1931年第5期，第18-25页。
[3] 傅步兰：《盲聋哑儿童教育》，《儿童教育》，1937年第2期，第1-30页。
[4] 陈云英：《中国特殊教育学基础》，教育科学出版社2004年版，第33-37页。

有关。如1927年,南京国民政府成立,为顺应当时公众对政府举办公立特殊教育机构的强烈要求,南京市政府成立南京市立盲哑学校(隶属于南京市教育局管理),这是我国首个规模较大的公立特殊教育学校。抗日战争时期,该校随国民政府西迁至四川江津。1942年由民国政府教育部直接管理,称为"教育部特设盲哑学校",1947年又复归南京市教育局管理。

从这些盲人教育学校创办者性质来看,这一时期我国的盲人教育学校可以分为两类:

第一,公立学校。这些学校主要由各级政府教育行政部门组织创办,如南京市立盲哑学校、青岛盲童工艺学校等;或是各级政府民政部门的救养院附设盲人学校(班),如广州市贫民教养院盲哑学校、甘肃省区救济院盲童训练班、湖北省立残废所附设盲童训练班、湖北宜昌救济院附设盲童学校等;或是各级政府部门接管私立学校将其转变为公立学校,如湖南省区救济院盲哑学校就是1929年湖南省救济院接管1914年刘先骥创办的私立导盲学校。这些公立盲人教育学校其办学经费、师资力量有一定保障,其办学规模相对要大于其他个人开办的盲人教育学校等。如根据朱衡涛1931年的统计,广州市贫民教养院盲哑学校盲部1931年接收盲生540人(男284人,女256人),并且学生一律免费;湖南省区救养院盲哑学校盲部1931年接收盲人50人(均为男生),并且学生也一律免费,而这一时期南通私立盲哑学校盲部接收盲生4人,振聩女校接收盲生20人①。总之,这一时期公立盲人学校逐渐构成了我国现代盲人教育学校的主体,对我国现代盲人教育的发展起到了主导作用。

第二,私立学校。这些学校主要由来华传教士、民间有识之士、本土教徒、关心盲教育的相关人士四方筹集资金,积极开办。比如熙心瞽目女书院是由信爱会美国传教士施天恩、杨清华夫妇1921年在广西贵县创办;上海群学会附设盲哑学校是由社会团体基于民族

---

① 朱衡涛:《中国盲哑教育状况》,《教育与民众》,1931年第5期,第18-25页。

情绪，痛感当时上海没有一所华人创办的特殊教育机构于1920年开办，1930年开始招收盲生；云南义光盲哑学校是由上海盲童学校毕业的盲人基督徒罗淑义于1936年在云南昆明创办。这些私立盲人学校在办学规模、办学经费、师资力量等方面与公立盲人学校相比均存在一定差距，但是它们是我国现代盲人学校的重要补充，对我国现代盲人教育的发展起到了一定的推动作用。

（二）盲人教育社团组织的发展

1942年7月6日成立于重庆的中国盲民福利协会（又称为中国盲民幸福促进委员会）是民国时期影响较大的关于盲人教育等的群众社团组织。该协会最先是由江鸿起和美国人费吴生发起，后来得到国民政府的大力支持和美国教会的资金援助，是中国政府和教会合作的结果，带有一定的教会色彩。正如《天风》所述"基督教所办的盲人福利事业，并不是一新兴事业，其历史是相当早。不过，过去这一项事业没有一个联系的机构，藉以促进这项事业的发展，和引起社会的注意"①。该协会由宋美龄担任名誉会长，宋霭龄任会长，谷正纲、纽黄美仙任副会长，江鸿起任总干事，主持日常事物。该协会其宗旨在于"竭力使军民盲者获得照料并能享受教育和幸福，阻止盲势之形成，和国际团体合作以促进中国盲者之幸福"。协会因有政府、国际友人等的支持，经费较为充裕，曾资助出版有盲文的《启明月刊》《盲字小丛书》等书刊，并先后多次资助多所盲童学校，如北京启明瞽目院。"当时，经费来源主要依靠中国盲民福利协会按月补助，英国福瞽会的捐款、传教士戈登·库明捐赠的汇丰银行存款利息，以及其他自由捐赠"②，可见该校津贴大部分由是由盲民协会按月无定数统一划拨供给，这也为我国盲校、盲人教育的健康发展提供了重要的支持与保障。

---

①《中国盲民福利协会》，《天风》，1949年第7期，第14页。
② 徐玉达：《我国最早的一所盲校》，《现代特殊教育》，1994年第6期，第42页。

第四节　中国现代培智教育的发展

一、中国现代培智教育的发展概况

民国时期，国家政府部门颁布的法令法规大多重点关注聋哑、盲人的教育，强调创办盲哑学校等来发展现代聋教育和盲教育事业，很少涉及智力落后儿童的教育，只有在1945年《教育部处务规程》和1947年《教育部组织法》中指出社会教育司管理的具体事项包括"关于低能儿及残废者教育之事项"[①]，才将智力障碍儿童的教育纳入教育行政部门的管理范畴。所以，我国一直没有出现专门招收智力落后儿童（低能儿）的特殊教育学校，和开展专门针对低能儿的规范化特殊教育实践活动。我国培智教育事业整体发展缓慢，相对滞后于聋教育和盲教育发展的速度和规模。但是，一些普通学校和普通教育工作者通过开办特殊班级等方式开展了接收少量智力障碍儿童的教育实践活动，关注智力落后儿童的成长与发展，促进了我国培智教育的萌芽和产生。

1921年，江苏省立第三师范附属小学（无锡），曾设特殊班级专门招收智能不足的低能儿[②]，这可能是我国智力障碍儿童学校教育实践活动的最早记录。1931年，南京实验小学也曾设立特殊班级，招收该校及南京市各小学的低能儿童给予相应教育，即"网罗若干低能儿童及近似低能儿童在一级，因材施教，使儿童变态的心境得到常态的发展"。该校对低能儿的教育训练表现出四个特点：第一，低能儿的选择与接收：主要经过家庭访问、智力测验、身体检查等环节，来全面了解低能儿身心发展状况，即"低能儿

---

① 顾定倩、朴永馨、刘艳虹：《中国特殊教育史资料选》，北京师范大学出版社2010年版，第320页。

② 马建强：《中国特殊教育史话》，新华出版社2015年版，第296页。

在未入该特殊班级以前,均先行家庭访问,对于家庭环境及儿童状况作详细之调查,以作入学后实施特殊教育之准则。在平时并注重个性考察,实行心智测验,身体检查,以明了儿童身体状况,身体所受影响及儿童发展经过等,以供教学参考"①。第二,低能儿的教学方法:首先,低能儿的教学方法与普通班级不同,"注意发展儿童的才力,不重视克服缺陷"。课程分为公民训练、个别作业、康乐活动、宁静训练等项,教学内容和材料强调简明具体、通俗易懂,教学进度安排要求符合儿童心理特点,即"各种教材均以简明具体为主,进展方面,不求其速,只图儿童有兴趣。一年级的教材,尽可分为两年或三年去教授,总之,他们是在可能范围内,向前推进的"②。其次,教学中强调对低能儿的个别指导,使儿童能够自由发展,除个别指导之外,也关注低能儿的团体活动,该班经常举行"参观、郊会、操作、种植、制造、旅行、开会、表演等"集体活动,一方面在活动中激发低能儿学习的兴趣,掌握基础的文化知识,另一方面也促进低能儿与人交往、合作等社会适应能力的提高。最后,低能儿的评估与转介:主要通过测验等方式来及时评估了解低能儿的学习变化情况,如其测验成绩相比以前有所提高,则调整教学内容加快教学进度,或将其转入普通班级,如其测验成绩变化不大或仍然低劣,则减少作业,或调整教学进度等。南京实验小学的低能儿班的教育实验,取得了良好成绩,引起了社会的一定关注,在其影响下,许多中小学先后曾开设低能儿班,如天津私立南开大学附属中学、江苏省立扬州中学等,接收普通学校中一些智能不足的儿童,对其开展针对性的教育,促其健康发展。

1934 年,曹仞千曾对江苏省松江县 31 所学校选择低能儿童的标准、低能儿的特征、教育教学等方面展开调查,发现各校在选择低能儿的标准按其使用的频次高低依次为学校成绩、教师估计、教育测验、家庭情况、智力测验等,可见大多教师在选择低能儿时主要依据个人主观判断、学生成绩等,而没有采用智力测

---

① 庞君博:《特殊儿童教育法》,商务印书馆 1936 年版。
② 庞君博:《特殊儿童教育法》,商务印书馆 1936 年版。

评工具等真正评估儿童的智力发展状况,这可能与当时精密的智力测验工具非常缺乏、开展智力测评工作也存在现实困难等有关。同时他也发现大多教师认为低能儿的特征主要有愚笨、学业不良、品行恶劣、痴呆、辍学、懒惰等,这有助于促进人们对低能儿行为特点的认识与理解,为教师的教育教学提供一定参考,但是这些从教师对低能儿行为特点的认识比较笼统,具有较强的主观性和随意性,缺乏深入低能儿教育教学实践中对其行为特征进行全方位、细致、客观的考察与分析。此外,他也发现各校对低能儿的教学形式主要以个别教学为主,也有的学校进行特殊辅导和分组教学。对于低能儿的教育训练方法,他发现学校采用的积极方法主要有物质奖励、名誉奖励、个别训导等,而采用的消极方法主要有对镜罚立、标记示众、体罚、记过等,这也反映了民国时期一些学校对低能儿教育训练的特点。

总之,民国时期我国培智教育发展比较缓慢,其发展水平远远滞后于聋教育和盲教育的发展水平,尚未出现以特殊教育学校为主体的专门招收智力障碍儿童的特殊教育机构,但也出现零星的、分散的由普通学校开设特殊班级接收低能儿的教育实践活动。这些实践活动虽然与今天特殊教育学校培智教育相比存在明显差异,但在一定程度上促进了社会大众对智力落后儿童教育的认知与关注,为我国现代规范化、专门化的培智教育的产生及发展奠定了基础。

二、中国现代培智教育的思想

虽然,民国时期我国培智教育事业整体发展缓慢,仍未出现规范化的培智教育实践活动。但国内针对培智教育的相关研究却发展迅速,围绕低能儿的定义、类型、产生原因、心理特点、诊断评估、课程设置、教育安置、教师资格等具体问题,在介绍并借鉴国外低能儿童教育的同时,也展开了相应的探讨与研究,积累了一定的研究成果。如王克仁《测量儿童智力之必要和方法》(1920年)、甘豫源《低能儿之心理与教育》(1926年)、汪德全《儿童智愚之研究》(1926年)、张耀祥《由外貌观察儿童之智能》(1926年)、佟振家《儿童愚傻问题》(1930年)、艾一情《低能儿及其教养》(1930年)、华林一《低能教育》(1931年)、廷柱《低能儿童的管教问题》(1935年)等，这些研究成果为我国培智教育发展提供了丰富的参考资料，体现了我国培智教育的早期思想。其中，华林一的《低能教育》是我国最早的一部关于智力落后儿童教育的专著，是反映我国现代培智教育思想的典型代表，其主要思想分析如下：

（一）对低能的认识

华林一从不同的学科视角出发对低能的定义和内涵做了全面、深入的阐述。解剖学视角认为，低能为重大永久之神经缺陷，由于神经组织不发达或损坏所致。教育学视角认为，低能为经数年之教授训练而于所学之课程不能得相当之进步的现象。心理学视角认为，低能为心理之不发达或缺陷，常发生在心理机能成熟之前，能影响智力、判断力、理解力及情感、意志、本能、道德等。社会学视角认为，低能为不适于社会生活不能自立之人，既不能适合社会之要求，不能遵守社会之习惯、法律及道德，又不能承担社会责任。优生学视角认为，低能为民族繁殖尚不适宜之人，低能者或不能生殖，或能将其恶性传之子孙，或不能产生常态之健全子孙。华林一从解剖学、教育学、心理学、社会学、优生学等视角出发来阐述低能的定义，解释智力落后现象，有助于促进人们消除对低能的迷信与偏见，而形成科学的认识。

（二）低能儿的安置

低能儿的教育安置形式主要有低能学校和低能班等，华林一认为低能儿在低能学校（班）接受特殊教育，于低能儿自身有利，即"低能儿童之在特殊学校或特别班，全校或全班皆为低能，能有相互了解与同情，彼此互助之精神，足免除常态儿童之谈笑；既无常态儿童与之竞争，故竭尽全力而略获成功，既引以自喜，振作精神以求较大之成功；且特殊学校或特别班有特别训练之教师,了解学生之能力,表同情于学生,肯静心尽力教导各儿童……特殊学校或特别班则有特定适当之课程,低能学生亦易于学习,且合于其毕业后之实用"①。同时华林一强调低能儿不宜与普通儿童在同样的环境下接受教育,"低能学生每易使全级之进步迟缓,每易扰乱全级之秩序,每易破坏全级之训育使教师感觉困难,感觉失望。若分校或分班教授,则几可完全不发生此种困难"②。可见,华林一从低能儿自身的发展、普通儿童的发展、教师劳动等方面来强调专门为低能儿设立特殊教育学校(班)的必要性和重要性,这对促进以学校为主体的低能儿教育发展具有极重要的作用。

(三)低能学校(班)课程

华林一指出低能学校(班)的课程体系应该包括体育、德育、文字与算术、感觉与动的训练、手工、早会、语言矫正、音乐等部分。其中体育课程目的在于提高低能儿体力、忍耐力、动作灵敏性等,德育课程目的在于促进低能儿形成基本的道德观念与判断能力。文字和算术课程其目的在于促进低能儿形成一定的文字书写辨认与计算能力。感觉与动的训练课程其目的在于促进低能儿感觉器官和感知觉能力的发展。音乐课程目的在于训练低能儿发音能力,促其审美能力的形成与发展等。同时,华林一阐述了这些课程(科目)的时间分配:体育 10%,文字与算术 35%,手工 35%,早会 9%,休息 8%,正式之感觉与动的训练 3%等③。虽然,华林一所提出的关于课程设置、时间分配的见解不够合理,但其为我国培智学校的课程改革与发展提供了一定的参考。

(四)低能儿的教学方法

教学方法是影响教学效果的一个重要因素,华林一指出低能学校的常用教学方法应该包括:

(1)启发法。是指教师不直接地把现成的知识传授给儿童,而

---

① 华林一:《低能教育》,商务印书馆 1931 年版。
② 华林一:《低能教育》,商务印书馆 1931 年版。
③ 华林一:《低能教育》,商务印书馆 1931 年版。

是引导学生自己独立地去发现相应的知识和经验,即"不以儿童一切不知之事物教授儿童,不以含糊之事物示诸儿童,不解决其一切问题或消除一切困难,须使儿童实施感遇必须解决之问题,使彼自己努力解决其困难"。

(2)渐进法。是指根据知识的内在逻辑联系,以及儿童的身心发展特点来安排具体教学内容,即"须从已知至未知,从已能至未能"。

(3)实物法。是指在教学中采用实物、模型、图像等材料来促进儿童形成直观、具体的形象,加强其间接知识学习与直观经验的联系,即"教师当用实例、表扬、图画、影片、实物授课、实地考察及旅行等方法教授儿童"。

(五)低能儿之教育教师

华林一指出,低能学校(班)之教师,须于一般良好教师资格之外,还应具备其他特殊之资格:

(1)乐观与同情。教师应始终保持健康、积极、乐观的良好心态,并且应能同情怜悯每个低能儿童,即"应抱乐观主义,活泼愉快,对于儿童有充分之同情"。

(2)强健与稳定。教师应时刻保持强健的体魄、旺盛充沛的精力、稳定的情绪状态,即"低能学校或特别班执教时,身体须强健,神经须稳定"。

(3)特别训练。低能学校(班)教师需要经过适当的特别训练,其训练的课程包括诊断心理学与神经病学、心理考察实习、低能儿童研究、教学方法、观察与试教等。

总之,民国时期,智力落后儿童教育在中国尚未引起普遍关注。但是,一些知识分子如华林一等人开始介绍国外智力障碍儿童教育发展实践经验、参考国外智力落后儿童研究成果并结合中国实际情况,对智力落后儿童教育中的实际问题展开了初步探讨与分析,促进了我国民众对智力障碍儿童发展与教育的认识与了解,为现代培智教育的产生与发展提供了重要的思想支持。

第五节　中国现代超常儿童教育的发展

一、中国现代超常儿童教育的发展概况

超常儿童，中国自古以来称之为神童，也有许多其他代名词，"天才儿童""资优儿童""专才儿童""英才""高才生""尖子生"等。从这些称谓中可以看出，他们都是指和大多数儿童相比能力突出的个体。超常儿童通常有广义和狭义的区分，广义的指在智力、才能及非智力个性等方面只要有一方面超出一般儿童，如具有良好的美术、音乐能力等；狭义的则专指智力方面，智商高于一般孩子智商的两个标准差，具有良好的数学、思维、语言能力等[①]。民国时期，政府部门颁布的一些法令中提出重视与发展超常儿童教育的设想与规划，如1912年《学校系统改革案》中提出"注重天才教育，得变通年期及教程，使优势之智能尽量发展"[②]，然而，由于盲哑教育一直是国家和教育工作者所关注的重点，相比之下专业化的超常儿童特殊教育实践活动发展缓慢，仅出现了一些个别普通学校或个人开展的超常儿童教育实验。

1928年，上海市教育局为实施特殊教育，曾将上海市第一市立实验小学改组成为天才小学，专门招收各小学天才儿童实施天才教育。1933年时学生曾达到108人（男生91人，女生17人）。该校在进行天才儿童教育实验时突出了表现出几个特点：第一，学生经过三级选拔来（初次选拔采用十六年度智力测验、二次选拔采用陈氏团体智力测验、三次选拔采用比纳西蒙个人智力测验）确定，最终确定的学生其"智力B分数在70以上，体格强健，实足年龄与所在年级标准相等"[③]。第二，教学方法注重学生自学，

[①] 雷江华：《天才儿童教育》，华中师范大学出版社2011年版，第2页。
[②]《新教育》，1922年第5期。
[③]《江苏教育》，1933年第一、二期，第13-21页。

采用道尔顿制、活动分团制等,并缩短小学年限,但各阶段根据学生特点及实际情况保留一定的弹性。课程设置上更多强调为学生增加思维、推理能力发展的机会,具体课程有国语、算术、自然、社会等,前两科学生在学习速度、时间上有所区别,后两科学生在学习的内容范围上有所区别。第三,教育目标上强调学生身心和谐发展,即"训导儿童使其有健全的体格和活泼态度,不偏重知识和技能;训导儿童使其具有良好习惯;注意领袖人才,充分培养领袖人才"①。

1931年,教育家葛鲤庭曾在江苏无锡师范附属小学,做过一次天才班的教育实验。1934年,著名心理学家、国立中央大学(今南京大学)教育学院院长艾伟博士在其个人住所创办了一所超常儿童学校,起名为"万青试验小学"。学校曾招收年龄在六岁至七岁半的儿童达29名,分为一二两个年级(其中一年级20名,二年级9名)来教学。该校在对这29名超常儿童进行教育实验时突出了以下几个特点:第一,儿童入学之初,须经严格体格检查和智力测验,所有儿童身体健康、智力商数均高于普通儿童,即"故所有儿童,皆甚健壮,活泼伶俐。现有儿童中,智力商数多为一百四十左右,也有一百六十二的,都较普通儿童为聪慧"②。第二,大多儿童家庭环境优良,其父母多接受过高等教育,重视儿童教育和发展,能给儿童及时有效的家庭辅导,即"儿童家庭,多系上产阶级者,大厂家、工程师或教育家,父母多系曾接受高等教育,此类儿童占百分之九十五。环境优良,复受家庭教育之辅导,故智力及学业,常较他童为佳。还有百分之五的儿童,为中产阶级以下者,天资亦聪慧异常,学习进步甚速"③。第三,教学方法以个别教学方法为主,教学材料内容选择依据普通学校课程标准,而教学进度安排主要依据儿童学习的状况以及对知识的掌握情况,比较灵活,即"以教育言之,则采用个别教学法,各科均富弹性、悉听其自由发展。如一年级国语,儿童能于最短时

---

① 《江苏教育》,1933年第一、二期,第13-21页。
② 庞君博:《特殊儿童教育法》,商务印书馆1936年版。
③ 庞君博:《特殊儿童教育法》,商务印书馆1936年版。

间内读毕，则继续教以第二册，不如普通学校，每学期只教一册……至于课程，则根据课程标准，教科用书，仍用坊间版本"[①]。艾伟个人针对29名超常儿童的教育实验，取得了不错的成绩，得到了当时一些教育工作者的关注，"艾伟之试验，实为全国之首创，艾博士为我国儿童心理学家，将来定能发扬光大，使全国天才儿童得到大批相当之发展"。

1934年，曹刍千曾对江苏省松江县31所学校选择超常儿童的标准、超常儿童的特征、教育教学等方面展开调查，发现各校在选择超常儿童的标准按其使用的频次高低依次为学校成绩、教师估计、教育测验、家庭情况、智力测验等，可见大多教师在选择超常儿童时主要依据个人主观判断、学生成绩等，而很少采用智力测评等工具评估儿童的智力发展状况，这可能是因为大多教育工作者往往认为学生的学业成绩表现等就能代表学生的智力发展状况。同时他也发现大多教师所认同超常儿童的特征主要有学业优良、聪明、品行端正、伶俐、诚实、工作迅速等，这有助于促进人们对超常儿童行为特点的认识与理解，为教师的教育教学提供一定参考。此外，他也发现各校对超常儿童的教学形式主要以个别教学为主，也有的学校用特殊辅导和分组教学。对于超常儿童的教育训练方法，他发现学校主要以名誉奖励、物质奖励等为主，这也反映出民国时期部分学校对超常儿童教育训练的一些特点。同时，一些普通学校注意到学生的能力差异，曾采用能力分组制，但发现最终不利于学习能力不良者和学习能力优良者的发展，随后采用混合班形式，对于学习能力优良者（超常儿童）给予一些相应的课外作业及辅导，促其获得适宜的发展。如江苏省立扬州中学曾要求教师"随时注意能力高者，指定课外作业，期其尽量发展"[②]。

总之，民国时期我国出现一些零星的、分散的由个别学校或个人开设"短期学校（班级）"，借鉴美国实用主义教育思想，来接收超常儿童的教育改革实践活动，一些普通学校也注意关注学

[①] 庞君博：《特殊儿童教育法》，商务印书馆1936年版。
[②]《师大月刊》，1936年第28期，第118-229页。

生的能力差异，强调给予超常儿童一些额外的辅导等。这些实践活动虽然与今天专门化的超常儿童教育相比存在明显区别，但这些实践活动在一定程度上促进了社会对超常儿童教育的关注与理解，为我国现代规范化的超常儿童教育的产生及发展奠定了基础。

二、中国现代超常儿童教育的思想

民国时期我国超常儿童教育虽然发展缓慢，但国内针对超常儿童教育的相关研究却发展迅速，围绕超常儿童的定义、身心特点、诊断评估、课程设置、教育安置、教师资格等具体问题，在介绍并借鉴国外超常儿童教育的同时，也展开了相应的探讨与研究，积累了一些研究成果。如陆费庭《教育上的一个大问题》（1922年）、陆觉先《天才与教育》（1934年）、李长之《孟轲的教育论和天才论》（1935年）、汪知亭《天才儿童》（1939年）、段铮《天才儿童与天才教育》（1940年）、苏竹影《天才与低能的设教》（1940年）等，这些研究成果为我国超常儿童教育发展提供了比较丰富的参考资料，体现了我国超常儿童教育的早期思想，现简要分析如下：

1. 对天才儿童的认识

陆觉先指出天才可以分为普通天才和特殊天才，普通天才是具备"一人兼长数门"专业领域的能力，如牛顿兼长物理和数学、范蠡不仅是个政治家而且也是个善于致富的商人；特殊天才是只具备擅长一门专业领域的能力，如李白擅长写诗，莫扎特则是音乐天才等。因此特殊天才就其所擅长的专业领域要弱于普通天才[①]。然而，汪知亭指出天才儿童系指以下两种儿童而言：一种是智商特高的儿童，如在语言、数学计算等方面表现突出的儿童；另一种是指那些具有特殊才能的人，如音乐的天才、绘画的天才等。两者的区别即是前者具有较高的智商，而后者之智商或不甚高[②]。

---

① 陆觉先：《天才与教育》，《东方杂志》，1934 年第 12 期，第 31-36 页。
② 汪知亭：《天才儿童》，《教与学月刊》，1939 年第 12 期，第 12-16 页。

虽然两人对天才儿童的认识存在一定分歧，但也反映了人们对天才儿童的早期认识与理解，有助于打破和消除长期以来人们对天才儿童（易夭殇、易疯狂、多冷漠、易退化等）的迷信认识。

2. 天才儿童的身心特征

陆觉先指出天才儿童与普通儿童的差别在于："天才儿的思想反应迅速，有长久的注意力并能集中，有极高的好奇心和敏锐的观察力，能从很平凡的事物间找出或发现意外的关系，有高等的推理力和想象力，有广大的胸襟，善诙谐，能以客观的态度批评自己且对于各种事物都发生兴趣，他如不屈不挠、自恃无恐、行为高尚、雄心勃勃等，亦为天才儿童常具的性格。"[1]汪知亭也指出天才儿童在身体发育（身高、体重等）与普通儿童无明显差异，身体是健康的、早熟的，绝少夭折。同时天才儿童具有较强的求知欲、表现欲、读书的乐趣、游戏的兴趣、领袖的才能等。两人对天才儿童身心发展特征均作了较为科学、具体的阐述，有助于促进人们加深对天才儿童的认识与理解。

3. 天才儿童的筛选评估

陆觉先指出天才儿童的筛选要经过以下四个环节：第一，根据教师的批评，即教师根据儿童的学业成绩和日常表现，用公正的态度对儿童作出判断决定谁是天才。第二，应用智能测验，主要是用团体或个别的智力测验测评儿童的智力商数，判断教师对儿童批评的正确性，并对儿童做出相应安置，即"若符合教师的批评者，便可入天才班或天才学校，不符合者，便知教师批评的不正确"[2]。第三，应用教育测验，通过教育测验了解天才儿童的学业表现。第四，检验身体，即对天才儿童进行身体各方面的检查等。可见，这四个环节既强调了客观的智力测验、教育测验，同时结合教师对学生的主观评价，相对能够全面反映天才儿童的实际情况。

---

[1] 陆觉先：《天才与教育》，《东方杂志》，1934年第12期，第31-36页。
[2] 陆觉先：《天才与教育》，《东方杂志》，1934年第12期，第31-36页。

4. 天才儿童的教学方法

陆觉先提出对于天才儿童的教学方法应该注意以下几个事项：第一，各个儿童在各科上的学习表现不一样，应根据个人能力和兴趣将学生组成不同的学习小组。第二，教学的第一个问题为教导儿童怎么样去学习，怎样去使用图书馆，怎样去使用实验仪器……即引导儿童学会自主学习。第三，各个儿童的智能和学习能力不一样，教学中应注意集体讨论的重要性。第四，应采用个别教学法，如道尔顿制，学生学习的时间和快慢可以因人而异。第五，教学中也应注意问答法、合作法的应用，培养学生与人合作、解决问题的能力。第六，天才儿童悟性较高，能举一反三，所以教学要适合天才儿童的心理，应该多讲原理，并鼓励儿童发表自己的看法。第七，天才儿童思维反应敏捷，所以教材内容务必精审，并须适应儿童需要而调整变更相应课程[①]。庞君博指出对于天才儿童教学方面应该注意：所选教材要充分考虑儿童的兴趣和能力，教材要有一定的弹性。教学时教态要力求生动、要活用教学方法，要多供给研究材料，但也不能牺牲普通儿童的时间[②]。可以看出这些建议汲取了美国实用主义教育学的思想与主张，贴合中国普通学校教学的实际情况，对天才儿童的教学具有一定的指导意义。

5. 天才儿童教育教师

对于天才儿童教师的资格和条件，有些学者也展开了探讨与分析。如邰爽秋就指出天才儿童教师和低能儿教师都应掌握儿童心理的、社会的、教育的各方面知识，熟悉智力测验法等，并能开展各种手工和工艺的训练[③]。庞君博指出天才儿童教师应具备特殊教育教师的一般条件，如要熟悉儿童心理、善于应付环境、善用教学方法，能以身作则、能人格感化，有和蔼的态度，与儿童朝夕相处，有丰富的教学经验、有实验研究兴趣，语言表述清楚

---

① 陆觉先：《天才与教育》，《东方杂志》，1934 年第 12 期，第 31-36 页。
② 庞君博：《特殊儿童教育法》，商务印书馆 1936 年版。
③ 邰爽秋：《特殊教育之实施》，《教育杂志》，1922 年第 2 期，第 1-7 页。

明白、要有忍耐的习惯、要有教育的理想、要有饱满的精神、要有丰富的学力，要有同情的心理、健康的身体、慈母的心肠、医生的眼光，自信的能力等①。段铮指出天才儿童教师必须具备四项基本条件：超越寻常的智慧；广博精深的知识；容忍诙谐的性格；信仰真理的态度②。可以看出，学者们分别从专业知识、专业能力、专业情意等方面对天才儿童教师的专业素养做了初步探讨与分析，促进了人们对天才儿童教师资格条件的认识。

总之，民国时期我国许多学者围绕超常儿童教育的实际问题展开了探讨与分析，积累了一定的研究成果，为我国超常儿童教育的产生与发展提供了重要的思想支持。

---

① 庞君博：《特殊儿童教育法》，商务印书馆1936年版。
② 段铮：《天才儿童与天才教育》，《教育通讯周刊》，1940年第30期，第10-13页。

第四章 当代中国特殊教育的发展

　　1949年，新中国成立后，我国特殊教育事业进入了发展的新阶段，逐步形成涵盖学前教育、基础教育、高等教育等的特殊教育体系，建立特殊教育师资培养机构，开始培养特殊教育专业人员，同时也启动了特殊教育科研工作。改革开放以来，我国特殊教育发展迅速，先后组织召开了四次全国特殊教育工作会议，体现了国家重视特殊教育的决心，颁布特殊教育的专项法规《残疾人教育条例》，充实了我国特殊教育法律保障体系，加强了对特殊教育的领导与管理，形成了教育部门为主，民政、卫生、劳动和残疾人联合会等多部门紧密配合、各司其职的管理办法。制定了"普及与提高相结合，以普及为重点。着重抓好初等教育和职业技术教育，积极开展学前教育，逐步发展中等教育和高等教育"的特殊教育发展方针。形成了以"普通学校附设特殊教育班和随班就读为主体，以特殊教育学校为骨干的残疾儿童少年"特殊教育发展格局。同时受国际特殊教育发展思潮影响，国内教育人士积极引进和借鉴国外的特殊教育理论和经验，积极开展本土化的特殊教育理论与实践研究，形成了中国特色的特殊教育理论。

第一节　当代中国的特殊教育发展概述

一、当代中国的特殊教育政策法规

　　新中国成立以来，我国的特殊教育政策法规从无到有，经历了从初步确立到全面深化推进的历史进程，总结和分析六十余年来我国特殊教育政策法规的变革,大致可以分为三个阶段:萌芽和初步确立阶段、迅速发展阶段和全面深化发展阶段。

(一)特殊教育政策法规的萌芽和初步确立阶段(1949—1977)

从 1949 年中华人民共和国成立到 1976 年"文化大革命"结束,这一时期可以被视为新中国特殊教育政策法规的萌芽和初步确立时期。其中,自新中国成立到 20 世纪 50 年代末 60 年代初,国家出台一系列政策法规,初步确定了特殊教育发展的基本方针,同时也对特殊教育的课程教学以及经费、学制等问题都作出初步规划;"文化大革命"期间,国家和社会处于非正常状态,特殊教育事业同样也受到影响,相关的政策法规制定也基本陷于停滞状态。

首先,明确特殊教育是社会主义教育事业的重要组成部分。1951 年中央人民政府政务院颁发《关于改革学制的规定》,明确指出:"各级人民政府应设立聋哑、盲目等特种学校,对生理上有缺陷的儿童、青少年和成人施以教育。"[①]由此,特殊教育开始正式纳入国民教育体系,改变了民国时期特殊教育长期被排除在普通教育序列之外而与文化馆、图书馆同被纳入社会教育的做法,为以后的特殊教育政策和法律法规的制定奠定了基调,标志着中国特殊教育开始转型。为了更好地开展特殊教育工作,加强对盲聋哑特殊教育的宏观管理,1953 年,教育部设立盲聋哑教育处,这标志着特殊教育管理方式的根本变革。

其次,通过教育部发出指示和通知文件对特殊学校的基本任务、工作方针以及其他相关问题作出具体规定。1953 年 7 月,教育部发出《关于盲哑学校方针、课程、学制、编制等问题给西安市文教局的复函》(简称《复函》),《复函》对当时特殊教育发展的基本原则、基本方针和任务、学校课程、学制和师资配备等主要问题给出了参考意见,但是由于新中国成立之初特殊教育事业刚刚开始,《复函》中的建议和规定比较粗陋,仍然带有一定的临

[①] 何东昌:《中华人民共和国重要教育文献》(1949—1975),海南出版社 1998 年版,第 107 页。

时性质。同样，在1954年发出的《关于盲哑教育方针、课程、学制、编制等问题给山东省教育厅的复函》中，也对盲哑学校的教学计划、儿童入学年龄、班级人数、教师待遇和校舍等问题给出指导意见，同时也指出这些意见的参考原则，希望地方教育局按照这些原则酌情处理相关问题。虽然《复函》本身还不是正式的法律法规，不具有强制的法律效力，但是作为新中国对特殊教育发展的初步规定，这些文件体现了国家最高教育管理机关的意志，表明了国家对特殊教育事业的重视。

最后，1957年，教育部发布《关于办好盲童学校、聋哑学校的几点指示》(简称《指示》)，对盲童学校和聋哑学校的基本任务、学制改革、入学年龄、班级人数和师资配备作出相关规定。《指示》确定当前盲聋哑学校的基本任务是"培养盲童和聋哑儿童具有一定的文化科学知识，掌握一定的职业劳动技能，并具有共产主义的道德品质，使他们成为积极的自觉的社会主义的建设者和保卫者"，确定工作方针为"整顿巩固，逐步发展，改革教学，提高质量"①。除此之外，还要求地方做好六项工作，包括改善学校教学条件，提高学校师资水平，分设盲、聋哑学校和加强对特殊学校的领导等。《指示》带有很强的政策性，是新中国成立初期对特殊教育比较系统的和正式的规划，同时这些规定的实施让政府成为我国特殊教育的主导力量，并促使中国的特殊教育事业真正走向科学化和法制化的道路。

此外，1954年8月教育部召开改编聋哑学校低年级语文教材小型座谈会，并于同年10月印发了《"改编聋哑学校低年级语文教材小型座谈会综合记录"的通知》(简称《通知》)，《通知》对座谈会上讨论的关于特殊学校教学改革的方向，入学年龄、低年级的教学计划和教材的编选等问题作出介绍，并明确指出了"我国聋哑学校教学改革的方向应当是口语法的方向"②。这标志着我

---

① 何东昌：《中华人民共和国重要教育文献》(1949—1975)，海南出版社1998年版，第755页。
② 顾定倩、朴永馨、刘艳红：《中国特殊教育史资料选》，北京师范大学出版社2010年版，第1553页。

国聋哑学校的教学方法由以前的手语法开始逐步转向口语法，是新中国成立以来我国聋哑学校教育的重大变革。1956年11月，教育部发出《关于盲童学校、聋哑学校经费问题的通知》，提出盲聋哑学校的各项经费开支标准、教学行政费用、一般设备费、教学设备费和人民助学金等费用一般应高于当地普通学校的水平，体现了政府对特殊教育的极大重视。1960—1961年，教育部组织编写了《全日制六年制盲童学校教学计划》和《全日制十年制聋哑学校教学计划》，文件分别对盲童学校和聋哑学校的培养目标、时间安排、课程设置和教学计划的实施给出了详细的说明，具有一定的科学性和操作性。这两个文件虽然由于种种原因没有正式颁发，但仍然成为当时盲童学校和聋哑学校教学的纲领性文件，具有一定的历史意义。

（二）特殊教育政策法规的迅速发展阶段（1978—1994）

十一届三中全会以后，我国进入了改革开放的新时代。一元复始，万象更新，特殊教育事业迎来划时代的新时期，特殊教育政策法规也得以迅速增加和拓展。

1. 各类法律法规对特殊教育的规定

《宪法》是国家的根本大法，具有最崇高的法律效力。1954年，我国制定并颁行第一部《宪法》，规定凡中华人民共和国的公民都享有受教育的权利，但是并未对特殊儿童教育作出特别规定。之后，1982颁行我国第二部《宪法》和2004年公布的《宪法》修正案都通过专门的条款对特殊教育作出明确规定。其中1982年《宪法》其中第四十五条规定："国家和社会帮助安排盲、聋、哑和其他有残疾的公民的劳动、生活和教育。"这是第一次在国家根本大法中对残疾人特殊教育权利作出规定，自此残疾人的教育权利受到宪法保护，成为我国公民神圣不可侵犯的权利。

1986年4月，第6届全国人民代表大会第4次会议通过《中华人民共和国义务教育法》，第九条明确规定："地方各级人民政府为盲聋哑、弱智儿童和少年举办特殊教育学校（班）。"①1986年9月11日，国务院办公厅转发国家教委等部门《关于实施〈义务教育法〉若干问题的意见》，对特殊儿童的义务教育问题做了更为明确的规定。1989年国务院转发《关于发展特殊教育的若干意见》，明确提出各级人民政府要"把残疾儿童、少年教育切实纳入义务教育的工作轨道，统一规划，统一领导，统一部署，统一检查"②。这"四个统一"的要求在之后国家有关特殊教育的文件中得以坚持下来，可谓影响深远。

1990年12月，我国颁布了《中华人民共和国残疾人保障法》（简称《残疾人保障法》），《残疾人保障法》是我国第一部专门针对特殊人群的立法。该法第十八条规定："国家保障残疾人受教育的权利。各级人民政府应当将残疾人教育作为国家教育事业的组成部分，统一规划，加强领导。国家、社会、学校和家庭对残疾儿童、少年实施义务教育。国家对接受义务教育的残疾学生免收学费，并根据实际情况减免杂费。国家设立助学金，帮助贫困残疾学生就学。"第二十条规定："残疾人教育，实行普及与提高相结合、以普及为重点的方针，着重发展义务教育和职业技术教育，积极开展学前教育，逐步发展高级中等以上教育。"第二十一条规定："国家举办残疾人教育机构，并鼓励社会力量办学、捐资助学。"第二十四条规定："政府有关部门、残疾人所在单位和社会应当对残疾人开展扫除文盲、职业培训和其他成人教育，鼓励残疾人自学成才。"

1994年8月，国务院办公厅发布了《残疾人教育条例》，明确提出残疾人教育是国家教育事业的重要组成部分。该条例共九章五十二条，对各级各类特殊教育的组织机构、课程设置、教学模式进行了规定，并对特殊教育教师、物资条件保障及奖励与处罚做了相应规定。这是我国关于特殊人群教育第一部法律层级较高的专项行政法规，改变了长期以来特殊教育法律法规嵌套在普通教育法的状况，是我国特殊教育立法进入专项立法阶段的重要

---

① 何东昌：《中华人民共和国重要教育文献》（1949—1975），海南出版社1998年版，第2415页。
②《中国残疾人法律指南》，华夏出版社1991年版，第29页。

篇章,也标志着我国特殊教育开始进入依法治教的新阶段。

2. 国家重要特殊教育政策的规定

1985年,中共中央发布《关于教育体制改革的决定》,明确提出:"在实行九年义务教育的同时,还要努力发展幼儿教育,发展盲、聋、哑、肢残人和弱智儿童的特殊教育。"[①]这是国家文件层面首次将弱智儿童纳入到特殊教育的范畴,具有重要意义。

1989年5月,国务院办公厅转发国家教委等部门《关于〈发展特殊教育的意见〉的通知》,包括了方针与政策、目标与任务、领导与管理三部分共二十一条,对我国特殊教育的办学方针、办学形式、学校布局、目标、任务、管理、经费和师资队伍建设等问题作了明确规定。

1993年,中共中央国务院印发《中国教育改革和发展纲要》(简称《纲要》),是我国改革开放时期教育领域的纲领性文件。《纲要》第十二条明确提出:"重视和支持残疾人的教育事业。各级政府要把残疾人教育作为教育事业的组成部分,采取单独举办残疾人学校或普通学校招收残疾人入学等多种形式,发展残疾人教育事业。逐步增加特殊教育经费,并鼓励社会力量办学、捐资助学。要对残疾人学校及其校办产业给予扶持和优惠。"[②]

(三)特殊教育政策法规的全面深化发展阶段(1995年至今)

1995年3月,《中华人民共和国教育法》的颁布实施,标志着我国教育法制建设进入了一个新时期,特殊教育政策法规在这一时期得到了全面深化发展。

1. 各类法律法规对特殊教育的规定

1995年3月,第八届全国人大第三次会议通过了《中华人民

---

① 何东昌:《中华人民共和国重要教育文献》(1949—1975),海南出版社1998年版,第2287页。
② 何东昌:《中华人民共和国重要教育文献》(1949—1975),海南出版社1998年版,第3469页。

共和国教育法》。该法作为教育领域的基本法，标志着我国教育法制建设进入了一个新时期。其中第十条规定："国家扶持和发展残疾人教育事业。"第三十八条规定："国家、社会、学校及其他教育机构应当根据残疾人身心特性和需要实施特殊教育，并为其提供帮助和便利。"①

1996年5月，第八届全国人大常委会第十九次会议通过了《中华人民共和国职业教育法》，其中第十五条规定："残疾人职业教育除由残疾人教育机构实施外，各级各类职业学校和职业培训机构及其他教育机构应当按照国家有关规定接纳残疾学生。"

1999年开始施行的《高等教育法》第九条规定："……高等学校必须招收符合国家规定的录取标准的残疾学生入学，不得因其残疾拒绝招收。"

2006年新修订的《义务教育法》进一步完善和充实了有关特殊教育的规定，从涉及特殊儿童、少年就学的政府责任、受教育形式、经费保障、教师待遇和法律责任五个方面共作出四条八款的规定，进一步完善和充实了有关特殊教育的要求②。其中第六条规定了中央政府和县级以上人民政府举办特殊教育的责任："国务院和县级以上人民政府应当合理配置教育资源，促进义务教育均衡发展，改善薄弱学校的办学条件，并采取措施，保障农村地区、民族地区实施义务教育，保障家庭经济困难的和残疾的适龄儿童、少年接受义务教育。"第十九条对身心有残疾的儿童和少年实施教育的形式作出规定："县级以上地方人民政府根据需要设置相应的实施特殊教育的学校（班），对视力残疾、听力语言残疾和智力残疾的适龄儿童、少年实施义务教育。特殊教育学校（班）应当具备适应残疾儿童、少年学习、康复、生活特点的场所和设施。普通学校应当接收具有接受普通教育能力的残疾适龄儿童、少年随班就读，并为其学习、康复提供帮助。"对严重不良行为的适龄少

---

① 何东昌：《中华人民共和国重要教育文献》（1949—1975），海南出版社1998年版，第3791-3792页。
② 顾定倩、朴永馨、刘艳虹：《对〈义务教育法〉有关特殊教育条款的分析》，《中国特殊教育》，2007年第5期，第9页。

年受教育的形式，新法第二十条规定："县级以上地方人民政府根据需要，为具有预防未成年人犯罪法规定的严重不良行为的适龄少年设置专门的学校实施义务教育。"第二十一条规定："对未完成义务教育的未成年人应当进行义务教育，所需经费由人民政府予以保障。"新法第三十一条进一步重申特殊学校教师待遇："特殊教育教师和手语翻译，享受特殊教育津贴。"新法第四十三条对经费问题作出规定："特殊教育学校（班）学生人均公用经费标准应当高于普通学校人均公用经费标准。"新法还进一步健全了问责追究制度，其中第五十七条规定："学校有下列情形之一的，由县级人民政府教育行政部门责令限期改正；情节严重的，对直接负责的主管人员和其他直接责任人员依法给予处分：（一）拒绝接收具有接受普通教育能力的残疾适龄儿童、少年随班就读的……"这些规定有助于更好地保护特殊儿童的受教育权利。

2008年修订后的《残疾人保障法》中第三章专门对残疾人教育的权利、管理体制、发展方针、学制结构和机构组成等作出规定。第二十一条规定："国家保障残疾人享有平等接受教育的权利。"第二十二条规定："残疾人教育，实行普及与提高相结合、以普及为重点的方针，保障义务教育，着重发展职业教育，积极开展学前教育，逐步发展高级中等以上教育。"第二十四条规定："县级以上人民政府应当根据残疾人的数量、分布状况和残疾类别等因素，合理设置残疾人教育机构，并鼓励社会力量办学、捐资助学。"第二十八条规定："国家有计划地举办各级各类特殊教育师范院校、专业，在普通师范院校附设特殊教育班，培养、培训特殊教育师资。普通师范院校开设特殊教育课程或者讲授有关内容，使普通教师掌握必要的特殊教育知识。"限于篇幅不能——列举，通过对比修订前后的《残疾人保障法》，可以发现如下特点：第一，进一步强调保障平等接受教育的权利。第二，进一步明确政府在发展特殊教育事业中的职责。第三，充分体现了义务教育强制性、免费性和普及型的特点。第四，提倡科学合理设置残疾人教育结构。可以看出，修订后的《残疾人保障法》进一步强化了对残疾人受教育权利的保障，增强了法律的适用性和可操作性，表现出国家和社会对特殊教育重视程度的不断提高。

此外,在《妇女权益保障法》(2005)、《未成年人保护法》(2006)等法律文件中,都有保障残疾人接受特殊教育权利的条文。

2. 国家重要特殊教育政策的规定

1998年12月,教育部发布《特殊教育学校暂行规程》(简称《规程》),包括总则、入学及学籍管理、教育教学工作、校长、教师和其他人员、机构与日常管理卫生、保健及安全工作、校园、校舍、设备及经费、学校、社会与家庭以及附则等,共六十八条。《规程》的规定十分详细,具有很强的指导性,是我国出台的第一份有关特殊教育学校建设和管理的专门法规。

2008年3月,中共中央国务院发布《关于促进残疾人事业发展的意见》(简称《意见》),其中第十条提出:"发展残疾人教育。鼓励从事特殊教育,加强师资队伍建设,提高特殊教育质量。完善残疾学生的助学政策,保障残疾学生和残疾人家庭子女免费接受义务教育。发展残疾儿童学前康复教育,加快发展高中阶段特殊教育,鼓励和支持普通高等学校开办特殊教育专业。逐步解决重度肢体残疾、重度智力残疾、失明、失聪、脑瘫、孤独症等残疾儿童少年的教育问题。采取多种措施扫除残疾青壮年文盲。积极开展残疾人职业教育培训,有条件的地方实行对残疾人就读中等职业学校给予学费减免等优惠政策。支持师范院校培养特殊教育师资。实施中西部地区特殊教育学校建设工程,落实特殊教育学校教师特殊岗位津贴政策。各级各类学校在招生、入学等方面不得歧视残疾学生。"

2009年5月,国务院办公厅转发教育部等部门《关于进一步加快特殊教育事业发展意见》,对当前和今后一个时期我国特殊教育事业发展提出以下意见:全面提高残疾儿童少年义务教育普及水平,不断完善残疾人教育体系;完善特殊教育经费保障机制,提高特殊教育保障水平;加强特殊教育的针对性,提高残疾学生的综合素质;加强特殊教育师资队伍建设,提高教师专业化水平;强化政府职能,全社会共同推进特殊教育事业发展。

2014年1月,教育部公布《特殊教育提升计划(2014—2016)》,论述了加快推进特殊教育发展,提升特殊教育水平的重要意义,规定了新一时期特殊教育工作的总体目标和重点任务,提出了进一步发展特殊教育的六条主要措施和组织领导机制,对未来两年的特殊教育发展作出重要规划。

除上述提到的政策意见外,2007年中国共产党十七大报告提出"关心特殊教育",2012年十八大报告则提出"支持特殊教育",表明了新时期国家对发展特殊教育事业的决心。值得一提的还有从1988年颁布的《中国残疾人事业"八五"计划纲要》开始,到后来国务院转批的中国残疾人事业"九五""十五""十一五""十二五"计划纲要,均对我国特殊教育事业的工作目标、指导原则、具体任务和主要措施等做了明确规定,体现了我国特殊教育发展的计划性的特点,同时也反映出我国特殊教育事业的进步。另外,《国务院关于基础教育改革与发展的决定》(2001)、《中国儿童发展纲要(2001—2010)》(2001)、《"十一五"期间中西部地区特殊学校建设计划(2008—2010年)》(2007)、《国家人权行动计划(2009—2010年)》(2010)和《国家人权行动计划(2012—2015年)》(2012)都对我国特殊教育发展作出了相应的规划。

(四)当代中国特殊教育政策法规建设的问题和反思

新中国成立六十余年来,特殊教育政策法律法规经历了从无到有,从萌芽到发展,从薄弱到相对完善的历史进程,现在已经基本形成了比较完整的特殊教育政策法规体系,大体上可以分为五个层次:一是最高层次的法律——宪法对于特殊教育的规定;二是国家颁布的相关法律中对特殊教育的规定,如《义务教育法》《职业教育法》《高等教育法》等;三是特殊教育专门的法律法规,如《残疾人教育条例》;四是一些直接的指导性文件、通知、意见等,如《关于进一步加快特殊教育事业发展意见》等;五是地方性法规、自治条例和单行条例,如《北京市特殊教育事业发展规划》等。这些政策法案从总体上保证了我国特殊教育事业有法可依,保证了特殊教育工作的正常运行,保证了我国特殊儿童受教育的权利，为我国特殊教育事业的发展奠定了前提条件。同时，我们也应该注意到现行政策法律体系的不足，同国外特殊教育立法相比，我国特殊教育立法还存在一些问题。

首先，缺乏层次较高、专门的特殊教育法律法规。虽然1994年国务院出台了《残疾人教育条例》，但是这毕竟只是一部教育行政法规，立法层次过低，未能充分发挥其应有的效应。而我国其他许多特殊教育相关法律条文是嵌套在其他专项教育法案之中，缺少与各大教育部门法并列层级并相对独立的《特殊教育法》，导致特殊教育实践只能依靠在其他专项法案中寻找可供使用的法律依据，而这些法律条文往往规定不一甚至相互冲突，严重影响了我国特殊教育事业长期稳定发展。因此，尽快制定《特殊教育法》，形成以《宪法》为根本，以《教育法》为母法，以《特殊教育法》为主体的法律体系势在必行，只有这样，才能推进我国特殊教育事业快速稳定发展。

其次，法律用语不规范，存在法律盲点。《义务教育法》新法第十九条是"县级以上地方人民政府根据需要设置相应的实施特殊教学的学校（班），对视力残疾、听力语言残疾和智力残疾的适龄儿童、少年实施义务教育"。该条文只对特定的三种残疾适龄儿童列为义务教育对象，显然是不妥当的。另外，由于各部法律制定时间不相同，法律用语可能会存在某种程度上意义的差别，特别是基本概念的变化将严重影响法律效力的实现。例如在特殊教育对象的阐述上就存在不一致的现象，在《宪法》中使用的是"盲、聋、哑和其他残疾"，在《义务教育法》中使用的是"盲、聋、哑和弱智"，而在《残疾人保障法》中使用的是残疾儿童。这些不同的表述给特殊教育实践造成了很多困扰。此外，一些法律规定既落后于学术领域对特殊教育的研究，也落后于现实特殊教育学校发展的实际。例如在特殊教育对象的鉴定、评估、受教育权的维护、救济制度以及特殊教育教师的奖惩制度等都缺乏明确规定，使许多需要法律调整的特殊教育事项无法可依，造成一定程度上的混乱。

再次，相关法律可操作性差，实施困难。目前我国特殊教育立法仍然停留在宏观层面，没有规定明确的法律责任，对违法主体缺乏强制性惩罚措施,对被侵权者也没有相关的救济补偿手段,可操作性比较差,实施困难。例如《残疾人教育条例》第八条规定:"残疾人家庭应当帮助残疾人接受教育。"这一规定更像是一种倡议,对于未尽义务的残疾人家长也并没有任何相应的制裁措施;再如该法第四十四条对特殊教育经费投入只是泛泛地规定为"地方各级人民政府用于义务教育的财政拨款和征收的教育附加税,应当有一定比例用于发展残疾儿童、少年义务教育"。这条规定既没有明确的比例,又没有具体法律责任的约束,实施过程中很容易沦为一纸空文,成为文献中毫无意义的点缀。

最后,特殊教育司法制度薄弱。在我国教育司法制度整体比较薄弱的情况下,特殊教育司法制度更为薄弱,这主要可以归结为以下两个原因,一是我国没有独立的行政司法制度,对包括教育行政在内的行政违法行为不设单独的行政仲裁机构,导致其他权利保障形式难以建立;二是我国学校管理中的一些重要环节,由于缺乏符合法治精神的程序规范和应有的保证制约机制而出现脱节,不衔接的"程序瑕疵",如缺乏有力的举报程序、申诉程序、具体的实施处罚的程序等[①]。

回望过去,成就和问题并存;展望未来,依旧任重而道远。在特殊教育发展的新形势下,必须要完善特殊教育法律体系,必须要提高法律法规的立法质量,必须要增强依法行政与严格执法的能力,必须要加大特殊教育司法监督的力量。只有这样,我国的特殊教育法律法规才能真正成为一个完整有力的体系,从而更好地推动特殊教育事业的发展。

二、当代中国特殊教育发展的特点

新中国成立六十余年来,我国特殊教育事业发生了翻天覆地的变化,特殊教育的性质从救济、慈善的社会福利事业逐渐转变为国家教育事业的重要组成部分,特殊教育法律法规和政策体系

[①] 郝晓岑:《我国特殊教育法制建设的回顾与反思》,《中国特殊教育》,2003年第6期,第73-77页。

也日益完善，已经初步建立起多层次、多类别的特殊教育学校体系，义务教育阶段特殊儿童就学数量和就学率不断提高，同时，高中教育、高等教育、教师教育以及多种形式的中等、高等职业教育和残疾人康复训练等都得到了极大的发展。可以说，新中国成立以来，我国的特殊教育发展取得了前所未有的成就，具体如下：

（一）我国特殊教育事业发展新格局逐步形成

1978年，全国共有盲聋哑特殊教育学校292所。一直到20世纪80年代中期，特殊教育学校数量缓慢增长。1986年《义务教育法》颁布，正式提出特殊儿童少年同样享有接受义务教育的权利。随着普及义务教育工作的逐渐推进，残疾儿童的义务教育也不断发展。为了促进残疾儿童少年特殊教育的发展，1988年第一次全国特殊教育会议召开，会议通过了《关于发展特殊教育的若干意见》，全面阐述了特殊教育的重要意义，从特殊教育事业的方针与政策、目标与任务、领导和管理三个方面提出了二十二条指导意见。这是专门指导残疾人教育事业开展的纲领性文件，推动了特殊教育学校的一次较快增长。随着九年义务教育普及工作的开展，国家针对保障残疾儿童少年义务教育颁布了一系列的意见和办法。1992年，国家教委下发《义务教育实施细则》，对特殊儿童义务教育作出具体规定；同年5月，国家教委和残疾人联合会公布《残疾儿童少年义务制教育"八五"实施方案》，针对特殊儿童九年义务教育的评估验收和专项检查制定有关工作制度。1994年，国务院颁布《残疾人教育条例》，进一步从法律上保障了残疾人受教育的权利。同年下发《关于在90年代基本普及九年义务教育和基本扫除青壮年文盲的实施意见》，指出要对残疾儿童少年的入学予以特别支持。同时颁发的《普及义务教育评估验收暂行办法》提出将适龄残疾儿童少年的入学率作为普及九年义务教育的评估验收标准之一。

新世纪以来，具有中国特色的特殊教育事业格局和层次体系逐步形成。2001年，国务院办公厅转发教育部等部门《关于"十五"期间进一步推进特殊教育改革和发展的意见》，提出要大力普及残疾儿童少年义务教育，进一步完善特殊教育体系，努力满足残疾人教育需求，提出要深化教学改革、全面推进素质教育，提高特殊教育的质量，提出要进一步加强特殊教育师资队伍建设，不断提高教师素质，提出要切实加强领导，采取有力措施，推动特殊教育事业的发展。至"十五"末期，初步形成了1988年提出的"以一定数量的特殊教育学校为骨干，以大量的特殊班和随班就读为主体"进行残疾儿童少年教育的新格局。根据《中国教育年鉴》数据显示，1978年全国共有盲聋哑学校292所，在校学生3万余人，当时没有培智学校，也没有开展专门的特教班和随班就读形式。而据2001年数据显示，全国共有特殊教育学校1531所，其中包含培智学校375所，小学附设特教班826个，普通（职业）初中附设特教班14个，在校特殊学生38.64万人，其中11万余就读于各类特殊教育学校，其他学生就读于特教班，或在普通班级随班就读；而截至2007年，全国共有特殊教育学校1618所，在校残疾儿童41.93万人，其中在盲人学校就读学生4.48万人，在聋人学校就读的学生11.58万人，在弱智学校及辅读班就读的学生25.6万人。由此可见，我国基本已经形成了具有中国特色的特殊教育事业发展新格局。

（二）义务教育阶段特殊教育事业发展成绩显著

1. 特殊教育学校数量不断增加

近年来，随着我国综合国力的不断增长和对特殊教育的日益重视，我国特殊教育学校数量呈现不断增长的趋势。1978年，全国共有特殊教育学校292所，从1984年开始，特殊教育学校开始突飞猛进式的发展，1993年已经达到1123所，直到1999年后，全国特殊教育学校数量增长有所放缓，在1600所左右，2011年之后又有了较大的发展。截至2012年，全国共有特殊学校1853所，是1978年的6.4倍，这为我国特殊教育事业发展形成良好的骨干支撑。因此，促进特殊学校平稳发展是我国特殊教育事业稳步发展的必然要求。

2. 特殊儿童接受义务教育的比率不断提高

改革开放以来，我国适龄残疾儿童入学人数和入学率不断提高。特别是随着随班就读政策"两免一补"等教育救助政策逐步加强全面施行，残疾儿童接受义务教育的比例呈现逐年上升的趋势。根据《2013年度中国残疾人状况及小康进程监测报告》显示，近年来我国 6～14 岁残疾儿童接受义务教育比例不断提升，2007年接受教育的残疾儿童所占比例为 63.3%，而 2013 年，接受教育的残疾儿童所占比例已达至 72.7%。

3. 特殊学校专任教师数量和学历层次不断提高

根据《中国教育年鉴》数据统计分析，我国特殊学校专任教师数量在不断增加。1981 年共有专职教师 0.51 万人；1986 年共有 0.8 万人，1991 年共有 1.6 万人……截至 2011 年全国特殊学校专任教师有 4.13 万人，从 1978 年的五千余人增长至四万余人，是原来的八倍之多。此外，在数量增长的同时，特殊教育学校专任教师的学历层次也在不断提高。2004 年，全国特殊教育学校教职工共 31058 人，其中研究生毕业 77 人，本科毕业 5061 人，专科毕业 16240 人，高中阶段毕业 9364 人，高中阶段以下毕业 316 人。2012 年，特殊教育学校专职教师人数为 43697 人，其中研究生毕业 614 人，本科毕业 22480 人，专科毕业 17665 人，高中阶段毕业为 2849 名，高中阶段以下毕业 89 人。对比这两组数据，我们可以发现，从 2004 年到 2012 年这八年间，特殊学校专职教师的学历层次实现了以专科学历为主向以本科学历为主的转变，八年间增长了 17419 名，是原来的 4.4 倍多。同时，大量具有研究生学历的专职教师开始占据一席之地，专科学历层次的专职教师数量持续增长，高中以下学历人数大大减少。

（三）高中阶段特殊教育和残疾人高等教育得到初步发展

1989 年 5 月，国务院转发国家教委等部门《关于发展特殊教育的若干意见》，提出了发展残疾儿童高中教育的目标，要求大中城市应积极创造条件,发展残疾人初级中等以上的职业技术教育和普通教育。20世纪90年代初,我国开始出现残疾人高中教育。1992年,受国家教委和中国残疾人联合会的委托,青岛盲校开设了盲人高中,同时南京聋校开设聋人高中,1995年,两所学校的第一届视力和听力语言残疾的学生顺利毕业,并全部继续进入高等院校继续学习,收到良好的社会效应。这两所学校创办残疾人高中教育的实践填补了我国特殊教育在这方面的空白,为大规模建立和推广残疾人高中学校教育总结了经验,是我国特殊教育发展史上的重要篇章。1990年12月,我国颁布了第一部专门针对特殊人群的法案——《中华人民共和国残疾人保障法》,其中第三章第二十二条规定:"残疾人教育,实行普及与提高相结合、以普及为重点的方针,保障义务教育,着重发展职业教育,积极开展学前教育,逐步发展高级中等以上教育。"2001年,国务院转发教育部等部门《关于"十五"期间进一步推进特殊教育改革和发展的意见》,提出"充分利用现有教育资源,发展残疾人高中阶段教育;要坚持以职业教育为主,使学生具备良好的职业道德,比较熟练的职业技能和平等参与社会生活的能力;有条件的职业学校可试办特殊教育班,在总结试点经验的基础上,进一步兴办视力、听力残疾人普通高中"。2006年,教育部颁发《中国残疾人事业"十一五"发展纲要(2006—2010年)》,提出"保障符合国家录取标准的残疾考生接受高级中等以上教育;加快高级中等特殊教育发展,积极发展高等特殊教育"的目标,并且提出"统筹规划高中阶段特殊教育学校建设,市(地)级以上城市要建立特殊教育高中或设立特殊教育高中班"的具体要求。2008年,国务院办公厅转发教育部等部门《关于进一步加快特殊教育事业发展意见》,进一步提出"加快发展以职业教育为主的残疾人高中阶段教育,为残疾学生就业和继续深造创造条件"的目标,要求"具备条件的地市要举办残疾人高中阶段教育,特殊教育学校要根据需要举办残疾人高中教育部(班)",同时要求"普通高中要招收具有接受普通教育能力的残疾学生"。到2013年,全国已开办的特殊教育普通高中增至194所,在校生7313人,其中聋高中125个,在校生5704人；盲高中27个，在校生1609人。2000年以来，全国特殊教育普通高中学校数量和在校生人数虽略有起伏但是整体仍然向前发展，而且可以说已经取得了可喜的成就，基本发展情况如表4.1所示。

表4.1　全国特殊教育普通高中发展统计表（2000—2013）①

年份	特殊教育普通高中	在校生数	盲人高中	在校盲生数	聋人高中	在校聋生数
2000	24	1809	7	344	17	1465
2001	18	1521	6	404	12	1117
2002	27	1117	17	225	10	892
2003	31	1698	10	347	21	1351
2004	53	2416	12	333	41	2083
2005	66	3891	17	704	49	3187
2006	69	4192	15	807	54	3385
2007	83	4978	15	931	68	4047
2008	95	5464	19	1006	76	4459
2009	104	6339	20	1142	84	5197
2010	99	6067	15	783	84	5284
2011	179	7207	19	1009	145	6198
2012	186	7043	22	1488	121	5555
2013	194	7313	27	1609	125	5704

我国残疾人高等教育始于20世纪80年代，1985年，教育部联合多部门发出《关于做好高等学校招收残疾青年和毕业分配工作的通知》，要求：各高等学校应从残疾考生的实际出发，贯彻德智体全面考核，择优录取的原则。在残疾考生与其他考生在德智条件相同的情况下，不应仅因残疾而不予录取。在以上精神的指导下，各地普通高等学校录取残疾青年入学的工作逐步得到改进。1985年9月，山东滨州医学院开设残疾人临床医学专业，成为全

---

① 根据中国残疾人联合会2000—2013年的《中国残疾人事业发展统计公报》编制。

国第一所专门招收肢体残疾学生的大学本科院校，填补了我国残疾人高等教育领域的空白。1991年，国务院批准转发《中国残疾人事业"八五"计划纲要》的通知，提出"有条件的省、自治区、直辖市，试办盲人、聋人普通高中。创办长春大学特殊教育学院"，"在国家教委直属师范大学增加特殊教育专业的试点。每省（自治区、直辖市）要有一个特殊教育师资培养、培训基地。陆续在各级普通师范院校开设特殊教育课程"。1992年，国务院转发《关于发展特殊教育的若干意见》，明确指出："高等院校、中等专业技术学校和技工学校要继续认真贯彻落实招收残疾学生的有关规定。有条件的省、自治区、直辖市，要选择一、两所大专院校，试招盲、聋等残疾学生在适合的专业中学习。"据1995年统计，全国普通高等学校录取的残疾考生（肢体残疾）人数累计达到6457人。

到了"九五"期间（1996—2000），有6812名残疾学生进入普通高等院校学习，录取率始终保持在90%以上。同时，继山东滨州医学院和和长春特殊教育学院之后，又先后创办了两所高等职业教育学院，分别是天津理工学院聋人工学院和北京联合大学特殊教育学院。此外，南京中医药大学、上海美术学院、南京金陵职业大学、湖北荆州大学也相继开办了招收残疾人的专业或班。"十五"期间（2001—2005），普通高等院校累计录取残疾学生16000余人，残疾学生高考上线录取率保持在90%左右。南京特殊教育职业技术学院、长沙特殊教育职业学院、重庆师范大学、西安美术学院新开设聋人大专班，北京联合大学特教学院在全国率先实现残疾人成人教育单考单招，广东省深圳市对残疾人实施网络远程教育，残疾人接受高等教育的资源和形式进一步丰富。

2006年，教育部颁发《中国残疾人事业"十一五"发展纲要（2006—2010年）》，提出"倡导、鼓励兴办残疾人高等教育，有计划地扶持有条件的普通高等学校开设特殊教育专业和创办特殊教育学院。继续办好长春大学特殊教育学院、天津理工大学聋人工学院、山东滨州医学院、北京联合大学特殊教育学院等特殊教育院校，适当扩大招生规模，增加专业设置，提高办学层次和质量。进一步完善普通高等院校招收残疾考生的政策和考试办法"。2009

年,国务院办公厅转发《关于进一步加快特殊教育事业发展意见》的通知,要求各地加快推进残疾人高等教育发展。进一步完善国家招收残疾考生政策,普通高校应依据有关法律和政策招收符合录取标准的残疾考生,不得因其残疾而拒绝招收。高等特殊教育学院(专业)要在保证质量的基础上,扩大招生规模,拓宽专业设置,提高办学层次。各地要为残疾人接受成人高等学历教育、自学考试、远程教育等提供更多方便,满足残疾人接受高等教育的需求。2006年,全国有4148名残疾人被普通高等院校录取,986名残疾人进入特殊教育学院学习。2010年,全国有7674名残疾人被普通高等院校录取,1057名残疾人进入特殊教育学院学习。

目前,我国残疾人高等教育主要通过四种形式得以实现。第一,普通高等学校建立特殊教育学院或开设特殊教育专业,采取单独考试和录取的方法招收盲、聋和肢体残疾的青年学生;第二,普通高等学校采用随班就读的形式招收肢体残疾和轻度的盲、聋青年学生;第三,一些独立设置的残疾人中等职业学校采取与成人高校合作办学的方式,举办一些专业的大专班招收残疾青年;第四,通过自学考试、广播电视大学或者现代网络技术等多种渠道对残疾人实施高等教育[①]。

(四)残疾人职业技术教育得到稳步发展

1988年至1990年底,我国建立残疾人职业培训中心23个,近5000名残疾人进入普通中等职业学校和高等学校学习。1991年国务院转批《中国残疾人事业"八五"计划纲要》的通知,指出要"使残疾人职业技术教育得到发展",具体说来,要求"建立三十所残疾人职业技术教育中心,其中十所达到国家中等职业技术学校标准。条件好的特殊教育学校,逐步开设职业班;有条件的城市开办残疾人职业中学"。1995年年底,全国已建立残疾人中等职业技术学校19所,开办职业高中42所,技术学校28所,在校学生累计1.08万人。此外,普通中专、技校和职业高中录取残

---

① 朱宗顺:《特殊教育史》,北京大学出版社2011年版,第239页。

疾学生1.73万人。另有各种非学历教育残疾人职业培训机构1968所，培训各类残疾人累计达11.57万人。

"九五"期间，残疾人职业技术教育得到进一步发展。到2000年底，全国省（自治区、直辖市）、地（市、州）、县（区）三级残疾人职业教育培训机构已发展到970所，比"八五"末增加620所，接受残疾人参加培训的普通职业培训机构有3194个，比"八五"末增加1330个。"九五"期间，累计有251万残疾人接受了职业教育与培训。2001年，国务院转批了《中国残疾人事业"十五"计划纲要（2001—2005年）》，以此为契机，残疾人职业技术教育得到进一步的发展。据中国残疾人联合会发布的《中国残疾人事业"十五"计划纲要执行情况统计公报》显示，到2005年底，全国省（自治区、直辖市）、地（市、州）、县（区）三级残疾人职业教育培训机构已发展到1044所，比"九五"末增加74所，接收残疾人参加培训的普通职业培训机构有2206个。"十五"期间，累计有259万残疾人接受了职业教育与培训。

此后，残疾人职业技术教育得到国家政策的进一步支持。2006年，教育部颁发《中国残疾人事业"十一五"发展纲要（2006—2010年）》，提出："以社会普通职业教育机构为主，充分发挥具有特殊教育手段的残疾人职业教育机构的作用，普遍开展适应劳动力市场需求的残疾人职业教育与培训；城镇与就业相结合，农村与生产和扶贫相结合，开展多层次的职业技能教育和中短期实用技术培训。"2011年，教育部联合多部门印发《残疾人教育工作"十二五"实施方案》，强调要"大力发展以职业教育为主的残疾人高中阶段教育；普通高中和中职学校要创造条件招收残疾学生；加强残疾人中等职业学校基础能力建设；依托城乡职业学校和残疾人职业学校，对具有初、高中文化程度的农村残疾人开展职业培训；制定配套政策，鼓励特殊教育学校开展残疾人职业教育，使残疾学生都能掌握生存与发展技能"。2014年，国务院办公厅转发教育部等多部门联合发布《特殊教育提升计划（2014—2016）》，提倡"扩大残疾人中等职业学校招生规模，紧密结合经济社会发展需求和残疾人特点合理调整专业结构，为残疾学生提供更多选择"。

根据中国残疾人联合会历年公布的《中国残疾人事业发展统计公报》：2006年，全国省（自治区、直辖市）、市（地、州）、县（区、市）三级残疾人职业教育培训机构已发展到4457个，接受残疾人职业培训的普通机构有2044个，近64.7万人次的残疾人接受了职业教育与培训，并有7.4万人次获得了职业资格证书；达到中等学历的职业教育机构有116个，在校生8723人，毕业生4984人，其中获得职业资格证书4268人。到2013年残疾人中等职业学校（班）198个，在校生11350人，毕业生7772人，其中6200人获得职业资格证书。如表4.2所示，2006年以来，我国残疾人职业技术教育平稳发展，教育机构数量、在校生数、毕业生数和获得职业资格证书的残疾人数量不断增加，如表4.2所示。

表4.2　残疾人职业技术教育发展情况简表（2006—2013）

年份	中等学历及以上职业教育机构数量	在校生数	毕业生数	获得职业资格证书人数
2006	116	8723	4984	4268
2007	148	9028	5674	4345
2008	162	9932	6033	4460
2009	174	11448	5833	4386
2010	147	11506	6148	4685
2011	131	11572	6449	4781
2012	152	10442	7354	5816
2013	198	11350	7772	6200

（五）特殊教育师资培养体系逐渐形成，并得到不断重视

新中国成立以后，特殊教育事业得到改造和发展，与此同时，教职工人数和专任教师的数量都有了很大的增长。1987年，全国特殊学校有教职工14483人，其中专任教师9480人，相比新中国成立初期有了很大的增加。这些新增教职工的主要来源有：普通中师毕业、招收社会无业的知识分子或者初高中学生、小学或幼

儿园教师转入特殊教育。培训教师的方法主要有：传统的师傅带徒弟，即各种来源的师资在原特殊教师的帮助下掌握盲文或聋人手势及具体教学方法；实践中培养，即新教师到校后通过自己教学实践逐渐掌握特殊教育手段和方法；培训班，在20世纪50年代末和80年代初办过少量的特殊教师培训班[①]。这些新增的教师为当时的特殊教育事业发展做出了贡献，但无论是教师的数量和质量都难以满足中国特殊教育事业迅速发展的需要。因此，创办各级特殊教育师资培训机构成为当时的必然选择。

1982年，受教育部委托，江苏省开始筹办我国第一所中等特殊教育师范学校——南京特殊教育师范学校（2002年改为南京特殊教育职业技术学院。2015年为本科，改名为南京特殊教育师范学院），该校属教育部直接领导，由江苏省教育厅和南京市教育局具体管理，面向全国招生，1985年秋季正式开学。同年，山东省昌乐师范改建为特殊教育师范学校，为全省特殊教育学校培养师资。次年6月，辽宁省也将院营口市幼儿师范学校改建为特殊教育师范学校，为全省特殊教育学校培训师资。除建立特殊教育学校之外，我国还采用了多种方式培养特殊教育师资，如开办各种短训班和特殊教育师资培训班，在北京师大等院校开设特殊教育专业、派出留学生和进修教师等。据1994年统计，全国已经建立中等特殊教育师范学校33所，历年共培养特教师资三千多人，培训特教师资八千余人，初步满足了残疾儿童少年义务教育发展的需要。

1991年国务院转批《中国残疾人事业"八五"计划纲要》的通知，提出在国家教委直属大学增加特殊教育专业的试点。每省（自治区、直辖市）要有一个特殊教育师资培养、培训基地。在各级普通师范院校开设特殊教育课程。实际上在20世纪80年代中期，一些师范大学的教育系已经开始陆续成立特殊教育专业，培养特殊教育师资。1986年北京师范大学教育系、1988年华东师范大学心理学系、1990年华中师范大学教育系以及1993年西南师

---

① 朴永馨：《中国特殊教育师资的培养》，《北京师范大学学报》，1988年第6期，第74页。

大、陕西师大教育系都相继成立特殊教育专业。之后，辽宁师大、南京师大也建立了本专科层次的特教专业。另外1993年，北京师范大学和辽宁师范大学分别建立了特殊教育专业的硕士点；2000年，华东师范大学学前教育特殊教育学院特殊教育系开始设立博士点。据武汉大学中国科学评价研究中心发布的《2014—2015中国本科教育特殊教育专业大学竞争力排行榜》显示，是年中国共计40所本科院校开设特殊教育专业，包括华东师范大学、北京师范大学、华中师范大学等3个特殊教育学专业博士点，以及辽宁师范大学、重庆师范大学、四川师范大学等10余个硕士点。由此看出，我国特殊教育高等教师教育已经初具规模，形成了大专、专升本、学士、硕士、博士等多层次的特殊教育教师培养体系，为我国的特殊教育事业奠定了良好的师资基础。

根据教育部统计，截至2012年底，我国特殊教育学校教职工已达5.3万人，其中专任教师4.3万人，而2012年全国特殊教育学校在校生37.87万，可知师生比约为1∶7，远远落后于世界上发达国家所达到的1∶2至1∶3的水平。因此，从总体上看，我国特殊教育师资仍然处于相对短缺的困境，不少地方特殊教育学校教师、普通学校随班就读教师、康复专业人员编制标准缺失，从事特殊教育的教职工数量尚显不足，结构仍不完善[①]。因此，随着我国国民经济的日益发展，我国特殊教育师资现状和特殊教育事业发展水平间的矛盾将日益突出，当前和今后一段时间仍应该注重培养更多优质的特殊教育师资力量。

2011年，教育部联合多部门印发《残疾人教育工作"十二五"实施方案》，指出要"加快残疾人教育师资和专业技术人员队伍建设。有计划地培养各级残疾人教育师资和专业技术人员，鼓励和支持高等师范院校与综合性院校举办特殊教育专业或开设特殊教育课程。加大特殊教育师资培养力度。轮训特殊教育学校校长、教师和专业技术人员以及儿童福利机构特教工作人员，培训随班就读和学前教育机构教师，依托高等学校和专业机构建设'残疾

[①] 王雁：《强化特殊教育教师专业发展》，《中国特殊教育》，2014年第2期，第20页。

人教育师资培训基地'。通过国培计划和各级政府实施的培训计划，五年内对全国特殊教育教师实施一轮全员培训。保障特殊教育工作者待遇，并在职务评聘、优秀教师表彰奖励等方面予以倾斜"。可以看出，国家和政府十分重视培养特殊教育师资力量，未来一段时间内必将会培养出更多优质的特殊教育师资，促进我国特殊教育事业的整体发展。

2012年，教育部联合中央编办、国家发展改革委、财政部等多部门共同发布《关于加强特殊教育教师队伍建设的意见》，指出要"统筹规划特殊教育教师队伍建设；加大特殊教育教师培养力度，开展特殊教育教师全员培训，健全特殊教育教师管理制度，落实特殊教育教师待遇，营造关心和支持特殊教育教师队伍建设的浓厚氛围"。强调我国特殊教育师资培养和培训的重点工作和相关举措。2014年国务院等多部门联合发布《特殊教育提升计划（2014—2016）》再次强调："研究建立特殊教育教师专业证书制度，逐步实行特殊教育教师持证上岗。制订特殊教育学校教师专业标准。推动地方确定随班就读教师、送教上门指导教师和康复训练人员等的岗位条件。将特殊教育相关内容纳入教师资格考试。鼓励各省（区、市）择优选择师范类院校和其他高校增设特殊教育专业。鼓励高校在师范类专业中开设特殊教育课程，培养师范生的全纳教育理念和指导残疾学生随班就读的教学能力。加大国家级教师培训计划中特殊教育教师培训的比重。逐级开展特殊教育教师全员培训和校长、骨干教师培训。"进一步细化与明确了我国特殊教育教师培养、培训的方向和发展趋势。

第二节　当代中国聋教育的发展

一、当代中国聋教育发展的现状

经过多年的发展，目前我国已经初步建立起相对比较完整的聋教育体系。尤其是近年来，我国聋教育事业的发展呈现出前所未有的良好形势,各级聋校、在校就读的聋生、从事聋教育工作者的数量呈逐渐增长趋势。具体来说,我国聋教育事业发展所取得的成绩主要表现在以下几个方面[①]。

(一)推行聋校基础教育的课程改革

我国聋校的课程设置贯彻基础教育课程改革精神,体现聋教育的特点,以人为本,以德育为核心,以培养创新精神和实践能力为重点,以学生的全面发展和综合素质提高为宗旨,全面提高聋校教育教学的质量。聋校基础教育课程改革体现了"三个结合"的特点[②]。

1. 均衡性与特殊性相结合

根据促进聋生全面发展的要求,均衡设置九年一贯的课程,各门课程比例适当,以保证聋生和谐、全面发展。课程设置既注重培养聋生积极主动的学习态度,获得基础知识和基本技能,又强调引导聋生学会学习、学会生活、学会合作、学会生存和形成正确价值观。课程设置按照聋生身心发展规律,积极开发潜能,促进缺陷补偿,注重发展聋生的语言和交往能力。

2. 综合课程和分科课程相结合

聋校课程设置坚持综合课程和分科课程相结合,各门课程都重视学科知识、社会生活和聋生自身经验的整合,加强学科渗透。小学阶段以综合课程为主,初中阶段设置分科与综合相结合的课程。

3. 统一性与选择性相结合

聋校课程设置既坚持面向全体学生,提出统一的发展要求,又根据各地区、各聋校的实际需要和聋生的个体差异,提供选择的空间。各地区聋校积极开设选修课程,开发校本课程,以适应社会和学生发展的需要。

---

① 曲学利:《中国聋教育的发展现状和今后展望》,第二届北京特殊教育国际论坛论文集,2009年,第247-249页。
②《聋校义务教育课程设置实验方案》。

（二）研究和使用手语教学

1988年，中国残联组织专家在原有手语研究的基础上，结合有声语言和手指语的使用，编辑出版了统一规范的《中国手语》，1990年又编辑出版了《中国手语（续）》，此后在国家教育行政部门有关聋教育的文件中，多次提出要推行和使用中国手语，明确以规范统一的中国手语作为我国官方推广的通用手语。2001年7月中国残联教育就业部和中国聋人协会共同委托北京师范大学特殊教育研究中心，组织了由聋协主席、聋人代表、手语专家、聋校教师等共同组成的中国手语修订专家小组对原中国手语进行修订，积极推进中国手语标准化。同时，全国部分聋校开展推广手语试点，研究和总结聋校推广中国手语的途径和经验，促进聋校教育教学质量和聋生沟通与人交往能力的提高。

（三）加强劳动技能和职业技术教育

在国家大力提倡和发展职业教育的形势下，各级聋校大力发展职业技术教育。在九年义务教育的初中阶段，均开设了一定的劳动技能课程，培养聋生的劳动观念和劳动技能，既为聋生成为自食其力的劳动者提供条件，又为他们继续学习中等和高等职业教育奠定基础。在中国经济和教育水平较好的地区，先后涌现出一批开展职业教育效果突出的聋校。

（四）提升聋校教师专业化水平

多年来，中国教育学会特殊教育分会和各省级特殊教育专业委员会举办了不同层次和类型的聋校校长论坛和专业培训，大力提高聋校校长的专业化水平。各省市的很多聋校采用培养双师型、全能型职教师资。积极探索、大胆改革，推进聋校教师专业化的建设，增强聋校教师专业化水平，提高聋校职业教育的质量和办学水平。

（五）发展聋人中、高等职业教育

聋人中等教育以升学就业作为教育的双重目标，既对聋生加强基础文化知识学习，又强调职业技能和实践能力培养。在教学理念上以学生为主体，注重学生思维训练和能力培养，指导学生学会学习；教学模式和方法上强调教师分层法教学，根据教学要求和学生实际，有目的有针对地进行辅导及布置作业。目前，全国举办聋人中等教育的特殊学校达160多所。

聋人高等教育以应用性作为专业教育的定位，各个专业在教育教学上既强调基础文化课程和专业基础课程的学习，又加强对残疾学生心理与社会适应能力的教育。通过加强多种社会与职业的技能教育与训练，增强聋生的社会生存能力。教学中重视聋人手语的使用和多媒体教学手段等的推广。目前，全国有30多所高等特殊院校（系或专业）开办招收聋人的高等职业教育专业。

（六）加强聋儿康复人才培养和康复实践活动开展

目前，我国一些高等教育院校（华东师范大学、北京联合大学、北京语言大学等）先后开设听力语言康复技术专业等，培养具有高等教育学历、具有语言康复知识和技能、聋儿家庭和社区康复指导能力的高级技术人才，充实与完善特殊教育学校、教育康复机构等的康复人才队伍，指导与推动聋儿早期语言康复等实践活动的开展。同时，许多特殊教育学校通过采取设立学前聋儿语言康复班、开设聋儿语言康复课程，配置听力检测、语言训练设备等方式开展聋儿早期语言康复活动，促进聋儿语言能力的形成与发展。

二、当代中国聋教育发展的趋势

（一）扩大教育康复人才培养规模，推进聋儿早期教育康复实践

开展早期教育是当代世界特殊教育发展的趋势，聋儿的早期教育是通过早期诊断进行早期的抢救、康复和补偿，最大限度地减少损伤和恢复损伤器官的功能，促进聋儿听力和言语能力的形

成与发展。我国聋儿的早期教育康复主要在特殊教育学校、教育康复机构等场所由特殊教育工作者组织开展。然而，我国大多数特殊教育学校和教育康复机构的特教工作者大多缺乏听力、言语康复等专业知识和技能，影响了聋儿早期教育康复的效果。同时我国教育康复人才的培养速度和规模难以满足越来越多聋儿早期教育康复的需要。因此，国家应鼓励并支持高等特殊师范院校开设教育康复专业或课程，扩大现有教育康复人才培养规模，促进熟悉聋儿教育康复专业知识和技能人才的成长，来充实完善我国聋儿教育康复人才队伍，全面推进我国聋儿早期教育康复实践活动的可持续发展。

（二）深化聋校基础教育课程改革，促进辅助技术的应用推广

课程改革是影响聋校义务教育质量的一个重要因素，当前在我国在加块推进特殊教育事业发展的良好形势下，聋校仍应深化基础教育课程改革。根据社会发展的需要，以聋生为中心，结合聋生兴趣、需求和心理特点，倡导与开发"校本课程"。根据学生的不同情况，采用灵活的教学组织形式、教学方法和不同的教材，引导聋生形成积极主动的学习态度，加强潜能开发，注重语言发展，使其获得基础知识和基本技能。研究制订综合评价聋生素质发展的指标和方法，改变以往重学习结果轻学习过程的情况；改变关注聋生的考试成绩，而忽视能力和心理成长的聋生评价机制。同时，聋校应积极争取行政部门及社会的了解与支持，添置相应的教学、康复训练等辅助设备，通过制度等保证辅助设备高效使用。鼓励与指导学生佩戴助听器，改善学生学习条件，注意对人工耳蜗术后学生的指导。此外，还应注意发挥计算机在聋校听力检测、听力语言训练、学科教学、课外活动等各方面的作用，注重培养学生学习的兴趣，掌握收集、分析和处理信息的能力，逐渐形成自学和终身学习的习惯与能力。

（三）加强国际交流合作，促进聋人高等教育改革与发展

我国聋人高等教育起步于1987年，中国残疾人联合会和吉林省人民政府共同创办全国第一所特殊教育学院——长春大学特殊教育学院，开始招收聋生接受高等教育。经过二十多年的发展，在办学规模和层次、专业种类等方面取得一定成绩，但是存在办学理念传统、聋生培养模式单一、专业与课程设置偏离市场需求、支持服务体系不健全等问题。因此，我国聋人高等教育的发展需要加强国际交流合作，学习国外聋人高等教育发展的先进经验。如天津理工大学聋人工学院与美国纽约州罗切斯特国立聋人理工大学成为姐妹学校，在办学理念、聋生培养、师资培养等方面展开相应合作交流，为我国的聋人高等教育带来了新的教育理念、教学方法等，在一定程度上推进我国聋人高等教育在办学理念、专业设置、师资队伍建设等方面的改革与发展。

第三节 当代中国盲教育的发展

一、当代中国盲教育的发展现状

我国盲教育事业自新中国成立以来，得到了较大的发展。我国现已基本形成涵盖学前教育至高等教育的盲教育体系。目前中国有盲人学校、盲聋哑学校200多所，许多特殊教育学校均先后开设盲教育部招收盲童，大多盲童实现了在普通学校就近入学。盲人按摩中专学校十多所，招收盲人入学的大学也有十余所，部分大学开设短期盲人教育（培训班），满足大多数盲人接受高等教育的需要。具体来说，近年来我国盲教育事业发展所取得成绩主要表现在以下几个方面：

(一)推行盲校基础教育课程改革

我国盲校基础教育课程改革,全面贯彻党和国家的教育方针,促进盲生全面发展,尊重个性发展,开发各种潜能,补偿视觉缺陷,克服残疾带来的种种困难,适应现代生活需要。盲校基础教育课程改革主要表现出"四个结合"的特点[①]。

1. 普遍性与特殊性相结合

坚持盲童教育与普通儿童教育共性的同时,从盲童身心特点出发,注重盲童的潜能开发和缺陷补偿,调整教育内容、课时数,以达到与普通学校相应的目标,促进盲童全面发展。

2. 继承、借鉴与发展相结合

总结并继承我国各地盲童教育的成功经验,立足全面发展、注重潜能开发和补偿缺陷、加强劳动教育、强调适应社会等。同时借鉴与吸收国外盲童教育的有益经验,力求教育与医疗、康复、训练、心理辅导等相结合。

3. 面向全体与照顾差异相结合

从多数盲童的教育需要出发,合理均衡地设置课程。同时针对盲童个体间差异,进行适度调整,力求面向全体、因材施教。

4. 综合课程与分科课程相结合

依据盲童身心发展的特点和学科知识的内在逻辑,整体设置义务教育阶段课程。课程门类由低年级到高年级逐渐增加,低年级以综合课程为主,高年级以分科课程为主。

(二)研究和规范盲文的使用

1952年,盲人黄乃在六点制盲符的基础上设计了以北京语音为拼音标准,以普通话为基础的采取分词写法的新盲字。新盲字采取了以词本位而不是字本位的分词写法,能从写法上反映出词汇和语

---

① 《盲校义务教育课程设置实验方案》。

法特征，成为摆脱汉字束缚的独立拼音文字。1953年，教育部盲聋哑教育处建立了盲文印刷所，采用新盲字为盲校印刷了统一课本，从而规范了盲校的教学[①]。

（三）强调辅助技术在教学中的应用

科技的发展，尤其是计算机技术的发展，在很大程度上改善了盲童的学习条件，并为盲校教学提供很多便利。同时，适应现代信息技术的发展，当前我国中小学正在逐步普及信息技术教育。我国盲校同样也开始了现代化、信息化的进程。例如，清华大学和北京盲校等对计算机辅助教学进行了长期研究与探索，开发了一系列软件，如关于汉语语音合成系统、拼音联想汉字输入系统、语音文本编辑器等软件。利用这些软件，不少学校已经将学生计算机的学习与使用从课外活动搬进课堂教学，将计算机作为教学辅助手段，不仅拓展与丰富了盲童获取信息的途径与资源，调动学生自主学习的兴趣，同时在一定程度上引导教师提升自身专业化水平。

（四）发展中、高等层次的职业技术教育

发展盲人中、高等层次的职业技术教育，引导盲生形成一定的生存技能和社会适应能力，助其更好地融入社会，成为自食其力的劳动者。如我国河南省、陕西省、山西省、安徽省等地区的三、四年制中专院校均先后开设中等层次的盲人按摩专业，接收初中盲生，在校盲生总数达两千余人。国内部分院校（如长春大学特殊教育学院、北京联合大学特殊教育学院等）也先后开设并发展较高层次的盲人针灸推拿、中医按摩、音乐表演等专业，接收盲人大学生，在校盲生总数达一千余人。

（五）开展盲童早期（学前）教育

在国际克里斯多夫盲人协会（CBM）的支持下，美国希尔顿·柏

[①] 方俊明：《特殊教育学》，人民教育出版社2005年版，第144页。

金斯盲校在全球范围内开展了一个早期教育与关怀（ECCE）的国际合作项目。2001年，在教育部特殊教育处的支持下，中央教育科学研究所将这个项目引入中国，在北京、上海、广州、成都、青岛等城市开展了4～6岁盲童早期教育实验[①]，即在盲校开办为期一年的学前班。在盲童早期教育的课程设置、教学方法、行为矫正、家校合作等方面进行了研究，并取得了一定的经验与成果。在此基础上，又将实验向南京、天津、泉州等全国其他地区盲校推广。

（六）提高盲校教师专业化水平

国内盲校大多教师主要通过以下途径来提升专业化水平，促进自身专业成长与发展：第一，参加由国家或各省市组织的各项培训计划，进一步学习并掌握盲校教学的知识与技能，提升自身专业素养。第二，参与校本教研、校际交流，来反思并总结自己教育教学中存在的问题，并寻求具体的方法解决所面临现实问题，增加自身专业能力。第三，参加一定的国际合作交流，学习国外盲教育的经验。如上海市盲童学校和美国希尔顿·柏金斯盲校建立合作关系，互派教师进行交流学习。

二、当代中国盲教育发展的趋势

（一）完善盲童学前教育保障体系，积极开展盲童学前教育

2001年，国家卫生部、公安部等多部门联合抽样调查发现，全国3～6岁残疾儿童约有139.5万，每年新增约19.9万，3～6岁学前残疾儿童接受学前教育的比例为43.92%（其中城市为61.48%，农村为26.41%），远低于普通幼儿入园率70.55%。同时也发现为残疾儿童提供学前教育的机构严重缺乏，普通幼儿机构

[①] 徐海英：《我国视障儿童早期教育现状及存在的主要问题》，《现代特殊教育》，2008年第7期，第23页。

缺乏接纳残疾幼儿的师资和相应设施①。因此，国家应完善包括盲童在内的所有残疾儿童学前教育保障体系，积极发展盲童等学前教育。具体来说，首先国家应将包括盲童在内的所有残疾儿童学前教育作为重大民生项目，列入学前教育整体规划。同时，尽快出台有关残疾儿童学前教育的法规条例等，明确残疾儿童学前教育的目标任务、教育对象、入学条件、师资保障等，切实维护残疾儿童学前教育的权利。其次，扶助与支持盲童等学前教育机构的快速发展，重点要加大对农村地区盲童等学前教育机构的资助力度。积极改善幼儿教育机构办学条件，扩大残疾儿童的招生规模和类别，力争为每个残疾儿童提供适宜的学前教育机会。此外，尝试开展"障碍者理解"教育，通过新闻、网络等媒介积极宣传人道主义、人本主义思想和发展盲童等学前教育的重要意义，为盲童等学前教育发展构建良好的社会氛围。

（二）改革盲人高等教育专业设置，提升盲生实践能力

目前，我国十余所招收盲生高等教育的院校其专业设置主要集中于推拿按摩、音乐表演等领域。虽然不能简单地以"盲生有权学习所有专业"而否定推拿按摩、音乐表演等传统专业的作用，但向盲生开放更多的高校和专业既是学生的需求，也是盲人高等教育发展的需要。因此，开设有盲人教育专业的高等院校可以利用高校专业资源，为盲生提供学习不同专业的机会，并通过辅修文凭、第二学位等方式拓展盲生的专业选择范围，提升盲生的职业技能。

同时，应适当调整课程设置，增加盲生实习课程，增强其实践能力。盲生所学专业知识要应用到具体实践离不开平时日积月累的应用操作。对于普通学生而言，勤工助学、见习兼职以及各类学生实践活动都是锻炼自身能力、培养专业技能的途径。但是

---

① 徐海英：《我国视障儿童早期教育现状及存在的主要问题》，《现代特殊教育》，2008年第7期，第23页。

对于盲生而言，这样的机会相比较少，需要学校联合相关部门为盲生增加实习实践的机会，锻炼盲生能力，提高盲生专业竞争力。

第四节　当代中国培智教育的发展

一、当代中国培智教育的发展现状

新中国成立以来，受当时的历史条件限制，特殊教育重点在盲、聋教育，培智教育还未能纳入普及义务教育的范畴。从 1954 年到"文化大革命"前，苏联留学生在北京和上海曾进行了短期的智障教育实验。1958 年，北京市在第二聋哑学校成立智障儿童班（当时叫低能班）；1959 年，旅大市（今大连地区）为适应"大跃进"的需要和解决智障儿童的前途问题，试办培智学校，这些实验促进了我国当代智障教育的发展[①]。

改革开放以来，我国智障教育事业发展迅速。1979 年，上海市在全国率先为智障儿童开办辅读班——上海市第二聋哑学校智障儿童辅读班。1981 年，北京创办了智障儿童特殊教育班——北京西城区培智中心学校。1983 年我国开始建立首批培智学校。从新中国成立初期到 20 世纪 80 年代中期，特殊教育学校一直是我国大陆实施智障教育的主要形式[②]。

随着国外融合教育思想的影响，我国政府在 1988 年提出"建立以特殊学校为骨干，以普通学校附设特殊教育班和随班就读为主体"的特殊教育发展格局，在这一方针的指导下，我国智障儿童随班就读得到较快发展，大多轻度和部分中度智障儿童实现了在普通学校就近入学。目前，特殊教育班和随班就读已成为我国培智教育发展的主要形式。总之，在我国近三十多年培智教育实践发展历程中，我国培智教育事业在课程改革、职业教育、师资

---

① 赵翠芝：《山东智障教育发展之研究》，浙江师范大学 2010 年，第 12 页。
② 赵翠芝：《山东智障教育发展之研究》，浙江师范大学 2010 年，第 12 页。

培训等方面取得一定的成绩。

（一）实施基础教育课程改革

我国培智学校课程改革，全面贯彻党的教育方针，促进智障儿童掌握基本的文化科学知识和适应生活、社会以及自我服务的技能，养成健康的行为习惯和生活方式，成为适应社会发展的公民。培智学校基础教育课程改革主要体现"六个结合"的特点[①]。

1. 一般性与选择性相结合

在课程设置方案中，通过一般性课程来满足智障儿童在生理、心理和社会发展的需求，最大限度地开发他们的潜能。通过选择性课程来满足其个别化需求，促进多方面的发展。

2. 分科课程与综合课程相结合

在课程组织形式上，分科课程和综合课程相结合。一方面，遵循智障儿童身心发展的基本规律，较全面满足其一般性需求。另一方面，促进智障儿童对知识的整体理解和运用知识解决实际问题的能力。

3. 生活适应与潜能开发相结合

在课程功能上，强调智障儿童形成积极的生活态度、良好的生活自理能力和一定的社会适应能力，同时关注智障儿童潜能开发，培养其个人才能。

4. 教育与康复相结合

在课程特色上，针对智障儿童的成因和自身缺陷，课程注意吸收现代医学和康复技术的新成果，融入物理治疗、言语治疗、心理咨询和辅导、职业康复和社会康复等相关专业知识，促进学生健康发展。

5. 传承借鉴与发展创新相结合

在课程开发上，继承我国特殊教育取得的成功经验，借鉴国

---

① 《培智学校义务教育课程设置实验方案》。

内外特殊教育和普通教育的先进理论和成功实践。

6. 规定性与自主性相结合

在课程实施中，各地在使用国家课程方案时，可以根据当地的社会、文化、经济背景，社区生活环境以及学生特殊需求，开发一定的校本课程，体现课程的多样性。

（二）发展智障儿童职业技术教育

我国在许多法律、法规、政策中均强调发展残疾人职业教育，提高残疾人的社会适应和职业适应的能力。我国大多培智学校、辅读学校、特殊教育学校等通过开设不同种类的职业教育课程，开展影响教育教学活动，来促进智障人士的职业适应能力的形成。比如，深圳元平特殊教育学校成立职业教育教学部，为智障学生构建由专业技能课程、专业基础课程、基础课程、活动课程组成的网络化职业教育课程体系，其中专业技能课程涉及办公文员、客房服务、洗衣服务、西式面点、中国结艺、中式厨艺、插花艺术等内容，专业基础课程涉及日常清洁与维护、手工、信息技术等内容[①]。这些以能力为本位的课程，旨在挖掘学生的潜能，发挥他们自身的优势，最大限度地促进学生职业技能的形成与发展。

（三）开展智障儿童教育康复实践

智障儿童在生长发育过程中由于受到生理、社会、家庭等不利因素的影响，其身心发展的各个方面都要落后于正常儿童，根据智障儿童的需要来对他们进行教育康复是非常必要的。2007年我国《培智学校课程设置实验方案》中首次提出了在培智教育课程中设置康复训练课，康复训练已成为培智教育发展中的主要特色。因此，国内多数培智学校、特殊教育学校从师资队伍建设、校本教材开发、添置康复训练仪器设备等方面出发，组织并展开智障儿童教育康复实践活动，促进现代康复技术在智障儿童功能恢复方面发挥其良好的效果。

---

① 黄建行：《智障学生职业教育模式》，北京大学出版社2011年版，第82-83页。

（四）提升培智教育教师专业素养

教师的专业化发展是教师发展的核心，是影响教育实践活动的重要因素。国内大多数特殊教育学校通过采用集中培训、校本教研等方式，引导并促进培智教育教师不断提升自身专业素养。有调查发现大多数培智学校教师倾向于在职集中培训，认为在职集中培训的社会交往效果最好，并对技能性知识、实践操作性知识需求最高[①]。可见，广大培智教育教师要求提升自身专业素养的愿望强烈，能通过参加集中培训等多种方式不断提升培智教育的理论和培智教育相关的业务知识，以适应时代的变化，不断提升自身素养，从各方面努力使自己成为一名合格的培智教育教师。

二、当代中国培智教育的发展趋势

（一）转变特殊教育学校职能，提升为智障儿童等服务的能力

当前，教育教学仍是我国广大特殊教育学校（包括培智学校等）的主要职能。随着培智教育的对象（智力障碍、脑瘫、自闭症等）的拓展和特殊教育事业的快速发展，教育康复训练、职业教育等逐步受到重视，特殊教育学校为智障儿童等提供的服务将不仅仅局限于教育教学。因此，特殊教育学校需要思考如何更好地为智力障碍等儿童提供更加优质的服务。美国《所有残疾儿童教育法》规定特殊教育学校必须为所有在校残疾学生等提供相关的特殊教育服务，如医疗服务、康复教育与康复咨询服务、职业治疗服务、心理咨询服务等，学校根据学生的身心特点和具体需要，有选择、有计划、有组织地联系与配备相关的服务和服务人员[②]。可见，美国特殊教育学校的职能已经实现了较大的转变，它

---

① 王秀丽：《培智学校教师在职集中培训现状研究》，辽宁师范大学 2014 年，第 30 页。
② 郑虹：《广东省特殊学校培智学校康复教育工作现状的调查研究》，《中国特殊教育》，2005 年第 8 期，第 31 页。

不仅仅是一个教育机构，同时也是一个组织机构、一个管理机构，使来自不同机构中各种专业人员能够协调地为特殊儿童服务，促进残疾儿童健康成长与发展。同时促进了特殊教育学校各种职能的发挥，推动特殊教育学校的可持续发展。

（二）开展智障儿童家庭教育，优化智障儿童成长支持体系

特殊教育是将家庭教育、学校教育、社会教育融为一体的系统工程，智障儿童的健康成长，离不开家庭教育的支持与保障。我国特殊儿童的家庭教育起步较晚，现有80%的智障儿童生活在经济相对欠发达的农村地区，多数智障儿童很难在家庭环境中得到良好的护理和教育等。因此，培智教育的可持续发展急需积极开展智障儿童家庭教育，通过采取更新家庭教育观念、创设良好的家庭氛围、提供科学适度的教育方法等优化智障儿童成长环境。具体来说，一方面需要学校走进智障儿童家庭，特教教师应主动加强和家长的联系，拉近家校之间的距离。可以通过开展多层次的家长会、各式各样的亲子活动等让学校走近家长，密切家校联系。另一方面需要家长参与智障儿童教育，学校应引导家长适时走进学校、走进课堂、参与教育、参与学习。可以通过开办家长夜校、集中培训、支持家长在校陪读等方式，帮助家长了解并掌握智障儿童护理、康复、训练、教育等专业知识和技能，让家长成为学校的"教育支持者"。总之，通过家校合作互动，为每个智障儿童成长构建支持环境，让每个智障儿童都得到适宜的发展。

第五节 当代中国超常儿童教育的发展

一、当代中国超常儿童教育的发展现状

我国当代超常儿童教育始于1978年中国科学技术大学创办少年班的实践活动。1978年，邓小平同志在全国科技大会开幕式

上发表了"必须打破常规去发现、选拔和培养杰出的人才"的讲话,此后又反复阐明他的"多出人才、快出人才、出好人才"的主张。正是在这样的背景下。中国科技大学少年班诞生并开始招生,拉开了培养以杰出人才为核心的超常儿童教育序幕。其后少年班经验在部分高校得到推广,先后有北京大学、西安交通大学等十几所院校招收少年大学生,来继续推进超常儿童教育发展。与此同时,部分中小学也开始尝试集体招收超常儿童进行超常教育实验。1984年,天津市教育局建立了我国第一个小学超常儿童实验班。次年,北京八中创办中学超常少儿实验班,人大附中、东北育才学校、西安市一中、天津耀华中学、深圳中学等也先后创办了超常教育实验班。1988年,中国超常教育专业委员会学会建立,进一步推动了我国超常儿童教育事业的发展[1]。此外,我国中科院心理研究所于1978年成立超常儿童研究协作组,开始对超常儿童进行系统研究,先后修订与编制了智力测验相关的研究工具等,并针对超常儿童的认知特点、个性心理等领域开展了较为长期的追踪、对比研究,积累了一定的研究成果与经验,为超常儿童教育实践活动的可持续发展提供重要理论支持与指导。我国还注重同域外地区间的超常儿童教育交流,积极参与国际学术活动。1996年,中国人才研究会超常人才专业委员会成立。2000年在北京举办了第5届亚洲和太平洋地区天才会议。2001年9月,中国中学超常教育第九届年会召开时,全国18个省市的40多所中学参与了中学超常教育的协作研究[2]。与此同时,超常儿童教育的个别化培养形式也在全国各级各类学校中自发进行着,从而为高等教育学校输送了一大批资优生源。

我国当代超常儿童教育虽然起步晚,但是发展较为迅速。30多年来,我国研究者在超常儿童教育的各个领域内进行了卓有成效的探索,无论在超常儿童的选拔、鉴别,还是在培养、教育等方面都积累了很多研究成果。尤其是各地举办的超常儿童教育实验班,推动了超常儿童教育事业的进一步发展,形成了具有一定

---

[1] 刘瑛:《超常儿童全面发展的问题研究》,江西师范大学2008年,第13页。
[2] 刘瑛:《超常儿童全面发展的问题研究》,江西师范大学2008年,第14页。

特色的超常儿童教育培养模式：加速式教育模式和丰富式教育模式①。其中加速式教育模式也称为弹性升级模式，这种模式是基于学生本人的能力，而灵活跨越年级的限制，给予弹性以及适性的教育。主要采用以下几种形式：① 提早入学：对被鉴别出来的超常儿童，允许其比一般规定的入学年龄提早入学。② 跳级：通过考核允许超常儿童跳级或插班，缩短学制。③ 超班学习：超常儿童根据其学习能力去选择学习相适的课程。④ 缩短学制：超常儿童一般在短于正常学制的时间内完成学业。例如，中小学实验班的 4+4 学制，即小学和中学分别读四年，14、15 岁升入大学。丰富式教育模式也称为加深教育模式，是让超常儿童留在普通班与同龄儿童一起学习，在课内或课外，接受教师的个别指导，扩充或加深课程内容。主要采用以下几种形式：① 常规课堂内的加深学习：在传统课堂教学中给在某学科具有特殊优势或特长的超常儿童额外辅导，由任课教师向他们提供特殊的学习材料或机会，进行个别指导，以解决他们在课堂教学中"吃不饱"的问题，但学生主要仍在普通班级里学习。② 抽离式教育：指每周利用部分时间让超常儿童离开自己的班级，与那些具有同样智力水平的同伴一起活动，进行知识的扩展教育。③ 课外或校外的充实教育：根据超常儿童的需要，由学校等提供各种内容丰富、形式多样的拓宽、加深和提高的活动。

  总体上讲，我国超常儿童教育发展虽然取得了一些成果，但与国际上起步较早的国家相比，在超常儿童教育立法、教育体系、教育研究等方面仍存在很大差距。具体来说，我国目前超常儿童教育资源十分缺乏，尚无超常儿童教育法规和专门的超常儿童教育师资培养机构，致使超常儿童教育缺乏创造性教师和法制保障，由此导致绝大多数超常儿童没有机会获得与其自身相适宜的特殊教育服务。同时，超常儿童教育城乡发展不均衡，目前超常儿童教育实验主要集中在大中城市地区，而占中国人口 55.1% 的农村，其超常儿童却常被忽视，绝大多数超常儿童没有机会接受适宜教

---

① 万绍娜、冯维：《我国超常儿童教育存在的主要问题及对策》，《基础教育研究》，2009 年第 10 期，第 3-5 页。

育①。此外，超常儿童教育目标导向不合理，受现有"应试升学"教育体制的影响，许多开展超常儿童教育的学校和机构，追求的目标仍然以学生的应试成绩和升学率为主，进而导致超常儿童教育沦落为应试教育的"拳头"产品，使得一切对超常儿童的教学活动都指向中考、高考指挥棒②。在这一功利化理念支配下的超常儿童教育只重视儿童智能的发展，而忽视非智力品质的培育和发展，进而不利于超常儿童的全面发展。

二、当代中国超常儿童教育的发展趋势

（一）制定针对超常儿童教育的法律法规，创设科学、良好的育人环境

超常儿童教育的健康发展需要依靠国家的法律法规给予相应有力的制度保障与支持。许多国家（如美国、加拿大、韩国、俄罗斯等）相关法律与规章上都有针对超常儿童的专门规定。如美国于1978年通过《天才儿童教育法》，韩国政府颁布的《超常教育法》于2002年正式生效，从法律上明确了超常儿童教育的地位，规范了超常儿童教育的体制、培养目标、教育模式、办学经费、师资队伍等方面的内容，为超常儿童教育的发展提供了强有力的法律保证③。而在我国大陆地区，由于超常儿童的教育起步较晚，目前仍没有制定相关的法律法规，导致绝大多数超常儿童没有获得与其自身相适宜的特殊教育服务。因此，制定针对超常儿童教育的法律法规，为超常儿童教育提供法律和政策保障，才能促进超常儿童教育事业得以稳步发展。同时，超常儿童教育的发展也需要构建科学、良好的育人环境，家长和教师在关注儿童智力培养与发展的同时，更应注重儿童人格、社会交往能力的发展。重

---

① 黎明：《中国超常教育的发展历程及启示》，《中国特殊教育》，2009年第1期，第14-16页。
② 万绍娜、冯维：《我国超常儿童教育存在的主要问题及对策》，《基础教育研究》，2009年第10期，第3-5页。
③ 万绍娜、冯维：《我国超常儿童教育存在的主要问题及对策》，《基础教育研究》，2009年第10期，第3-5页。

视儿童主体性的发挥，将其创造能力的培养建立在坚实的主体人格之上，实现其身体与心理、智力与非智力因素、社会化与学业成就的和谐发展。

（二）重视与加强超常儿童教育研究，拓宽超常儿童培养模式

超常儿童教育实践活动的顺利开展需要超常儿童教育研究提供有力的理论支持与指导。客观来说，我国超常儿童教育研究十分滞后，超常儿童研究成果十分匮乏，这主要和我国超常儿童教育发展历史短、研究队伍不成熟有关。因此，国家需要加大对超常儿童教育研究的立项支持，并以高校教育科研机构为依托，打造和整合超常儿童教育研究力量，促进研究者深入对超常儿童鉴别评估、心理特征、教育安置、培养模式、政策保障等领域的研究，进一步丰富与积累我国超常儿童研究成果与经验。同时引导高校加强与超常儿童教育实验机构的联系沟通，促进研究成果的实践转化，加强对超常儿童教育实践的指导，推进超常儿童教育实验的可持续发展。同时，从理论上讲，有多少种类型的超常儿童，就应该有多少种超常教育培养模式。而我国 30 多年来超常儿童教育的主流模式是加速式教育模式和丰富式教育模式，片面的"快""广"，而相对偏离了促进超常儿童自由、全面、和谐发展的方向。因此，我国应该改变相对单调的超常教育模式，因地制宜、因材施教，将多种超常教育模式综合使用，优势互补，各尽其能。

（三）扩大超常儿童教育范围，促进城乡超常教育一体化

根据智力分布正态规律和智力超常儿童在儿童群体中的比例 3% 进行推算，我国现在的超常儿童应该约为 900 万[①]，而从当前全国开展超常儿童教育实验的学校数量测算可知接受超常教育的

---

① 黎明：《中国超常教育的发展历程及启示》，《中国特殊教育》，2009 年第 1 期，第 14-16 页。

儿童所占比例非常小。因此，面对21世纪的激烈竞争和提高中华民族整体的创新能力这一历史任务，超常儿童教育必须扩大教育对象。同时超常儿童教育除了培养全面发展的英才和杰出人才外，还要培养具有特殊才能和有道德感的奇才、怪才等特殊人才。办学形式应从长期办学到短期培训，教育年龄应从幼儿到成人，以适应各种人才发展需求。此外，我国当前超常儿童教育主要集中在城市，农村绝大多数超常儿童没有机会接受适宜教育。因此，超常儿童教育发展应该逐步减小城乡差距，可以充分利用网络技术，通过远程教育体系来弥补超常教育师资缺乏的地区和学校，促进城乡超常教育一体化发展。

第六节　当代中国自闭症儿童教育的发展

一、当代中国自闭症儿童教育发展现状

（一）当代中国自闭症儿童教育的发展历程

自闭症，也称孤独症，是一种起病于婴幼儿时间，由于脑功能障碍等原因导致的广泛性发育障碍。1943年，美国精神病医生坎纳（Kanner）在其观察报告《自闭性的情绪困扰》（*Autistic Disturbances of Affetive Contact*）中首次提出"自闭症"这一概念以来，自闭症儿童因其病因的不明确性，又集多种障碍于一身，已日益引起全球心理、教育工作者的高度关注，西方许多国家先后将自闭症儿童列入特殊教育对象。目前，我国大陆地区还没有通过大面积取样调查而得到有关自闭症儿童分布的比率，但据2007年中国自闭症论坛上披露的统计数据，中国自闭症患儿人数已达100多万，未被发现和有自闭症倾向的儿童数量可能还要多，且患病率逐年上升。据悉，我国大约有百分之一的儿童患有自闭症，其中男童的比例更高，68个孩子中就有1个。随着自闭症儿童数量的不断增多，他们已成为特殊教育

中一个十分特殊的群体。我国自闭症儿童教育发展历程大致可以分为以下三个时期[①]。

1. 第一阶段：萌芽期（1949—1992年）

1982年，南京儿童心理卫生指导中心陶国泰教授在其论文《婴儿孤独症的诊断和归属问题》中最早报道了4例儿童被确诊为自闭症，此后自闭症开始得到国内研究者一定关注。但长期以来，由于我国儿童精神医学起步较晚，绝大多数儿科、儿童保健、精神科医生没有经过儿童精神医学的教育和训练。所以，20世纪90年代以前，自闭症多被误诊为智力低下、多动状态、言语发育迟缓、聋哑、精神分裂症、儿童精神病，以至弥漫性脑炎等。1992年，北京大学精神卫生研究所儿科主任杨晓玲教授又报道了30例自闭症患儿。总之，这一时期我国大陆地区在自闭症方面的研究非常薄弱，主要是医学领域在进行摸索研究，并且集中在大城市的精神卫生机构，对自闭症儿童的教育干预等还未进入公众的视野，专门的自闭症教育康复机构更是缺乏。

2. 第二阶段：发展期（1993—2005年）

1993年之后，我国大陆地区对自闭症的研究逐步受到关注，自闭症相关研究成果呈递增趋势，自闭症儿童的特殊教育开始受到重视。一方面，许多城市开始探索自闭症儿童的随班就读，一些民办自闭症教育康复机构和相关组织团体也开始先后建立。如1993年3月，田惠平女士在北京创立星雨教育研究所，这是我国第一家专门为自闭症儿童及其家庭提供教育服务的民办非营利机构。1993年12月，中国第一个以改善自闭症儿童康复、教育、医疗环境为宗旨的社会团体——北京市孤独症儿童康复协会正式宣告成立。另一方面，全国各地开始进行一些探索性的自闭症儿童教育训练实验，如1994年7月，国家教委基础教育司委托原北京市教育局进行自闭症儿童学前教育和义务教育训练实验。实验的

[①] 王波：《中国内地孤独症研究30年回眸：发展、问题与对策》，《教育导刊》，2013年第4期，第49-50页；曹丽敏：《特殊儿童早期康复指南》，华夏出版社2009年版，第102-103页。

主要内容是，自闭症儿童教育的有关方针和政策；自闭症儿童教育的组织形式，教育教学目标、原则、内容和方法；教育教学的评估办法；教育所需的基本教具、学具和设备；师资培训的内容和方法以及有关专家的指导、自闭症儿童家长的参与等。国家教委还把"要对可以教育的……孤独症儿童作出适当的安排"列入了"九五"特教工作计划。可见，这一时期我国许多地区开始关注与重视自闭症儿童的教育问题，开展了一些教育训练实验研究，多领域专家、学者、教师等参与的自闭症儿童研究群体逐渐形成。

3. 第三阶段：活跃期（2006年至今）

2006年之后，我国大陆地区自闭症研究与教育康复进入了空前活跃期。首先，对自闭症的关注逐步提升到国家层面，国家为此出台了一系列政策法规，如《中国残疾人事业十一五发展纲要（2006—2010年）》将自闭症康复纳入重点康复内容，探索建立自闭症儿童的早期筛查、早期诊断、早期康复的干预体系。2008年，中国发布了《关于促进残疾人事业发展的意见》明确提出逐步解决自闭症等残疾儿童少年的教育问题。2009年，中残联在全国31个城市开展自闭症儿童康复训练试点，并实施"贫困残疾儿童抢救性康复项目"，由国家拨款7.25亿元面向全国5.88万名6岁以下的残疾儿童，其中包括1200名自闭症患儿。其次，自闭症的科学研究成果剧增，自闭症教育康复逐步迈向法制化和规范化。2009年，中国第一家公立全日制自闭症儿童教育学校——广州康纳学校正式挂牌成立。该学校专门为14岁以下自闭症儿童提供义务教育和早期教育，填补了我国特殊教育中自闭症义务教育的空白。同时，为了及早发现诊断儿童自闭症，规范儿童自闭症诊疗康复行为，2010年，中国卫生部印发《儿童自闭症诊疗康复指南》，为相关康复机构、学校和家庭对自闭儿童进行正确干预提供指导和参考。此外，新闻媒体的大量宣传，使自闭症进入公众关注的视野。2006年以来，中央电视台曾在《新闻调查》和《共同关注》等栏目中推出一系列孤独症题材的节目，产生了广泛的社会影响。2010年，中国第一部反映自闭症题材的影片《海洋天堂》在全国公映。这部被称为中国版《雨人》的影片让自闭症走入了普通百姓的视野,为我国自闭症儿童教育事业的发展营造了良好的社会支持环境。

(二)当代中国自闭症儿童教育的主要安置形式

当前,国内自闭症儿童教育的安置方式主要有如下几种:

1. 家庭教育模式

这是将家庭作为教育基地,由受过最基本训练的特殊儿童父母来承担教育任务的一种教育模式。主要针对那些无法进行正常的教育训练、症状严重、没有养成基本生活能力的自闭症儿童。实施这一模式不需要特殊的场地,而且全体家庭成员都有参与的机会,教育费用比较经济,有利于儿童在家庭的自然环境中成长。但是由于家长缺乏系统的特殊教育知识,影响教育的效果。

2. 训练中心模式

这是当前广泛采用的自闭症儿童教育模式,训练中心一般按地域由政府或民间人士创办相应的教育康复训练机构,附近的家长定期带领孩子到中心接受由专职特殊教育人员实施的教育训练,主要针对那些能够参与正常的教育训练,形成一定的生活能力的自闭症儿童。实施这一模式有助于引导特殊教育教师、心理学工作者、医务人员等根据自闭症儿童身心发展的实际情况,制订个别化教育计划,对自闭症儿童开展针对性的康复训练,以增强自闭症儿童的体质和能力。但这种模式不适合贫困地区和居住分散、交通不便的地区,同时,家长的支持配合程度直接影响康复训练的效果。

3. 随班就读模式

这是由学校来安排自闭症儿童和其他儿童一起学习、活动,补偿身心缺陷,使其得到适于自身发展所需的教育和训练的一种教育模式。根据自闭症儿童身心特点以及参与的程度可以分为完全随班就读和部分随班就读。其中完全随班就读包括完全随普通学校就读和完全随弱智教育班就读。完全随普通学校就读主要接收无显著行为问题、智力基本正常、生活能自理，经训练能适应学校常规，家长与学校沟通良好的自闭症儿童就读。完全随弱智教育班就读主要接收智力中等以下，生活能基本自理，经训练基本能适应课堂常规，无严重攻击行为，家长能与学校沟通的自闭症儿童就读。部分随班就读主要针对基本适应班级教学常规（含普通班、特殊班），但因社会适应等问题无法坚持全日上课或无法坚持在普通班级全日上课者，他们需要在资源教室等环境中接受额外的个别化教育训练，以提高其社会适应能力。

（三）当代中国自闭症儿童教育存在的主要问题

近年来，我国自闭症儿童教育康复机构如雨后春笋般涌现，推动了自闭症儿童教育康复实践活动在全国各地区的逐渐开展，但是自闭症儿童教育仍存在诸多亟待解决的问题。

1. 政策法规保障体系不健全、效力不足

尽管我国现有部分法律法规或多或少涉及自闭症儿童教育康复，但是可资依凭的法律法规过于笼统和抽象，缺少实际具体的操作规范，缺乏有效的执法标准和处罚手段等。同时，涉及自闭症的法规多以低位阶的意见和计划等形式出现，难以真正体现法律的应有效力，影响了自闭症儿童教育权利的维护和保障。比如《特殊教育提升计划（2014—2016）》中虽提出"鼓励有条件的地区试点建设孤独症儿童少年特殊教育学校（班）"，但缺少具体的实施细则和监督考评措施等，尤其是问责制度的缺位导致该法规仅仅停留在建议层面上。

2. 自闭症教育康复机构数量不足、良莠不齐

由于中国自闭症患者基数较多，且发病率呈上升趋势，导致现有的自闭症教育康复机构数量相对不足，难以满足自闭症患者和家庭日益增长的康复需求。根据调查发现，三岁前接受教育康复训练的孤独症儿童不足1/3，近20%的自闭症儿童直到6岁才开始接受系统康复训练。并且现有的教育康复机构主要面向自闭症儿童，为成年自闭症患者提供服务的机构更是凤毛麟角。同时，尽管中国民办自闭症康复机构已逾 500 家，但是民办自闭症康复机构多处于无师资、无资金和无证照的尴尬状态[1]。并且，自闭症服务机构主要关注自闭症儿童自身的治疗服务，对宣传自闭症知识、唤起社会认同方面关注不够。此外，自闭症教育康复机构中，大多数教师对于针对自闭症儿童的教育康复训练方法的使用整体上呈现出多而散的状态，新的康复训练方法和技能使用率偏低[2]，教师之间使用的教育康复训练方法和技能差别比较大，一定程度上影响了自闭症儿童的教育效果。

3. 自闭症教育专业师资缺乏、专业化水平不高

自闭症教育师资是影响自闭症教育康复的重要因素，根据调查发现，国内自闭症教育康复服务行业中拥有本科学历的教师仅有 16.6%，将近 35% 的教师专业背景与特教毫无关系，另有近 20% 的教师完全没有接受过任何形式的培训。同时，当前特殊学校在自闭症学生教育与康复方面也面临着师资培养的严峻问题，包括缺乏康复师资、有经验的学科教师和教师培训等。这可能主要与我国高等特殊师范院校自闭症教育康复专业建设、课程教材开发等发展相对滞后、特殊教师在职培训针对性不强等因素有关。

二、当代中国自闭症儿童教育的发展趋势

（一）建立和完善相应的政策法规，创建多样化、多功能的教育康复环境

国家应尽快出台特殊教育法，或修订有关特殊教育的法律法规，进一步明确有关自闭症诊断、就学、干预等方面的内容。并将自闭症作为一种独立的障碍类型，与其他传统障碍类型一样单独纳

---

[1] 王波：《中国内地孤独症研究 30 年回眸：发展，问题与对策》，《教育导刊》，2013 年第 4 期，第 49-50 页。
[2] 邓猛：《孤独症儿童教育康复现状与思考》，《残疾人研究》，2014 年第 2 期，第 41 页。

入《中华人民共和国保障法》的保障范围，为自闭症儿童教育发展构建制度保障体系。同时，国家应该继续加大对于特殊学校、自闭症教育康复机构资源的支持，进一步改善孤独症儿童教育与康复的环境；建设适应不同类型与程度的自闭症儿童的教育、康复、服务以及融合教育支持的多样化、多维度、多功能的环境，为自闭症儿童教育发展提供专业和技术支持等。

（二）扩大教育康复人才培养规模，提高教师在职培训针对性和有效性

国家应当采取相关政策支持鼓励和促进更多高等师范院校开设特殊教育专业，大力培养特殊教育专业人才。具体来说，高等特殊师范院校应当尝试开设与发展自闭症教育专业，或尝试开发自闭症教育相关课程与教材，培养熟悉并掌握自闭症儿童教育知识与技能的专业师资。普通师范院校应增加特殊教育课程，打通特殊教育与普通教育教师培养的森严壁垒，促进特教与普教教师的双向流动，这样不仅为随班就读学校培养了资源教师，也可以加入特殊学校的自闭症儿童教育中。同时，在对自闭症教育教师的培训中，应注重分类培训，教学与康复方面的培训要各有侧重，增强培训的针对性和有效性，在不断提高教师原有的康复训练方法质量的基础上，要向他们传播一些新的有效的康复技能，继续强化他们教育或者康复技能的训练，使之在各自擅长的领域达到更加专业与精细化水平，促进教学与康复技能的结合，提高其专业化水平[①]。

（三）开展自闭症儿童的父母教育，构建自闭症的社会支持体系

现实社会中，部分自闭症儿童家长多缺乏自闭症的相关知识，有些家长常被孤独症儿童的假象迷惑，错把刻板行为当特长，而有些家长甚至不承认孩子的问题，导致孩子没法得到有效的诊断

---

① 邓猛：《孤独症儿童教育康复现状与思考》，《残疾人研究》，2014年第2期，第41页。

和干预,延误了最佳治疗时机①。因此,需要积极开展以特殊教育学校和相关康复机构为主导,组织面向自闭症儿童家长的特殊教育培训,帮助家长了解国家有关自闭症儿童的政策,并掌握护理、教育、训练、辅导自闭症儿童的知识与技能,充分发挥家庭教育的功能。同时,应积极引导并构建自闭症儿童教育的社会支持体系。具体来说,鼓励自闭症家长成立康复协会等专业社团组织等,搭建自闭症儿童家长交流沟通的平台。通过社会媒体、助残日、世界自闭症日等多方面宣传普及自闭症教育康复知识,引导并增加社会大众对自闭症的认知度和关注度,营造关心、支持、帮助自闭症儿童的良好社会氛围。

第七节 当代中国融合教育的发展

一、随班就读的发展现状

(一) 随班就读的发展历程

随班就读是我国改革开放以来兴起的一种特殊教育实践模式,是我国发展融合教育的一种特色形式,是特殊教育工作者参照国际上融合教育的做法,结合我国特殊教育的实际情况所进行的一种教育创新。随班就读的实质是在普通教育机构中对特殊学生实施教育,让特殊儿童和同龄的普通儿童一起学习和活动,教师则根据随班就读学生的特殊需要给予特别的教学和辅导②。目前,随班就读已经成为我国特殊教育的主体形式,是我国普及残疾青少年义务教育的主要策略。

特殊儿童随班就读的形式在我国农村地区的教育中很早就存

---

① 王波:《中国内地孤独症研究 30 年回眸:发展、问题与对策》,《教育导刊》,2013 年第 4 期,第 52 页。
② 方俊明:《特殊教育学》,人民教育出版社 2005 年版,第 89 页。

在，但作为一种理论被提倡或为政府所鼓励，则是 20 世纪 80 年代中后期的事①。有研究人员指出，残疾儿童在普通学校"随班就读"的形式 20 世纪 50 年代在我国就存在②，只是当时这种形式仍属个别现象。例如 1948 年的教育年鉴中就有关于盲人上大学的记载，20 世纪 70 年代后也有聋人在国内外高校读书并毕业的事例。改革开放初期，我国个别地区的学校出现了智力落后儿童、聋童、多重残疾儿童在普通小学上学的情况③。实际上，由于我国地域广阔，80%以上的残疾儿童分布在经济落后、人口分散、交通不便的农村地区，随班就读成为提高残疾儿童少年义务教学入学率、发展特殊教育的核心途径④。

1986 年 9 月，国家颁布《义务教育法》，在随后颁布的《关于实施〈义务教育〉若干问题的意见的通知》中指出，"办学形式要灵活多样……应该把那些虽有残疾，但不妨碍正常学习的儿童吸收到普通中小学就学"。虽然没有出现"随班就读"的字样，但确实认可了残疾儿童进入普通学校就读这种教育形式。1987 年，国家教委在《关于印发〈全日制弱智学校（班）教学计划〉的通知》中指出："在普及初等教育过程中，大多数轻度弱智儿童已经进入当地学校随班就读……对这种形式应当继续予以支持，并帮助教师改进教学方法，加强个别辅导，使随班就读的弱智儿童能够学有所得。"这就明确肯定了随班就读的特殊教育形式在普及义务教育中的作用和应用。1988 年 11 月，在第一次全国特殊教育工作会议上，随班就读被确立为我国特殊教育的主体形式。会议交流了各地开展特殊教育的经验，提出适合中国具体国情的特殊教育发展途径，即"逐步形成一定数量的特殊学校为骨干，以大量设置在普通学校的特殊教育班和能够跟班学习的残

---

① 华国栋：《残疾儿童随班就读现状及发展趋势》，《教育研究》，2003 年第 2 期，第 65 页。
② 华国栋：《加强教育研究促进随班就读发展》，《中国特殊教育》，2003 年第 5 期，第 5-9 页。
③ 朴永馨：《融合与随班就读》，《教育研究与实验》，2004 年第 3 期，第 37-40 页。
④ 朴永馨：《聋童教育概论》，安徽教育出版社 1992 年版，第 8 页。

疾儿童随班就读为主体的残疾儿童少年教育的格局"①。至此，随班就读作为一种富于本土色彩的特殊教育的观念和实践模式，在我国正式确立起来。

随班就读实验最初是从盲童和聋童教育开始的。1987年，"金钥匙"视障教育研究中心在华东、华北和东北的部分农村地区开展了"让视障儿童在本村就近入小学随班就读"的教改试点工作。他们的创新主要有三个方面：一是在试点地区普遍进行人道主义宣传，为视障儿童创造良好的入学环境和社会环境。二是由视障儿童所在班级的班主任兼任辅导教师，对其进行专业知识培训，然后由他来承担视障儿童的主要教学工作。三是建立巡回辅导制度，由巡回教师负责业务指导、行政管理和外界协调等工作②。随后，北京、河北、江苏、辽宁等地也开展了类似的实验工作。1990年5月，国家教委在江苏省无锡市召开现场会，对该项实验作出了全面的肯定。此后，盲童随班就读工作在全国各地开始普遍推广。

在视障儿童随班就读教改如火如荼开展的时候，1987年，黑龙江省海伦市也率先开展了聋童随班就读实验，全市85名聋童在当地的普通学校接受初等义务教育。随后，北京、河北、江苏和辽宁等省市也开始类似的改革。1989年，国家教委委托北京、河北、江苏、黑龙江、山西、山东、辽宁和浙江等省市分别进行视力和智力残疾儿童少年的随班就读实验。实验的内容主要有三个方面：随班就读的对象、师资和教育教学安排等。1992年，国家教委委托北京、江苏、黑龙江和湖北等省市进行听力语言残疾儿童少年随班就读试验，从此随班就读的对象由盲聋两类特殊儿童扩展到了三类。20世纪90年代以来，国家教委先后五次召开全国性的随班就读工作现场会或研讨会，讨论试验中的问题，推广试验的经验和成果。这标志着中国特色的随班就读走向成熟③。1994

---

① 朴永馨：《特殊教育辞典》，华夏出版社1996年版，第36页。
② 肖非：《中国的随班就读：历史·现状·展望》，《中国特殊教育》，2005年第3期，第4页。
③ 肖非：《中国的随班就读：历史·现状·展望》，《中国特殊教育》，2005年第3期，第4页。

年，国家教委在江苏省盐城市召开全国残疾儿童随班就读工作会议，系统总结了20世纪80年代以来的随班就读的工作经验，指出："在我国大面积开展随班就读工作是可信、可行的，有着良好的办学效益和社会影响。"同年7月，国家教委在这次会议讨论的基础上发布了《关于开展残疾儿童少年随班就读工作的试行办法》，明确指出："开展残疾儿童少年随班就读工作，是发展和普及我国残疾儿童少年义务教育的一个主要办学形式，是建立适合我国国情残疾儿童少年义务教育新格局的需要。实践证明这是对残疾儿童少年进行义务教育的行之有效的途径。"[1]同年颁布的《残疾人教育条例》，也将随班就读作为残疾儿童少年接受义务教育的法定途径之一，这意味着通过国家政策法规的形式将随班就读进一步确认和强化。2001年，教育部颁发《关于"十五"期间进一步推进特殊教育改革和发展的意见》，提出要"进一步加强对普通学校特殊教育班和残疾学生随班就读工作的指导，努力提高教学质量。各级教育行政部门要把办好普通学校特殊教育班和搞好残疾学生随班就读工作，作为一项任务来抓；要制定切实可行的政策，鼓励普通学校招收残疾学生；要加强对普通学校特殊教育班和随班就读教学工作的指导、监控，尽快建立普通学校特殊教育班和随班就读的教学管理制度，努力提高教学质量，降低辍学率。支持随班就读学生较多的学校建立资源教室，配备指导教师，为残疾学生提供教学指导，帮助他们解决学习困难。特殊教育学校要定期派出教师对普通学校特殊教育班和残疾学生随班就读的教学工作进行巡回指导。特殊教育研究部门要努力研究提高普通学校特殊教育班和随班就读教学质量的有效途径。教育部要编写有关随班就读方面的指导手册，指导开展随班就读工作"。十多年来，随班就读得到进一步发展，提高了特殊儿童少年接受义务教育的比例，它已成为我国特殊儿童接受教育的重要形式。

---

[1] 何东昌：《中华人民共和国重要教育文献》(1949—1975)，海南出版社1998年版，第3676页。

(二)随班就读现存主要问题

新世纪以来,我国随班就读得到进一步发展。根据教育部公布的数据分析,随班就读特殊儿童在校生占特殊儿童在校生总数的比例一直都在50%以上,2010年全国普通小学、初中,随班就读和附设特教班招收的学生为3.97万人,在校生为25.96万人,分别占特殊教育招生总数和在校生总数的61.26和60.99%[1]。之后,随班就读比例有所下降,据2013年全国教育事业发展统计公报,2013年普通小学随班就读和附设特教班招收学生为3.50万人,在校生19.08万人,分别占特殊教育招生总数和在校生总数的53.12%和51.84%[2]。由此可见,我国随班就读理论和实践中仍存在一些问题,只有正视这些问题,才能找到行之有效的解决办法,才能进一步推动随班就读的发展。

首先,随班就读的发展得益于我国法律法规和相关政策的支持,特别是《义务教育法》和《残疾人教育条例》等法律法令肯定了残疾儿童受教育的权利,同时也肯定了随班就读这种教育形式,为推动残疾儿童随班就读发挥了重要作用。但是,这些法律法规多是原则性的规定,操作性和执行性较差,因此,特殊教育实践的发展亟须更加完善的法律法规。例如,实践中存在随班就读学校的制度和资金保障、教师的遴选和培训、教师的身份定位及与之相关的待遇等问题,这些问题由于没有明确的法律规定,各学校都按照自己的方案来实施,导致权责不明确、管理不规范等问题突出,影响了随班就读的教育质量。

其次,随班就读形式重于实质,教学质量堪忧。随班就读将特殊儿童安置在普通班级中与普通儿童共同学习生活,但是,简单的安置并不能保障特殊儿童的学习和进步,甚至会对儿童的发展起到负面作用,随班就读的特殊儿童的学习需要切实的教育支持。例如,由于缺乏盲文教材和其他辅助的教学设备,随班就读

---

[1]《2010年全国教育事业发展统计公报》。
[2]《2013年全国教育事业发展统计公报》。

的盲童的学习就受到很大的阻碍。如果普通学校没有对随班就读提供足够的教育支持，随班就读就异化为"随班就坐""随班混读"，只是保留了随班就读的形式，而完全失去了其内涵。因此，随班就读不应该只作为一种形式而存在，随班就读要求学校和课堂发生一些革命性的改变，包括课程的实施和教学设备的改进，乃至整个学校教育理念的变革，只有给予足够的支持和保障，随班就读才能从形式走向实质，走进真正意义上的融合教育。

再次，随班就读对教师素质提出新的要求。随班就读作为一种比较复杂的教学组织形式，对教师的素质提出了新的要求。与普通班级相比，教师不仅要照顾普通儿童的发展，而且更要对班级内的特殊儿童的发展负责。这就要求教师同时具备普通教育能力和特殊教育能力。但是，由于我国特殊教育专业教师数量较少，很多随班就读教师都没有接受过系统的职前特殊教育学习和训练，因此在课堂中对特殊儿童的学习问题往往显得束手无策，只能任其自然发展，导致了随班就读学生学业的失败。因此，必须建立随班就读教师培训体系，加强教师的在职培训，获得相应的教育能力，避免教师盲目依靠经验主义和忽视特殊儿童学习需要的倾向。可以说，教师的综合素质是提高随班就读教学质量的保障，建立和完善教师的培训体系对随班就读的顺利实施有着极为重要的现实意义。

最后，随班就读与我国当前的教育环境存在一些矛盾。当前我国普通中小学教育仍然存在选拔教育和精英教育的倾向，基础教育阶段学校和教师都承受着巨大的压力。升学率是衡量一个学校教学质量的重要指标，同时又与学校未来的发展息息相关，而随班就读这种教育形式显然和追求效率最大化的普通教育存在深层次矛盾。举例来说，教师的时间和精力是有限的，如果教师更多地关注随班就读特殊儿童的发展，那么对普通学生的精力和时间就会相应减少，这就影响整个班级甚至学校整体教学质量的提高，这对于学校来说是难以接受的。因此，随班就读绝不仅仅只是关系特殊儿童，而是关系整个教育体系和教育环境的问题，它意味着学校整体的变革，意味着整个教育话语权的变革,而随着人们对教育功利性的价值追求逐渐转向重视人的价值和存在,随班就读将会成为真正的以人为本的教育组织形式。

二、随班就读发展的趋势

(一)随班就读更加关注教育质量,注重"双赢"

经过十余年的实践,我国随班就读已经发展到由追求数量向追求质量转化的关键时期。2006年我国修订《义务教育法》,2008年修订《残疾人保障法》等,进一步肯定了随班就读工作的重要性和合法性,并且从经费、教师、奖惩等方面给予了相应的保障,这对我国随班就读的质量的提高起到了至关重要的作用。随班就读其根本出发点是为了保障每个残疾儿童的受教育权,促进教育公平。而教育公平目标的实现就要求普通学校在课程设置、课堂组织、评估体系、教师培训等方面做出一系列改革,促进教育质量的提升。同时,随班就读不仅要考虑特殊儿童的受益程度,也要关注正常儿童的受益程度,如正常儿童社会交往技能、对残疾人的认识理解等。因此,随班就读应为普通学校的所有儿童在得到足够的资源服务与支持的情况下实现"双赢"。

(二)随班就读将注重向两头延伸

随班就读由基础教育向两头延伸(学前教育、高中及高等教育)的趋势已越来越明显。

首先,越来越多的幼儿园在随班就读的推动下,主动接收有特殊教育需要的儿童,并通过早期教育康复来提高儿童的社会适应能力。目前,我国上海市全市有听觉障碍儿童的学前教育随班就读点12个,智力障碍儿童随班就读点90个,逐步形成了以普通幼儿园为主体,特殊教育学校和其他幼儿教育机构为补充的多样化的办学格局[①]。其次,越来越多的残疾学生希望进入高中和高

[①] 雷江华:《融合教育导论》,北京大学出版社2011年版,第47页。

等院校学习,并接受适宜的教育,以适应现代社会对人基本素质的要求。我国自北京大学1987年招收肢体残疾学生以来,目前全国累计有万余名残疾学生进入高等学校接受教育。

(三)随班就读保障体系将逐步健全与完善

随班就读质量提升的关键在于建立与健全随班就读支持保障体系,我国《特殊教育提升计划(2014—2016)》从当前普通学校随班就读工作的现状和存在的问题出发,围绕完善随班就读支持体系在学校环境建设、经费保障、教师队伍建设、教育管理、教育教学等方面均作出相应明确的规定,具有较强的针对性与操作性[①]。比如在学校环境建设方面提出"加强特殊教育资源教室、无障碍设施等建设,为残疾学生提供必要的学习和生活便利",旨在通过硬件建设,使普通学校实施特殊教育具有较为专业的平台。在经费保障方面提出"要求随班就读特教班和送教上门的义务教育阶段生均公用经费参照特殊学校标准进行",即三年内实现每年6000元,此举将在很大程度上调动普通学校招收残疾孩子的积极性,推动随班就读的深入发展。

第八节 当代中国主要的特殊教育思想

一、国外特殊教育理论的发展及其对我国的影响

我国特殊教育的发展历程与世界特殊教育理论和实践的发展密切相关,特别是改革开放以来,世界特殊教育思想和模式的变迁深刻地影响了我国特殊教育领域的改革和发展。考察当代西方特殊教育思想的发展轨迹和对我国的影响,有助于我们更加清晰

---

① 邓猛:《推进中国全纳教育发展,健全随班就读支持保障体系》,《中国特殊教育》,2014年第2期,第23页。

地把握我国当前特殊教育事业的理论基础,建构起富有中国特色的特殊教育发展理论。

(一)当代西方特殊教育理论的发展轨迹

当代西方特殊教育发展大致经历了"隔离教育—回归主流—全纳教育"这样前后相继的三个阶段。可以说,每一个新阶段都立足于对前一阶段特殊教育理论和实践的反思和批判,它既反映了特殊教育思想的不断进步,也反映了更深层意义上人类对自身认识的不断深化。

1. 隔离教育

隔离教育是特殊教育思想和实践发展历程的第一阶段。最初人们对残疾人的生存状况漠不关心。由于文艺复兴和启蒙运动的影响,残疾人的生存和教育逐渐得到更多的关注。但是,限于当时医学水平状况和长期以来对残疾人的偏见,残疾人仍然普遍被视为是在生理和心理上有别于普通人群的特殊群体。因此,以"隔离教育"为主要特征的特殊教育体系逐渐得以确立,即通过设立隔离性的寄宿制医疗机构或学校,为残疾儿童提供看护性管理。隔离模式作为特殊教育的主流模式的状况一直持续到19世纪末,作为早期对特殊人群实施教育的重要方式,一方面体现了人们对残疾人教育的重视,残疾人可以依靠这样的机构获得一定的医疗和教育,但是另一方面被视为异类的"隔离"也对残疾人的心理造成了不同程度的伤害。也正是因为这样,随着医疗水平的进步和人们对残疾人认识的不断深化,"隔离模式"必将会被新的更加平等和自由的特殊教育模式所替代。

2. 回归主流

"回归主流"是特殊教育发展历程中一个重要的时期。20世纪上半叶,特殊教育在西方国家得到越来越多的重视,这一方面得益于医学的进步让人们对残疾人有了更多的了解;另一方面,残疾人在国家和社会中的作用得到更多人的承认。1948年联合国大会通过了《世界人权宣言》,提出人人都有受教育的权利,教育的目标在于为了充分发展人的个性。这就在某种程度上承认了残疾人接受平等教育的权利。此外,第二次世界大战结束后,世界范围内掀起了民主思潮,平等和自由的理念再一次得到更加广泛的弘扬,这也对特殊教育去"隔离化"而走向与普通教育的融合定下了基调。以美国为例,二战后以美国黑人为主的民权运动者发起全美范围内的反种族歧视、反隔离的民权运动,提出"分开就是不平等"的口号,要求黑人和白人在政治、教育和社会生活上享有平等权利,要求黑人和白人能够平等的共同使用社会公共设施和公用场所。这一运动对特殊教育发展的影响是显著的,"分开就是不平等"的理念和美国一贯倡导的平等、自由理念的矛盾冲突也直接影响了人们对处于"隔离"状态的"特殊学校"的反思。正是在这种背景下,"回归主流"开始成为20世纪60年代以来特殊教育新的发展方向。

经过反复的思考和争论,人们对特殊人群、特殊教育和特殊学校的认识更加明晰,越来越多的人对传统的特殊教育理念和做法的合理性提出质疑,相信残疾人也能同正常人一样能够获得同样的生存能力。1971年联合国通过《弱智儿童权利宣言》,1975年又通过了《残疾人权利宣言》,这两份文件都认为残疾人享有与同龄人一样的平等权利,社会应对他们进行医学的、心理的治疗与康复,进行教育和职业训练,以促使他们的潜力得到最大程度的开发[1]。与此同时,美国在20世纪70年代开始相继出现"正常化"思想和"非机构化"运动,前者是指主张智力落后者及其他残疾人每天的生活模式应尽可能接近主流社会,后者是指鼓励特殊人群离开各种类型的公共隔离机构到各种以社区为基础的生活环境中生活。这些思潮和运动最终导致整个特殊教育实践产生了"回归主流"运动,又称为"一体化"运动、"融合教育"运动。

"回归主流"运动在全世界特殊教育范围内产生了深远影响。早期的"回归主流"主要是针对轻度智力落后的儿童,后来逐步发展到包括其他类别的轻度障碍儿童,现在也包括一些中度和重度的残疾儿童。运动早期,由于缺乏配套的特殊教育计划和辅导

---

[1] 张福娟:《特殊教育史》,华东师范大学出版社2008年版,第296页。

措施，简单安置在普通班级的儿童并没有产生令人满意的效果。后来，学校开始根据不同的残疾类型和程度设置不同类型的特殊教育形式，制订不同的特殊教育计划，给特殊儿童提供最少的限制和最大的发展空间，尽可能使特殊儿童和正常儿童一起学习生活。这种特殊教育体系改变了以往将特殊儿童隔离在特殊学校或特殊班级的做法，而是让他们在普通学校内接受教育，从而使得特殊教育这支"支流"逐渐回到普通教育的"主流"之中[①]。

3. 全纳教育

全纳教育（inclusive education），又被翻译为融合教育，作为一种新的教育思潮，兴起于20世纪90年代，到现在仍处在不断发展之中，其核心内涵也随着学校教育实践的发展而不断拓展深化。目前对全纳教育还没有普遍认可的统一定义。但是全纳教育的支持者认为，先前"回归主流"运动所采用的依据残疾程度的不同决定教育环境的做法是不公平的，是违背"回归主流"本身所追求教育平等的初衷的。英国著名的全纳教育专家托尼·布斯（Tony Booth）认为全纳教育就是加强学生参与的一种过程，主张要促进学生参与就近地区的文化、课程、社区的活动并减少学生被排斥的过程。在这种语境下，全纳教育就不仅仅停留在把特殊儿童纳入普通学校，而是着眼于学校所有儿童的需要。这意味着全纳教育已经开始演变成一种对普通学校进行全面改革的思潮，且这种改革不仅仅针对学校的课程和教学，还将涉及普通学校的运行的整个环节。

全纳教育的产生和发展是和两个世界性教育大会联系在一起的。1990年，联合国教科文组织在泰国宗迪恩召开世界全民教育大会，有155个国家政府、20个国际组织以及150个非政府组织参加了这次会议。会议通过《世界全民教育宣言》和《实施全民教育的行动纲领》，并在宣言中提出：残疾人的学习需要值得关注，必须采取步骤向各类残疾人提供平等教育的机会，而使这种教育成为整个教育体系中的一个组成部分。通过这次会议，世界各国人民开始

---

① 张福娟：《特殊教育史》，华东师范大学出版社2008年版，第299-300页。

意识到特殊教育是全民教育的题中之义，没有特殊教育就不可能实现真正的全民教育。此后，1994年，联合国教科文组织在西班牙萨拉曼卡召开世界特殊教育需要大会，并发表《萨拉曼卡宣言》，宣言声明：① 每一个儿童都有接受教育的权利，必须获得可达到并保持可接受的学习水平的机会；② 每一个儿童有其独特的个人特点、兴趣、能力和学习需要；③ 教育制度的设计和教育计划的实施应该考虑到这些特性和需要的广泛差异；④ 有特殊教育需要的儿童必须有机会进入普通学校，而这些学校应以一种能满足其特殊需要的以儿童为中心的教育思想来接纳他们；⑤ 以全纳性为导向的普通学校是反对歧视的态度、创造受人欢迎的社区、建立全纳性社会以及实现全民教育的最有效途径；此外，普通学校应向绝大多数儿童提供一种有效的教育，提高整个教育系统的效率并最终提高其成本效益。这次大会明确提出了全纳教育的思想，并对实施全纳教育的各个环节进行了广泛讨论，包括课程设置、课堂组织、评估培训、教师培训、特殊教育中心、社区服务、父母参与、非政府组织的作用及残疾儿童早期教育等[①]。虽然这次大会对全纳教育有了较为深入的解析，但是迄今为止，对全纳教育的内涵及其具体实施的争论仍在持续进行。

全纳教育所倡导的民主、平等的教育理念无疑是十分有意义的，但是全纳教育在实施过程中还是遇到很多困难，例如特殊教育师资的重新分配，普通学校教师教育能力的局限以及残疾儿童的家长更倾向于选择特殊学校等。实际上，全纳教育作为一种新的教育理念和教育思想，实践的过程不可能一帆风顺，必然会经历各种曲折和反复，但是其蕴含的对所有人无差别的尊重和爱的思想是每一个特殊教育者应该学习和借鉴的。

（二）当代西方特殊教育思想的传入及影响

教育交流是人类文化交流的重要内容，是促进各民族、国家和地区教育发展的强大动力。我国古代就有很多与世界其他国家

---

① 张福娟：《特殊教育史》，华东师范大学出版社2008年版，第310页。

和地区进行文化教育交流的历史记载。近代以来，中外教育交流日盛，中国近代教育就与外来文化的影响有着千丝万缕的关系。无论是创办新式学堂、派遣留学生、翻译新书还是聘请欧美教育家来华讲学，都是中外教育交流的生动反映。在特殊教育领域也不乏中西交流的影响，近代基督教会通过创办特殊学校、宣传西方教育理论等方式对我国近代特殊教育的发展产生了深远影响。

20世纪50年代，受特定国际国内环境的影响，我国与西方国家教育交流减少，基本限于以苏联为首的社会主义国家进行交流，形成"以苏为师"的"一边倒"的局面。随着与苏联军事关系的紧张，从20世纪60年代初期开始，我国的教育对外交流转向了亚非拉第三世界国家，这种教育交流没有持续多久就被随之而来的"文化大革命"终结。"文化大革命"延续了十年，对中外教育交流的打击是巨大的。特别是1972年以前的六年，所有的对外教育交流渠道全部封闭，国家在六年的时间内没有派出任何一名留学生或教育代表团出国学习访问，同时已在国外的留学生悉数被撤回或遣返；1972年后，由于中美建交的影响，中外教育交流开始恢复，截至1976年共派出留学生1200名左右，且专业绝大多数是学习外国语言[①]。1957年到1977年的二十年间，世界教育改革风起云涌，我们却关闭了中外教育交流的大门，对世界教育思想的潮流茫然无知。

1978年十一届三中全会后，中国进入以改革开放为中心的社会主义经济建设时期，对外教育交流也开始摆脱停滞不前的局面，中国官方和学者在维护国家主权的前提条件下，积极主动地与世界其他国家和组织进行教育交流，逐渐形成全方位教育交流的新格局。这是中国教育对外交流发展史上一个重大的转折时期。20世纪80年代以来，中外教育交流日渐频繁，形成译介国外教育理论、教育学说的高潮，有力地促进了我国教育思想观念的转变，推动了我国深化教育体制的改革。改革开放三十多年来，中外教育交流的深度和广度都达到了前所未有的新境地，不仅是中华人

---

① 田正平、肖朗：《教育交流与教育现代化》，《社会科学战线》，2003年第2期，第146页。

民共和国成立六十多年来收获最为丰硕的一个时期,也是近代一百多年来中国教育现代化进程中步伐迈得最大、最为坚实的一个时期[①]。

但是,20世纪70年代末80年代初,国内的教育界专家学者对西方的教育实践往往还不甚了解,对在其基础上产生的新兴的教育理论和思想也比较陌生,因此很多译介带有一定的滞后性。例如,当时引进的布鲁纳、赞可夫、布鲁姆、皮亚杰等人的理论,均与他们在国外的兴起存在十至二十年的时间差[②]。鉴于此,产生于20世纪六十七年代的"回归主流""一体化"等特殊教育思想在产生之初也不大可能马上传入我国。从现有文献和我国当时的特殊教育实践来看,这些思想最早应该是在20世纪80年代年代初期开始陆续传入我国,后逐渐被我国更多的特殊教育专家学者所认识和了解。而20世纪90年代刚刚兴起的"全纳教育"思想,就受到我国学者比较及时地关注和了解。例如,1993年联合国教科文组织在我国哈尔滨召开"亚太地区有特殊需要儿童、青少年的教育政策、规划和组织研讨会",会议通过了《哈尔滨宣言》,指出要通过全纳学习的观念探索满足一切儿童的基本学习所需要的多种策略、试验全纳性学校的成功策略和方案,以及在制订各种儿童教育方案中考虑"全纳性"这一观念。这就是全纳性教育思想对我国的特殊教育理论和实践影响的缩影。

20世纪90年代以来,对中外特殊教育理论和实践的比较研究成为特殊教育研究的热点,一体化、回归主流和全纳教育在中国学界重新引发热烈的讨论,我国学者开始借鉴和吸收这些思想中的合理因素,对我国现阶段的特殊教育理论和实践产生了重要影响。另外,我国从20世纪80年代中期就开始对特殊教育进行"随班就读"的改革试验,其做法也在一定程度上和西方"回归主流""全纳教育"等思想不谋而合。研究中外特殊教育实践的异同,挖掘其背后隐含的价值标准和哲学思想,在中外教育思想交流和

---

① 田正平、肖朗:《教育交流与教育现代化》,《社会科学战线》,2003年第2期,第146页。

② 丁钢:《中国教育:研究与评论》(第1辑),教育科学出版社2001年版,第169页。

融合中探寻适合我国特殊教育事业发展的道路成为当前研究的重要课题。

二、当代中国本土化的特殊教育思想

随班就读，是我国特殊教育工作者在长期的教育实践中，参考西方融合教育的做法，结合中国经济、文化等具体情况，让轻度残疾儿童进入普通学校学习的特殊教育形式。随班就读这种教育模式体现了我国丰富的本土化特殊教育思想，它是对当时中国教育艰苦教育条件的回应。有研究指出："残疾儿童随班就读这种形式在我国特别是农村地区早就存在……它不是一种出自理性设计的政策，而是受制于教育条件的做法。"①也就是说，随班就读在产生之初就带有浓重的实用主义色彩，是"我国作为发展中国家，在经济文化还不够发达的情况下发展特殊教育的一种实用的、也是无可奈何的选择"。20世纪80年代以来，随着中国特殊教育理论的逐步构建和西方回归主流、全纳教育以及融合教育思想的涌入，中国学者开始试图发掘随班就读背后的文化内涵和哲学意蕴，对随班就读与融合教育进行比较研究，进而构建富有中国特色的特殊教育思想。

随班就读的内涵似乎不言自明，就是将特殊儿童安置在普通班级中与普通儿童共同学习的一种教育组织形式。顾明远主编的《教育大辞典》中指出：随班就读是残疾人受教育的一种方式，就是在普通学校招收能够跟班学习的残疾学生，如肢残、轻度弱智、弱视、重听等学生②。还有研究认为"随班就读是指特殊儿童在普通教育机构中和普通儿童一起接受教育的一种特殊教育形式"③。从这些随班就读的定义中可以看出，与西方民主、平等、人本主义色彩相对浓厚的融合教育相比，随班就读很大程度上还被视为

---

① 赵小红：《试论中国全面推进随班就读工作的必要性》，《中国特殊教育》，2011年第11期，第4-10页。
② 顾明远：《教育大词典》，上海教育出版社1990年版，第204页。
③ 华国栋：《随班就读教学》，华夏出版社2000年版，第3页。

一种特殊儿童的教育安置形式，理论上的反思和构建远远落后于实践的发展。但是，中国的随班就读是生长在中国具体国情下的富于中国特色的教育形式，是中国传统思想和教育现实结合的产物，具有强烈的本土色彩。换句话说，虽然随班就读在创立之初并没有严格的特殊教育理论的支撑，但是背后却带有中国传统儒家的朴素人本主义思想的痕迹。

中国传统儒家思想强调关怀社会弱势群体，儒家思想提倡"仁者爱人""穷则独善其身，达则兼济天下"等思想都反映了对社会群体的无差别的关怀。《礼记·礼运》中"人不独亲其亲，不独子其子；使老有终，幼有所长，鳏寡孤独废疾皆有所养"的观点也反映了儒家思想对残疾的宽容和接纳[①]。正是由于传统儒家思想对中国社会根深蒂固的影响，有理由认为随班就读的产生与其有着密切的关系，甚至在以后的发展过程中，也或多或少的继续受其影响。在特殊教育学校严重缺乏的情况下，将残疾儿童纳入普通班级与普通儿童共同学习，这本身是儒家仁爱思想的反映。至于当代随班就读在面临资金、教学设备短缺，法律法规不完善等相关问题时，绝大多数教师仍然能够对随班就读的特殊儿童给予一定程度的关怀，扮演了"扶危救困"和"急人之难"的无私奉献的角色，这些也都是中国传统儒家"仁爱"思想的集中体现。教师在这种仁爱之心的驱动下，帮助随班就读学生走出心理阴影，引导班级所有同学互助互爱，创设亲密友爱的班级环境，从而帮助其获得学业上的进步。可见，传统儒家"仁爱"思想确实对随班就读的顺利开展起到了重要作用。这与西方倡导的平等互惠基础上的融合教育有所不同，西方源于基督教的爱本质上是个人主义的，对他人的爱是出于对上帝的信仰；而儒家的爱含有一种悲天悯人的意味，在帮助残疾人的同时获得了强烈的自我价值感，同时也会受到主流社会的认可。但是，从随班就读长远的发展来看，仅仅依靠"仁爱之心"是不够的。从人道主义走向人本主义，

---

① 刘全礼：《特殊教育导论》，教育科学出版社2003年版，第82页。

从对残疾人的怜悯和同情之心走向充分重视每个学生作为人的价值、尊严成为随班就读哲学思想发展的要求，只有这样，中国的随班就读才能成为中国式的融合教育，才能更好地致力于特殊儿童的和谐发展。

三、当代中国特殊教育学者代表及其教育思想

（一）陈云英的特殊教育实践及其思想

1. 陈云英的人生轨迹和主要成就

陈云英，1953年出生于我国宝岛台湾省台北市，1975年毕业于台湾政治大学中文系，1983年到1987年留学美国，先后在美国宾夕法尼亚州爱丁堡罗大学和乔治·华盛顿大学分别获得教育学硕士、博士学位，成为我国第一个获得特殊教育博士学位的专家。1987年，陈云英回到祖国大陆，就职于中央教育科学研究所，组建了中国第一个特殊教育研究室，为我国特殊教育事业作了很多开创性的工作。陈云英曾经承担教育部八五、九五、十五的重点课题，并与联合国教科文组织、联合国儿童基金会长期合作，承担了一些重点研究课题的研究工作。已出版《特殊儿童父母指导手册》《残疾儿童的教育诊断》《中国特殊教育学基础》《全纳教育共享手册》《智力落后——心理教育康复》《智力落后课程与教学》《随班就读的实验——农村成功的经验》等十余部著作，发表中英文调查及研究报告等近百篇。陈云英曾任中央教育科学研究所学术委员会主任、特殊教育研究室主任、研究员，中华全国青年联合会常务委员，北京大学、北京师范大学和华东师范大学兼职教授、博士生导师，《中国特殊教育》杂志的主编，中国特殊需要网在线总监，中国教育学会学术委员会委员及特殊教育分会副理事长等职务，1992年被国务院授予教育科研突出贡献专家，享受政府特殊津贴。此外，还连续当选全国政协第八届、第九届委员，连续当选第十届、第十一届全国人大代表等。

2. 陈云英的特殊教育实践

（1）创业维艰：创办中国第一个国家级特殊教育研究室。

20世纪80年代，我国大陆地区的特殊教育还处在比较落后的状态，特殊教育工作并没有取得很大的进展。1988年，刚到北京工作的陈云英发现，全国7～15岁盲童入学率仅为3%，聋童入学率仅为5.5%，弱智儿童入学率仅为0.33%，而中国大陆还没有专门从事智障青少年特殊教育研究的机构，为了开展这项特殊教育工作，陈云英在中央教育科学研究所创办了特殊教育研究室，首开祖国大陆对智障青少年进行特殊教育研究的先河。作为第一个国家级特殊教育研究单位，承担了许多教育部和残疾人联合会委托的研究课题。在当时环境下，很多人不支持、不理解陈云英特殊教育研究室的创立，遇到了很多困难，但是陈云英依然咬紧牙关，坚持了下来。

（2）躬亲实践：深入中国边远地区进行特殊教育教学研究工作。

在从事特殊教育的职业生涯中，陈云英除了完成中央教育科学研究所日常的教学研究工作外，还多次承担联合国委托的调查研究项目。1994年至2000年，为完成联合国儿童基金会和中央教育科学研究所的研究任务，陈云英深入中国西部11省100多个贫困县，调查残疾儿童的生活和受教育状况，开展智障青少年的特殊教育。作为当时我国少有的特殊教育学博士，在极其艰苦的条件下较好地完成了科研任务，受到了各界的广泛赞誉。在这些边远地区的学校，至今仍然能够看到陈云英当年在学校工作时留下的照片，这些照片被学校以一种崇敬的方式保存下来。对此，陈云英曾无不感慨地说道："我如果对中国特殊教育事业有功，那一定是我死后，我未来的墓碑不是哪个固定的墓碑，而是为了传播特殊教育我所走过的每一个地方。我到处播下的种子，我的生命为此而被放大。"

（3）与时俱进：创办"中国特殊需要在线"网站。

1999年，陈云英以"促进特殊需要儿童的基础教育"为题，争取到了联合国教科文组织提供的一笔经费，创办了"中国特殊需要在线"网站。在网站所设置的"陈博士工作室"里，陈云英和前来咨询的网民亲切交流，耐心地解答相关的问题，取得了一定的社会效应。这种运用网络的便捷性和普惠性，与特殊儿童及其家长、教师进行直接沟通的方式，深受广大网民欢迎。随着网络的广泛使用，特殊教育和残疾人教育网站的数量已经越来越多，提供的服务也越来越周到细致。陈云英的"星星之火"，已经有了燎原之势，越来越多的特殊人群开始受益于这些公益性的网络资源。

除此之外，1989年，陈云英主编了我国第一套特殊教育丛书——特殊教育参考丛书，成为当时人们了解特殊教育的必读书目。1994年，陈云英创办了刊物《中国特殊教育》，以此作为推动我国特殊教育理论和实践交流的平台，也让更多的人通过这个刊物对我国特殊教育发展状况进行了解和学习。在中央教科所工作的这些年，陈云英夙兴夜寐，筚路蓝缕，无数次深入基层做调查，无数次赴全国各地开办讲座。她的足迹遍及中国，她的学生也遍及中国。可以说，陈云英为中国特殊教育事业作出了开拓性的贡献，是中国特殊教育当之无愧的第一人。

3. 陈云英的特殊教育思想

（1）热爱少年儿童，关注所有儿童身心发展。

陈云英认为，一个真正文明的社会应该是一个以人为本的社会。因此，她认为社会应该平等尊重和对待每一个人。作为一个儿童问题专家，对生命一视同仁的关爱是陈云英思想大厦的基石。"每个人的生命都是独一无二的。对他人生命尊严的意识阙如，对他人生命尊重的落空，忽视个体生命的价值和权利，将成为社会文明的一种残缺。"而作为一个特殊教育学者，陈云英对祖国儿童和青少年一代怀有极大的热爱，同时也怀有极大的期待。她曾说："我的专业是做儿童发展，我最大的梦想是为我们的少年儿童创造一个更加美好的明天。我希望我们国家儿童所受的教育是国际上最先进最好的教育，所有的教育都是为孩子们私人定制的，他们需要什么就有什么，想要成为什么样的人才，他就可以成为那样的人才，这就是我为下一代做的一个更加美好的人生梦。"陈云英把这种对生命的思考融进了她的特殊教育工作生涯中来,"特殊教育可以使人性得到净化。通过与他们接触,会使人们更加理解人类的巨大的潜能,因而增进自己在困境中打开潜能迎接挑战的力量;对生命意义的理解可以更加充沛,在不完美的状态下可以生活得更加精彩"。陈云英认为,对于个人来讲,能够毫不自私地帮助弱者,这个人就是生活中真正的强者,而对于社会来讲,对社会弱势群体抱以平等无私关怀的社会才是和谐友爱的社会。

为更好地评估和促进特殊儿童的身心发展,陈云英认为,要着重加强对儿童的早期监测和干预。特殊教育教师要像医生一样为特殊儿童的生理和心理发展水平作出科学的评估,通过对特殊儿童评测数据的分析,设计特殊儿童个别化的特殊教育计划、家庭个别辅导计划等。具体说来,为每一个新生儿建立生长、发展监测的档案,从出生开始,记录和测量儿童的发育情况,可以每半年对孩子的发育监测一次。一旦发现出现发展滞后的情况,就可以及时地进行早期干预。早期干预的措施包括医疗、营养、康复、教育和心理介入等。

(2)重视特殊教育事业,提倡全纳教育思想。

陈云英十分重视特殊教育事业,她认为:"特殊教育工作的水准,是衡量一个国家文明程度的标志之一。拒绝特殊教育就是拒绝教育的现代化,特殊教育是这个教育体系的保障工程,只有发展特殊教育,我国教育的现代化才能实现加快发展的目标。"作为第一位获得特殊教育博士学位的中国人,在美国留学期间,她特别重视当代发达国家的特殊教育发展现状和理论的研究,对欧美的特殊教育理论和实践的发展做了比较深入的考察。回国之后,鉴于我国当时特殊教育事业仍然处于比较落后的状况,陈云英毅然把自己的智慧和力量投入到我国特殊教育事业的发展上来。1988年,陈云英就提出我国的特殊教育不能单纯依靠特殊学校,普通学校要为特殊儿童提供适当的教育。对此,陈云英曾说,我国有100万所普通学校,如果每所普通学校接受6个残疾儿童入学,我们国家特殊教育的普及化就会很快实现。可以说,随班就读就是在这样的条件下应运而生,20世纪90年代以后在我国很多地方逐渐推广,为我国众多的残疾儿童提供了入学机会。

1993年开始,陈云英开始提倡全纳教育。在长期的工作和研究中,陈云英对残疾人教育体系分成大概念和小概念两种说法,大概念可以称为特殊教育或全纳教育,小概念可以称为残疾人教育。陈云英认为,从残疾人教育到特殊教育再到全纳教育,是一个认识不断升级的过程,升级后教育服务的对象范围不断扩大,教育的内涵更加丰富和深刻。当代的特殊教育更应该被视为是特殊需要儿童的教育,用"特殊需要儿童"的概念就把不同程度的学习障碍、情感障碍等非一般意义上的残疾儿童也纳入到特殊教育范畴中来。因为在普通教育体系下,课堂教学手段和方法更加关注学生的共性,教师也很难关注每个学生的个性差异。而随着全纳教育的发展,全纳教育的方法、技术的进步会不断融入和改善普通教育,比如,如果普通教师具备教育由于遭遇家庭变故或自然灾害出现心理和生理障碍的儿童所需的理论和方法,那么他就可以从容应对在普通教育条件下出现的各种状况。因此,全纳教育思想对学生个体特殊需要的关照成为整个学校教育体系改革的新方向。

陈云英强烈反对教育现实中把普通教育和特殊教育割裂开来,提倡在全纳教育思想的指导下将特殊教育和普通教育融为一体。在她看来,全纳教育意味着我们社会全面为所有特殊教育需要的人开放,不仅包括残疾人群,而且也包括其他特殊教育需要的人群,每一个儿童都需要特殊教育,每一个儿童发展的每一个阶段都需要特殊教育。她说:"在我国制定任何一个法规和政策时,最重要的是对人特殊需要的广泛性以及教育功能多样性的充分认识和观念转变。人因疾病、心理发展、社会结构的转型、自然灾害等原因需要特殊关怀和教育。在教育领域里,广泛地采用心理康复、教育咨询、精神卫生、社会支持、科技学术来帮助他们受教育,是高质量教育的内涵。"因此,全纳教育应该是教育者一切努力的方向。

(3)提倡两岸在特殊教育领域的交流与合作。

陈云英出生在台湾,1983年赴美留学,1987年回到祖国大陆进行特殊教育工作,直到1997年才得到第一次机会返回台湾探亲,对于她来说已经离开双亲十余年。正因为对这种海峡隔不断的血脉情的深切体会,在大陆和台湾的关系问题上,陈云英始终坚持一个中国的原则。在陈云英看来,由于历史上的种种原因,大陆和台湾在某些方面还存在隔阂。但是,两岸人民本就是同祖同宗,自古以来就是一家人。两岸关系在很多方面已经有了很大的改观,随着中国国力的不断提升,两岸的关系还将进一步得到提升。因此,陈云英提倡两岸在教育领域开展多种形式的合作。陈云英认为,大陆和台湾都有各自非常优秀的教育资源,在特殊教育领域的实践经验也具有很强的互补性,要采取多种有力的措施推进两岸在特殊教育领域的交流与合作,如促进两岸特殊教育领域人才的互访学习,培养跨海峡两岸的人才、举办两岸校长或教师的论坛、推动两岸特殊教育学校互设分校和办事处以及鼓励双方教育投资等,通过这些形式促进理论和实践上的交流,加深两岸对特殊教育发展情况的了解,发掘可以相互借鉴和利用的经验,促进两岸特殊教育的共同发展。实际上,这些交流和合作不仅对两岸的特殊教育发展是十分有利的,同时也有助于加深两岸人民的情感联系,促进祖国的完全统一。

改革开放以来,我国的特殊教育事业随着我国综合国力的不断提高而获得了举世瞩目的成就。这些取得的成就和以陈云英为代表的中国新一代特殊教育教师、专家和学者的共同努力是分不开的。一方面,他们将我国的特殊教育事业的发展作为毕生的追求,坚持以理论思想的创新为先导,引领我国特殊教育思想和实践发展的方向;另一方面,躬亲实践,不仅长期坚持一线教学,培养了无数的特殊教育教师和学生,而且通过创办杂志、网站等多种途径拓展特殊教育研究和服务的范围,将特殊教育的种子播撒在中国大地上,让更多的人开始关注特殊教育,让特殊教育的理念深入人心。陈云英作为改革开放以来我国特殊教育事业发展的引路人和开拓者,其研究和实践对我国特殊教育事业的起步发展做出了突出的贡献。

（二）朴永馨的特殊教育实践及其思想

1. 朴永馨的人生轨迹和主要成就

朴永馨先生于1936年6月出生于辽宁省沈阳市，曾任北京师范大学教育学院教授、北京师范大学特殊教育中心主任等职。1955年在北京四中高中毕业后，他被推荐并考入北京俄语学院留苏预备部学习。1956年8月赴国立莫斯科列宁师范大学特殊教育系学习特殊教育，1961年毕业回国。先后在北京第二、第四聋校从事聋童和弱智儿童的教育教学工作。1979年年底，他调入北京师范大学教育系，在他的努力下，1980年北师大创建了我国大陆第一个特殊教育研究室，首次在高校开设"特殊教育"和"残疾儿童心理"课程；1986年，他在北师大建立特殊教育专业；1988年成立特殊教育研究中心，并担任中心主任至1999年退休。朴永馨曾倡议创建了中国教育学会特殊教育研究会并任副理事长（1981—2004），并兼任学术委员会主任以及听力残疾、智力残疾等全国学术组织的领导等。此外还历任中国高等教育学会高等特殊教育研究会理事长、中国残疾人康复协会常务理事和北京联合大学特殊教育学院兼职教授等职。朴永馨教授从1992年起享受国家"政府特殊津贴"，1993年获得"全国优秀特殊教育工作者"称号和"曾宪梓教师奖"，1995在人民大会堂得到美国人民大使组织（People to People Citizen Ambassador Program）和特殊教育委员会（Council for Exceptional Children，CEC）授予的特制奖状，而其论文和著作在国内外获得奖项更是数不胜数。

朴永馨在特殊教育领域著述颇丰，主要翻译、编写的成果有：《智力落后学生心理学》《缺陷儿童心理》《聋童教育概论》《特殊教育概论》《特殊教育学》《特殊教育的课程与教学》《特殊教育辞典》《学说话》等。主要发表文章《试论我国特殊教育的普及与发展》《对残疾儿童的认识和特殊教育的发展》《随班就读与回归主流》等。主持和参加了《中国大百科全书（教育卷与心理卷）》《心理学大辞典》《教育学大词典》《中国教育大百科全书》等特殊教育学科条目的撰写工作。曾应邀为美国《聋人百科全书》和第二版《特殊教育百科全书》撰写关于中国特殊教育的条文。改革开放以来，朴永馨为新中国培养了第一批特殊教育本科生和研究生，并多次应邀赴美、俄、英、挪、意等国和我国台湾、香港、澳门地区访问和进行学术交流，在美、俄、英、韩等多国大学做专业学术演讲。

在过去的几十年里，朴永馨教授作为中国特殊教育事业的开创者，始终以高昂的热情和事实求是的作风奋斗在我国特殊教育的第一线，为中国特殊教育事业的创立和发展鞠躬尽瘁，成为我国特殊教育领域的翘楚。朴永馨教授的名字将留存在中国特殊教育发展史上，其特殊教育思想也将成为我国特殊教育思想的伟大财富，值得后辈学人不断学习。

2. 朴永馨的特殊教育实践

朴永馨教授是新中国第一个五年计划时在苏联学习特殊教育的两名归国人员之一，是中国最早的特殊教育研究专家和学者，为中国特殊教育事业的发展做出了杰出贡献。

（1）努力探索具有中国特色的特殊教育课程体系。

朴永馨教授主持和参与了我国盲聋等学校的教学计划的制订工作。第一，朴永馨教授具体组织、制订、论证和探讨了中度弱智儿童的课程问题。在国内外大量调研的基础上，结合中国弱智学生的实际情况，朴永馨提出了中度弱智儿童的全面发展和补偿缺陷相结合的培养目标，提倡改变沿用普通学校的单纯的语文、数学等学科教学，而代之以"实用语数""生活适应"和"活动领域"的课程，在教学中积极倡导适用性、实践活动性等原则，这些都对我国智力落后儿童教育领域颇有影响。第二，朴永馨教授主持编写了我国第一套聋儿语言训练教材，开创了我国此类教材编写的先河。他认为"语言训练形式要符合幼儿心理发展特点，主要应在游戏活动中进行，以激发聋儿学说话的兴趣"，这对于我国聋儿语言训练实践具有重要的借鉴意义。第三，他积极支持盲文改革，大力推介双拼盲文。朴永馨教授多次参加有关的讨论和调研，并且撰文论证双拼盲文的优越性，为盲文改革和推广做出了一定的贡献。

（2）构建具有中国特色的特殊教育学学科体系。

1982年，朴永馨教授受国家教育委员会委托组织制定中师课程方案，由此开始了中国特殊教育师资培养体系和学科体系建设的进程。他根据中国当时特殊教育与师范体系的情况，对中等师范教育提出分建盲、聋和弱智教育专业，分别开设医学基础、心理学基础、教育学基础和教材教法基础等几个板块课程。1989年11月，国家教委正式颁布由朴永馨教授执笔起草的《中等特殊教育师范学校教学计划（试行）》，在此基础上形成后来视障教育学科群、听障教育学科群和智力落后教育学科群的雏形。

1986年，北京师范大学开设特殊教育专业并开始招生。朴永馨教授提出本科生要全面学习盲、聋、弱智等多学科的基础知识，以便毕业后能够胜任特殊教育相关的工作。为此，北师大建立了一套高等师范特殊教育课程体系，丰富了特殊教育的学科体系。此外，朴永馨教授还建议和参与了我国高等教育自学考试特殊教育专业的建立以及各门课程大纲、教材的编写和审定等工作，为丰富和完善我国特殊教育学科体系和人才培养作出了努力。

2001年春，朴永馨教授积极倡议成立中国高等教育学会高等特殊教育研究分会，以配合特殊教育事业和学科的发展。在第一次学术研讨会上，朴永馨教授提出了中国特色的高等特殊教育的概念。他提出，高等特殊教育应包括各类特殊教育需要的高等教育（单独院校系科和在普通高校随班就读）和为特殊教育服务的各类专业的高等教育，将高等残疾人教育也纳入了特殊教育学科体系，使特殊教育的各个门类成为社会协调发展的一个组成部分。

（3）人才培养和对外交流。

朴永馨教授从教五十余年来，他的步伐遍及各级各类特殊教育学校和随班就读点，全国几乎所有的特殊教育学校的教职工都听过或见过朴永馨教授，可见其在我国特殊教育领域的影响力。1986年，朴永馨教授在大陆首创特殊教育本科专业并担任多门课程的授课任务，获得师生的一致好评。1993年，北师大的特殊教育作为二级学科硕士点通过审批，为培养特殊教育研究高级人才奠定了制度上的保证。朴永馨教授坚持教学，退休后接受返聘坚守讲坛，兢兢业业为国育人。同时也十分重视与国际特殊教育界的交流，向世界展示中国特殊教育事业的发展和特殊教育研究的进展。他曾经在美国、俄国、意大利、日本、波兰、英国等国家的书刊上发表介绍中国大陆特殊教育的文章，也曾多次应邀在世界其他国家多所大学去做学术演讲，如加州大学、莫斯科师范大学、曼彻斯特大学等。此外，朴永馨教授还积极与港澳台特殊教育同仁进行交流，他翻译和编写的著作在我国有很大的影响力。

3. 朴永馨的特殊教育思想

在多年工作和研究的基础上，朴永馨教授逐渐形成了马克思主义的特殊教育理论，奠定了我国特殊教育事业的科学方法论基础，为指导我国特殊教育实践的发展做出了巨大贡献。

（1）以马克思主义哲学为基础的特殊教育理论。

首先，朴永馨教授以马克思主义哲学"共性和个性"的辩证关系为基础阐述了其对特殊儿童和特殊教育的认识。他认为，残疾儿童和普通儿童之间既有共性又有区别。共性表现在无论残疾的种类和程度如何，残疾儿童都是在社会生活的人，是正在成长、发展着的儿童，他们同样具有人的社会性，有和正常儿童一样的基本发展规律和生理基础。而特殊儿童之所以特殊是因为其个性或者特殊性的存在，表现在解剖、生理或心理活动的差别，而且每一个特殊儿童都是区别于其他个体的存在，因此教育应该因人而异。

其次，从马克思主义哲学联系的观点出发，朴永馨认为特殊儿童某一方面的生理缺陷有可能引起其他方面的缺陷，但是，这些缺陷又是有主次之分的。例如先天或后天造成的残疾是首要缺陷，或第一性缺陷，由第一性缺陷可以派生出第二性、第三性其至更多的缺陷。但是他同时又指出，并不是发展中的主要问题都是由第一性缺陷直接造成的，第一性缺陷和派生的其他缺陷都是相互联合和相互作用的。

最后，从矛盾的观点出发，朴永馨教授提出"三因素补偿理论"。补偿是指在机体失去某种器官或某种机能受到损害时机体自身的一种适应，在适应的过程中，被损害的机能可以被不同程度地恢复、弥补改善或替代。而在特殊教育中，缺陷的补偿主要有三个因素：生物因素、社会因素和意识（或心理）因素。朴永馨教授认为，这三个方面的因素在补偿过程中是统一的、相互作用的和协调平衡的，而且补偿是一种动态的变化和发展的过程。因此，只有全面地、动态地分析补偿的各个因素，并在不断地变动中求得补偿诸因素发展中的平衡，才能对补偿有正确的认识，并按照客观规律自觉地促进补偿过程。

（2）以马克思主义辩证历史观为基础的特殊教育史思想。

以马克思主义辩证唯物的历史观为基础，朴永馨形成了独具特色的特殊教育史思想。第一，朴永馨认为要一分为二地看待我国及世界特殊教育思想和实践的发展。从进步的一面来看，我国古代对残疾人的认识比同时代的西方更先进。例如两汉时期的"鳏寡孤独废疾者皆有所养"的（政策）观点就具有极大的进步性[①]。而近代外国人在我国进行的特殊教育活动既有其文化侵略的一面，也有对中国特殊教育理念和方法具有积极意义的一面。第二，朴永馨教授认为，看待某一国家的特殊教育的历史实践，必须站在该国具体的时空条件和文化背景下。他利用这个基本的历史唯物主义的原则分析了美国回归主流与我国随班就读的异同点，认为"随班就读与欧洲的融合、美国的回归主流有相同之处，但又有不同"[②]，在理性分析的基础上，他更加坚定地支持中国随班就读工作的开展，坚定了走中国特色特殊教育道路的决心。第三，坚持古为今用、洋为中用的方针，坚持民族性和世界性相统一的

[①] 朴永馨：《二十一世纪的中国特殊教育》，《特殊教育研究》，1992年第3期。

[②] 朴永馨：《融合与随班就读》，《特殊教育研究》，2000年第4期。

理论观点。朴永馨教授认为，发展我国特殊教育事业要博采众长，特别是要注意发掘和继承我国古代优秀的特殊教育思想，同时也要避免闭目塞听，要努力学习和借鉴世界其他国家的特殊教育的成功经验。只有这样，才能更好地吸收国内外一切有益的思想文化，为推进我国特殊教育事业整体发展奠定思想基础。

（3）富于本土气息的中国特殊教育观念和思想。

20世纪80年代，我国迎来了特殊教育快速发展的时期，各种经验和思想开始像潮水般涌入中国，一时间似乎淹没了整个学术理论界。朴永馨教授站在历史的高度，认真总结了国外特殊教育发展的历史后提出，我国的特殊教育应该走具有中国特色的特殊教育事业发展道路。

首先，朴永馨教授认为，特殊教育事业的发展既要重视经济基础的决定作用，同时也要考虑一定社会条件下政府对残疾人教育的认识和态度。他认为，仅有经济的发展是不够的，经济发展了但是人们对残疾人及其教育没有正确的认识也是不够的。世界和中国的特殊教育历史都在不断证明这一点。因此，他特别强调人的观念在特殊教育事业发展中的重要作用。其次，朴永馨教授积极支持随班就读这种特殊教育模式，认为随班就读是土生土长的、具有中国特色的教育模式。他认为只有适合中国本土环境的教育模式才能适合中国特殊教育的发展，因此，不遗余力地宣传和推进随班就读工作的开展。最后，朴永馨强调特殊教育学校的作用要多元化，指出新时期特殊教育学校应该有七大作用，即培养教育残疾儿童的中心与示范点、师资培养（或进修）中心、教研中心、咨询与辅导中心、科研中心、信息资料中心和职业劳动教育中心[①]。这就从操作层面上重新界定了我国特殊教育体系功能，从而进一步完善了我国特殊教育的体系。

改革开放以来，朴永馨教授对中国特殊教育的改革和发展做了突出贡献。一方面，他长期坚守在特殊教育第一线，坚持特殊

---

① 朴永馨：《特殊教育学校作用的发展》，《特殊教育研究》，1995年第4期。

教育的教育教学，从事特殊教育的科学研究，指导特殊教育学校的建设，为中国的特殊教育事业的发展出谋划策。另一方面，他注重运用马克思主义的基本原理分析古今中外的特殊教育思想和实践，进而形成具有中国特色的特殊儿童观和特殊教育观，影响了一大批特殊教育工作者。朴永馨作为新中国第一代特殊教育学人，其理论和思想闪耀着智慧的光芒，为我国特殊教育的发展照亮了前进的道路。

附 录

近三十年来中国特殊教育史论文选目

为帮助读者进一步学习、思考本书所及内容,笔者以中国人民大学"复印报刊资料(G1). 教育学"为基础选材范围,以年份先后为序,选录了1985—2014年部分中国特殊教育史论文,以供参考。在此,首先向有关作者表示衷心感谢!

[1] 朴永馨. 试论我国特殊教育的发展和普及. 北京师范大学学报, 1986(2).

[2] 朴永馨. 中国特殊教育师资的培养. 北京师范大学学报, 1988(6).

[3] 陈云英. 关于特殊教育师资培训的几个问题. 教育科学, 1990(4).

[4] 赵树铎. 特殊教育发展浅论. 理论与现代化, 1991(1).

[5] 张茂聪. 中国特殊教育发展的几个问题. 江西教育科研, 1992(4).

[6] 余烈, 张丁. 试论张謇特殊教育思想体系中的职业教育观. 现代特殊教育, 1994(2).

[7] 郭大松, 曹立前. 传教士与近代中国启喑教育. 近代史研究, 1994(6).

[8] 陈云英, 叶立言, 彭霞光. 宁夏回族自治区特殊教育现状的调查. 特殊儿童与师资研究, 1995(1).

[9] 王辛茹, 田永安. 伊盟特殊教育的调查报告. 内蒙古教育, 1995(11).

[10] 刘俊卿. 关于辽宁省特殊教育学校职业教育的调查与思考. 普教研究, 1996(5).

[11] 丁凤霞. 中国弱智儿童特殊教育的回顾展望. 人民教育, 1996(12).

[12] 有宝华. 当代特殊教育理念综述. 外国教育资料, 1997(4).

[13] 徐恩秀. 台湾学前特殊教育现况与发展. 幼教园地, 1998(1).

[14] 刘少春. 如何理解我国特殊教育中的人道主义. 中国特殊教育, 1998（4）.

[15] 葛新斌. 人的基本特征与特殊教育的开展——哲学人类学对特殊教育的启示. 辽宁师范大学学报（社科版），1998（6）.

[16] 钱志亮. 谈盲校课程设置的理论基础——兼探索我国特殊教育学科的理论基础. 中国特殊教育，1999（1）.

[17] 钱丽霞. 中国特殊教育社区工作的发展. 中国特殊教育，1999（1）.

[18] 孙钢. 隔离制特殊教育和一体化特殊教育的比较研究. 中国特殊教育，1999（1）.

[19] 王强虹. 聋童家长参与学校教育的研究报告. 中国特殊教育，1999（1）.

[20] 贺淑曼. 《关于我国超常教育现状问卷》的调查分析. 中国特殊教育，1999（1）.

[21] 单保清，张茂聪，诸庆和. 特殊教育学校的建设与分类教学. 人民教育，1999（2）.

[22] 刘岩华. 试论我国残疾人教育立法的完善与发展. 中国特殊教育，1999（4）.

[23] 方俊明. 我国特殊教育研究的回顾与展望. 中国特殊教育，2000（1）.

[24] 刘宇晟. 中国古代特殊教育的发展. 中国特殊教育，2000（2）.

[25] 凌苏心. 中国大陆二十世纪九十年代特殊教育研究综述. 中国特殊教育，2000（3）.

[26] 袁进兴，沈云裳. 努力为视力残疾学生提供合乎需要的教育. 中国特殊教育，2000年（3）.

[27] 高民，熊波，景观宗. 学前特殊教育实践——一体化教育的途径. 中国特殊教育，2000（3）.

[28] 张民生. 上海市特殊教育50年回顾与展望. 中国特殊教育，2000（3）.

[29] 张玉华. 上海市特殊教育师资培训的目标、内容和策略. 中国特殊教育，2000（3）.

[30] 吴军,侯佑罡. 盲生职业高中段职业陶冶教育实验报告. 中国特殊教育,2000（4）.

[31] 曾有娣. 加速式超常儿童教育研究综述. 中国特殊教育,2000（4）.

[32] 何文明. 中国特殊教育的世纪回顾. 现代特殊教育,2000（7）.

[33] 袁东. 胡适的特殊教育思想. 现代特殊教育,2000（9）.

[34] 黄志成. 全纳教育：21世纪全球教育研究新课题. 全球教育展望,2001（1）.

[35] 郭卫东. 基督新教与中国近代的特殊教育. 社会科学研究,2001（4）.

[36] 李仲汉. 改革开放时期的中国特殊教育（三）. 现代特殊教育,2001（5）.

[37] 肖非. 面向21世纪的中国特殊教育——问题与对策. 人民教育,2001（11）.

[38] 任健美. 浅议推进特殊教育现代化的时代背景. 现代特殊教育,2002（1）.

[39] 雨林. 提高认识,明确方向,扎实工作,促进"十五"特殊教育事业的新发展——教育部基教司召开"全国特殊教育工作研讨会". 现代特殊教育,2002（1）.

[40] 陈军. 特教学校的职业教育如何应对WTO. 现代特殊教育,2002（1）.

[41] 沈玉林. 论聋文化与聋教育. 现代特殊教育,2002（1）.

[42] 雷江华. 我国特殊教育质量标准的历史回顾与剖析. 中国特殊教育,2002（4）.

[43] 兰继军,崔江红. 对西部地区特教资源配置重组的探讨. 现代特殊教育,2002（5）.

[44] 张承福、张冰洁. 转变教育观念,构建聋校素质教育新体系. 现代特殊教育,2002（5）.

[45] 曾凡林,刘春玲,于素红. 上海市特殊教育师资的需求及其对策. 中国特殊教育,2003（1）.

[46] 陈云英. 建构特殊教育理论. 中国特殊教育,2003（1）.

[47] 陈云英. 全纳教育的元型. 中国特殊教育,2003（2）.

[48] 黄志成. 从终身教育、全民教育到全纳教育——国际教育思潮发展趋势探析. 河北师范大学学报（教育科学版），2003（2）.

[49] 兰继军. 西部特教资源重组与特教学校办学效益问题的研究. 现代特殊教育，2003（2）.

[50] 邓猛，潘剑芳. 关于全纳教育思想的几点理论回顾及其对我们的启示. 中国特殊教育，2003（4）.

[51] 丁勇，王辉. 近年来我国对特殊教育教师教育研究综述. 中国特殊教育，2003（4）.

[52] 郝晓岑. 我国特殊教育法制建设的回顾与反思. 中国特殊教育，2003（6）.

[53] 王咏梅. 特殊教育学校学生成长环境的创设和优化. 现代特殊教育，2003（7）.

[54] 张茂聪，王培峰，韩志玲. 现代特殊教育之素质教育观. 现代特殊教育，2003（11）.

[55] 朴永馨. 高等特殊教育的发展. 中国残疾人，2004（1）.

[56] 张悦歆. 特殊教育教师专业化与特殊需要教育. 中国特殊教育，2004（2）.

[57] 朴永馨. 融合与随班就读. 教育研究与实验，2004（4）.

[58] 徐胜，张文京. 特殊教育生态观. 重庆师范大学学报（哲社版），2004（4）.

[59] 李术. 论全纳教育中的家长参与. 中国特殊教育，2004（4）.

[60] 高喜刚，曹照琪，蔡明尚. 普通学校特殊儿童支持系统的建立与运作. 中国特殊教育，2004（4）.

[61] 申仁洪. 从师范教育到教师教育：特殊教育师资培养的范式转变. 中国特殊教育，2004（4）.

[62] 王珩. 全纳教育哲学与教育民主. 中国特殊教育，2004（5）.

[63] 曲学利，吕淑惠. 我国高等特殊教育的现状及发展研究. 中国特殊教育，2004（6）.

[64] 兰继军，李国庆，柳树森. 论全纳教育的教育原则. 中国特殊教育，2004（6）.

[65] 刘昊. 社区中的教育资源对于推行全纳教育的作用. 中国特殊教育, 2004（6）.

[66] 肖非. 中国的随班就读：历史·现状·展望. 中国特殊教育, 2005（3）.

[67] 叶立言. 教育融合与满足特殊需要的教育观. 现代特殊教育, 2005（11）.

[68] 费书环. 浅谈聋校律动教师的基本素质. 现代特殊教育, 2005（11）.

[69] 余慧云, 韦小满. 我国高等特殊教育研究综述. 中国特殊教育, 2006（4）.

[70] 牟映雪. 中国特殊教育演进历程及启示. 中国特殊教育, 2006（5）.

[71] 陈久奎, 阮李全. 特殊教育立法问题研究——人文关怀的视角. 中国特殊教育, 2006（6）.

[72] 吕淑惠, 曲学利, 朴永馨. 中国高等特殊教育的产生、现状和发展趋势. 黑龙江教育（高教研究与评估）, 2007（1）.

[73] 孟万金, 刘在花, 刘玉娟. 推进残疾儿童教育公平任重道远——四论残疾儿童教育公平. 中国特殊教育, 2007（2）.

[74] 郭卫东. 论中国近代特殊教育的发端. 教育学报, 2007（3）.

[75] 邓猛, 朱志勇. 随班就读与融合教育——中西方特殊教育模式的比较. 华中师范大学学报（人文社科版）, 2007（4）.

[76] 肖非, 刘全礼, 钱志亮. 本土化的特殊教育研究——朴永馨教授学术思想探微. 国家教育行政学院学报, 2007（5）.

[77] 孟万金. 全纳教育理念下教师专业素质及专业化标准研究. 中国特殊教育, 2008（5）.

[78] 盛永进. 基于特殊需要的个别化教育. 现代特殊教育, 2008（6）.

[79] 赵小红. 改革开放30年中国特殊教育的发展及政策建议. 中国特殊教育, 2008（10）.

[80] 邓猛, 肖非. 隔离与融合：特殊教育范式的变迁与分析. 华中师范大学学报（人文社会科学版）, 2009（4）.

[81] 邓猛, 肖非. 特殊教育学科体系探析. 中国特殊教育, 2009（6）.

[82] 彭霞光. 全纳教育概念的起源与发展. 现代特殊教育, 2009 (6).

[83] 邓猛, 郭玲. 西方个别化教育计划的理论反思及其对我国特殊教育发展的启示. 中国特殊教育, 2010 (6).

[84] 朴永馨. 特殊教育60年. 中国残疾人, 2009 (6).

[85] 苏春景, 刘英. 关于"人本特教"的内涵及其思考. 中国特殊教育, 2009 (7).

[86] 李欢, 肖非. 论特殊教育与构建和谐社会的关系. 中国特殊教育, 2009 (7).

[87] 程益基, 徐泰来, 李泽慧. 江苏特殊教育60年发展回眸. 现代特殊教育, 2009 (10).

[88] 徐添喜, 雷江华. 残疾人职业康复实施模式探析. 现代特殊教育, 2010 (2).

[89] 陈东珍. 建设医教结合特教支持体系, 促进残疾儿童全面发展. 现代特殊教育, 2010 (4).

[90] 朱宗顺. 发展特殊教育, 保障残疾儿童权益——浙江省特殊教育60年发展的透视. 中国特殊教育, 2010 (5).

[91] 刘斌志. 论特殊教育中社会工作支持服务的拓展. 中国特殊教育, 2010 (6).

[92] 程凯. 把加快特殊教育改革与发展作为促进教育公平的重要任务——在落实《国家中长期教育改革与发展规划纲要》重大问题专题研讨会上的发言（2010年7月8日）. 中国特殊教育, 2010 (8).

[93] 何宇酋, 马赛. 基于语料库的中国手语象似性研究. 中国特殊教育, 2010 (9).

[94] 盛永进, 甘昭良. "全纳"走向下特殊教育本体的认知定位——兼论特殊教育概念的泛化. 外国教育研究, 2010 (9).

[95] 杨广学. 培养多学科人才, 建设特殊教育综合服务体系. 现代特殊教育, 2010 (9).

[96] 邓猛. 我国特殊教育教师教育的困境与出路初探. 现代特殊教育, 2010 (9).

[97] 彭霞光. 中国特殊教育发展面临的六大转变. 中国特殊教育, 2010 (9).

[98]　庞文，尹海洁. 论残疾人的教育公正. 中国特殊教育，2010（10）.

[99]　何侃，王金元. 以复杂系统观引领盲校心理健康教育. 现代特殊教育，2010（11）.

[100]　刘德华. 特教学校视障儿童学前教育探索. 现代特殊教育，2010（11）.

[101]　陈蓓琴，谈秀菁，丁勇. 特殊教育理念的嬗变与课程的发展——关于特殊教育学校课程发展的比较研究. 中国特殊教育，2010（11）.

[102]　王娟，王嘉毅. 我国职前教师教育中全纳教育的现状及对策研究. 中国特殊教育，2010（12）.

[103]　孔玲. 把握机遇，科学谋划"十二五"特殊教育的发展. 现代特殊教育，2011（1）.

[104]　刘在花. 社会支持在特殊教育学校教师工作家庭冲突与职业承诺之间的调节作用. 中国特殊教育，2011（2）.

[105]　刘俊卿. 我国特殊教育学校职业教育发展的历史经验、现实问题及未来选择. 中国特殊教育，2011（3）.

[106]　谢新农. 论民国时期的盲聋哑特殊教育. 湖北社会科学，2011（5）.

[107]　凌解良. 努力构建具有常熟特色的特殊教育体系. 现代特殊教育，2011（5）.

[108]　郭春宁. 特殊教育应是国家基本公共教育服务优先保障的领域. 中国特殊教育，2011（5）.

[109]　徐德荣，徐晓虹. 教育协作理事会：特殊需要儿童社会支持系统的探索. 中国特殊教育，2011（6）.

[110]　庞文，于婷. 论残疾人的教育增权. 中国特殊教育，2011（7）.

[111]　刘艳虹，朱楠. 融合教育中儿童发展状况的案例研究. 中国特殊教育，2011（8）.

[112]　杨润勇. 关于地方特殊教育发展的政策文本分析——以各省市《中长期教育改革与发展纲要》为例. 中国特殊教育，2011（8）.

[113]　李维斯. 生存教育：聋校教育的新观念. 现代特殊教育，2011（10）.

[114]　徐泰来. 贯彻教育规划纲要精神，推进特殊教育事业发展. 现代特殊教育，2011（10）.

[115] 葛修娟. 试论视觉文化对聋生智力开发的价值. 现代特殊教育, 2011（10）.

[116] 丁勇. 让每一个残疾孩子都受到优质教育——关于江苏中长期特殊教育改革与发展若干问题的思考. 现代特殊教育, 2011（10）.

[117] 陈东珍. 让教育满足学生特殊发展需求. 现代特殊教育, 2011（11）.

[118] 王培峰. 特殊教育何以可能——一个基于残疾儿童少年社会存在的本体论追问. 当代教育科学, 2011（12）.

[119] 杨明利, 张宁生. 全纳教育的实践困惑及其反思. 中国特殊教育, 2011（12）.

[120] 王辉. 我国培智学校课程改革研究的现状、反思与展望. 中国特殊教育, 2011（12）.

[121] 雷江华. 特殊教育理论基础的多维视角辨析. 中国特殊教育, 2012（2）.

[122] 贺荟中, 左娟娟. 近十年来我国特殊儿童同伴关系特点研究. 中国特殊教育, 2012（2）.

[123] 于素红. 个别化教育计划的现实困境与发展趋势. 中国特殊教育, 2012（3）.

[124] 杨希洁, 韦小满. 为全体学生提供有效的教育服务——"干预反应"模式的发展及影响. 中国特殊教育, 2012（6）.

[125] 庞文, 李景义. 论残疾人受教育权利的法律救济. 中国特殊教育, 2012（7）.

[126] 赵小红. 中国特殊教育学校教师队伍状况及地区比较——基于2001—2010年《中国教育统计年鉴》相关数据. 中国特殊教育, 2012（8）.

[127] 邓猛, 苏慧. 质的研究范式与特殊教育研究：基于方法论的反思与倡议. 中国特殊教育, 2012（10）.

[128] 彭霞光. 中国全面推进随班就读工作面临的挑战和政策建议. 中国特殊教育, 2012（11）.

[129] 赵小红. 试论中国全面推进随班就读工作的必要性. 中国特殊教育, 2012（11）.

[130] 朱楠, 王雁. 融合教育背景下特殊教育学校职能的转变. 中国特殊教育, 2012（12）.

[131] 张晓毓. 随班就读智障学生的教育定位初探. 现代特殊教育, 2014（12）.

[132] 赵斌, 王琳琳. 论特殊教育从人文关怀到行动支持走向. 中国特殊教育, 2013年（1）.

[133] 孟万金. 支持特殊教育, 共创幸福美好未来——学习贯彻党的十八大精神, 开创特教新局面. 中国特殊教育, 2013（1）.

[134] 刘俊卿. 我国特殊教育学校职业教育支持政策的审视与思考. 沈阳师范大学学报（社会科学版）, 2013（1）.

[135] 赵德成. 台湾地区特殊教育法律的特点及启示. 中国特殊教育, 2013（2）.

[136] 贺文均. 树立质优速快的特殊教育科学发展观. 绥化学院学报, 2012（2）.

[137] 倪胜利. 特殊教育与公民精神培养. 中国特殊教育, 2013（4）.

[138] 孙颖, 许家成. 特殊教育设施布局需求分析与发展规划研究——以北京市为例. 中国特殊教育, 2013（6）.

[139] 杜晓新, 刘巧云, 黄昭鸣, 等. 试论教育康复学专业建设. 中国特殊教育, 2013（6）.

[140] 彭兴蓬, 邓猛. 融合教育的社会学分析. 中国特殊教育, 2013（6）.

[141] 王新明. 加快社会组织建设, 推进特殊教育事业持续发展. 中国特殊教育, 2013（7）.

[142] 万谊. 适性教育：特殊教育本真的"回归". 绥化学院学报, 2013（7）.

[143] 傅王倩, 肖非. 医教结合：现阶段我国特殊教育发展的必然选择——对路莎一文的商榷. 中国特殊教育, 2013（7）.

[144] 王波, 肖非. 特殊教育的循证实践取向. 中国特殊教育, 2013（8）.

[145] 徐成洁. 坚持政府主导, 全面推进特殊教育现代化. 现代特殊教育, 2013（8）.

[146] 邓猛, 景时. 特殊教育最佳实践方式及教学有效性的思考. 中国特殊教育, 2013（9）.

[147] 盛永进. 全纳走向下国际特殊教育课程的发展. 外国教育研究, 2013（9）.

[148] 彭霞光. 中国特殊教育发展现状研究. 中国特殊教育, 2013（11）.

[149] 王雁, 王志强, 朱楠, 等. 全国特殊教育学校教职工队伍结构及需求情况调查. 中国特殊教育, 2013（11）.

[150] 郭卫东. 华洋转型中的样板——民国年间江苏特殊教育研究. 民国研究, 2014（1）.

[151] 王培峰. 特殊儿童教育公平问题的审思——特殊教育政策伦理分析视角. 中国特殊教育, 2014（3）.

[152] 谢娟, 张婷. 中国特殊教育研究现状调查——基于CSSCI来源期刊论文的分析. 教育导刊, 2014（4）.

[153] 孙岩, 许家成, 孙颖, 等. 北京市特殊教育学校布局和选址研究. 中国特殊教育, 2014（5）.

[154] 杨希洁. 中西部地区新建和改扩建特殊教育学校过程中出现的问题及对策. 中国特殊教育, 2014（9）.

[155] 蒋强, 孙时进, 李成彦. 我国特殊教育发展现状的文献计量学分析——基于2003—2012年《中国特殊教育》载文. 中国特殊教育, 2014（10）.

参考文献

一、专著

[1] 王炳照. 简明中国教育史[M]. 北京：北京师范大学出版社，1994.

[2] 陆德阳. 中国残疾人史[M]. 上海：学林出版社，1996.

[3] 陈汉才. 中国古代幼儿教育史[M]. 广州：广东高等教育出版社，1996.

[4] 汤盛钦. 特殊教育概论[M]. 上海：上海教育出版社，1998.

[5] 张福娟. 特殊教育史[M]. 上海：华东师范大学出版社，2000.

[6] 顾定倩. 特殊教育导论[M]. 大连：辽宁师范大学出版社，2001.

[7] 刘全礼. 特殊教育导论[M]. 北京：教育科学出版社，2003.

[8] 陈云英. 中国特殊教育学基础[M]. 北京：教育科学出版社，2004.

[9] 方俊明. 特殊教育学[M]. 北京：人民教育出版社，2005.

[10] 周秋光. 中国慈善简史[M]. 北京：人民出版社，2006.

[11] 雷江华. 学前特殊儿童教育[M]. 武汉：华中师范大学出版社，2006.

[12] 王洪亮. 中国古代教育史简论[M]. 北京：星球地图出版社，2006.

[13] [美]威廉·L. 休厄德. 特殊儿童：特殊教育导论[M]. 南京：江苏教育出版社，2007.

[14] 孙培青. 中国教育史[M]. 上海：华东师范大学出版社，2009.

[15] 陈青之. 中国教育史[M]. 福州：福建教育出版社，2009.

[16] 肖非. 共享阳光：共和国特殊教育报告[M]. 长沙：湖南教育出版社，2009.

[17] 顾定倩，朴永馨，刘艳虹. 中国特殊教育史资料选[M]. 北京：北京师范出版社，2010.

[18] 雷江华. 天才儿童的教育[M]. 武汉：华中师范大学出版社，2011.

[19] 马红英. 特殊教育需要学生的教育[M]. 北京：北京大学出版社，2011.

[20] 雷江华. 融合教育导论[M]. 北京：北京大学出版社，2011.
[21] 盛永进. 特殊教育学基础[M]. 北京：教育科学出版社，2011.
[22] 雷江华. 特殊教育学[M]. 北京：北京大学出版社，2011.
[23] 朱宗顺. 特殊教育史[M]. 北京：北京大学出版社，2011.
[24] 任颂羔. 特殊教育发展模式[M]. 北京大学出版社，2012.
[25] 舒新城. 近代中国教育史料[M]. 北京：人民大学出版社，2012.
[26] 郭卫东. 中国近代特殊教育史研究[M]. 北京：高等教育出版社，2012.
[27] 王雁. 中国特殊教育教师培养研究[M]. 北京：北京师范大学出版社，2012.
[28] 刘春玲，江琴娣. 特殊教育概论[M]. 上海：华东师范大学出版社，2012.
[29] 甘昭良. 从隔离到全纳——特殊教育发展的理论与实践[M]. 厦门：厦门大学出版社，2012.
[30] 彭霞光. 中国特殊教育发展报告（2012）[M]. 北京：教育科学出版社，2013.
[31] 朴永馨. 特殊教育辞典[M]. 北京：华夏出版社，2014.
[32] 罗观怀. 南粤特殊教育新视野[M]. 广州：暨南大学出版社，2014.
[33] 朴永馨. 特殊教育学[M]. 福州：福建教育出版社，2014.
[34] 夏峰. 中国特殊教育新进展（2011年）[M]. 北京：高等教育出版社，2014.
[35] 马建强. 中国特殊教育史话[M]. 北京：新华出版社，2015.
[36] 夏峰. 中国特殊教育新进展（2012—2013年）[M]. 北京：人民大学出版社，2015.

二、论文

[1] 朴永馨. 试论我国特殊教育的发展和普及[J]. 北京师范大学学报，1986（2）.
[2] 朴永馨. 中国特殊教育师资的培养[J]. 北京师范大学学报，1988（6）.
[3] 陈云英. 关于特殊教育师资培训的几个问题[J]. 教育科学，1990（4）.
[4] 张茂聪. 中国特殊教育发展的几个问题[J]. 江西教育科研，1992（4）.

[5]　丁凤霞. 中国弱智儿童特殊教育的回顾展望[J]. 人民教育, 1996（12）.

[6]　刘岩华. 试论我国残疾人教育立法的完善与发展[J]. 中国特殊教育, 1999（4）.

[7]　方俊明. 我国特殊教育研究的回顾与展望[J]. 中国特殊教育, 2000（1）.

[8]　刘宇晟. 中国古代特殊教育的发展[J]. 中国特殊教育, 2000（2）.

[9]　凌苏心. 中国大陆二十世纪九十年代特殊教育研究综述[J]. 中国特殊教育, 2000（3）.

[10]　高民, 熊波, 景观宗. 学前特殊教育实践——一体化教育的途径[J]. 中国特殊教育, 2000（3）.

[11]　何文明. 中国特教的世纪回顾[J]. 现代特殊教育, 2000（3）.

[12]　袁东. 胡适的特殊教育思想[J]. 现代特殊教育, 2000（9）.

[13]　黄志成. 全纳教育：21世纪全球教育研究新课题[J]. 全球教育展望, 2001（1）.

[14]　郭卫东. 基督新教与中国近代的特殊教育[J]. 社会科学研究, 2001（4）.

[15]　肖非. 面向21世纪的中国特殊教育——问题与对策[J]. 人民教育, 2001（11）.

[16]　雷江华. 我国特殊教育质量标准的历史回顾与剖析[J]. 中国特殊教育, 2002（4）.

[17]　陈云英. 建构特殊教育理论[J]. 中国特殊教育, 2003（1）.

[18]　陈云英. 全纳教育的元型[J]. 中国特殊教育, 2003（2）.

[19]　黄志成. 从终身教育、全民教育到全纳教育——国际教育思潮发展趋势探析[J]. 河北师范大学学报（教育科学版）, 2003（2）.

[20]　郝晓岑. 我国特殊教育法制建设的回顾与反思[J]. 中国特殊教育, 2003（6）.

[21]　余慧云. 我国高等特殊教育研究综述[J]. 中国特殊教育, 2006（4）.

[22]　朴永馨. 特殊教育60年[J]. 中国残疾人, 2009（6）.

[23]　苏春景. 关于"人本特教"的内涵及其思考[J]. 中国特殊教育, 2009（7）.

[24] 李欢. 论特殊教育与构建和谐社会的关系[J]. 中国特殊教育, 2009（7）.

[25] 邓猛. 我国特殊教育的困境与出路初探[J]. 现代特殊教育, 2010（9）.

[26] 郭春宁. 特殊教育应是国家基本公共教育服务优先保障的领域[J]. 中国特殊教育, 2011（5）.

[27] 须芝燕. 解决随班就读学生学校适应问题的策略[J]. 现代特殊教育, 2011（11）.

[28] 郭卫东. 基督教会与近代上海的特殊教育[J]. 社会科学, 2011（5）.

[29] 王培峰. 缺陷、缺陷补偿与教育：一个哲学的审思[J]. 学术探索, 2011（5）.

[30] 刘艳虹, 朱楠. 融合教育中儿童发展状况的案例研究[J]. 中国特殊教育, 2011（8）.

[31] 徐德荣. 特殊教育社会支持系统的建立和运作[J]. 现代特殊教育, 2012（1）.

[32] 盛永进. 略论文化哲学视野中的特殊教育[J]. 现代特殊教育, 2012（1）.

[33] 何侃. 残疾儿童教育现状与展望[J]. 残疾人研究, 2012（2）.

[34] 于素红. 个别化教育计划的现实困境与发展趋势[J]. 中国特殊教育, 2012（3）.

[35] 朱建勋. 走向融合的当代特殊教育课程范式[J]. 现代特殊教育, 2012（6）.

[36] 谢俊贵. 从社会协同学的视角看我国智障儿童教育发展的体制缺陷及其优化[J]. 学前教育研究, 2012（12）.

[37] 赵斌. 论特殊教育从人文关怀到行动支持走向[J]. 中国特殊教育, 2013（1）.

[38] 夏峰, 徐玉珍. 随班就读是实现教育公平的有效手段[J]. 上海教育评估研究, 2013（2）.

[39] 盛永进. 参与普通课程学习：美国特殊教育课程融合改革述评[J]. 外国教育研究, 2013（3）.

[40] 倪胜利. 特殊教育与公民精神培养[J]. 中国特殊教育, 2013（4）.

[41] 庄树范, 张代治. 创新高等特殊教育发展模式的研究与实践[J]. 长春大学学报, 2013（6）.

[42] 彭霞光. 中国特殊教育发展现状研究[J]. 中国特殊教育, 2013（11）.

[43] 顾定倩, 刘颖. 美国特殊教育教师任职标准的演变和特点分析[J]. 比较教育研究, 2014（1）.

[44] 马斌. 特殊教育教育崇高的人性尺度[J]. 现代特殊教育, 2014（1）.

[45] 方俊明. 努力构建残疾人终身教育体系[J]. 中国特殊教育, 2014（2）.

[46] 朱楠, 雷江华. 融合教育背景下免费师范生特殊教育能力培养研究[J]. 中国特殊教育, 2014（2）.

[47] 王培峰. 特殊儿童教育公平问题的审思——特殊教育政策伦理分析视角[J]. 中国特殊教育, 2014（3）.

[48] 刘荣. 武陵山民族地区特殊教育事业发展的问题及对策研究[J]. 教育研究与实验, 2014（3）.

[49] 陆莎, 傅王倩. 论社会公平视野下的残疾人高等教育[J]. 中国特殊教育, 2014（3）.

[50] 傅志军. 我国特殊教育立法回顾与发展建议[J]. 残疾人研究, 2014（3）.

[51] 顾定倩, 杨希洁, 江小英. 从政策解读我国特殊教育教师专业标准的建构[J]. 中国特殊教育, 2014（3）.

[52] 刘德华. 当前特殊教育师资培训面临的挑战及建议[J]. 现代特殊教育, 2014（4）.

[53] 李晓娟, 王辉. 特殊教育教师职业素质的基本要素与特征[J]. 现代特殊教育, 2014（5）.

[54] 傅朝晖. 构建专业发展学校创新区域特教教师培养模式[J]. 现代特殊教育, 2014（5）.

[55] 彭兴蓬, 林潇潇. 特殊教育医教结合的反思：政策分析的视角[J]. 教育学报, 2014（7）.

[56] 马金玲. 甘肃省特殊教育政策法规执行力度情况分析与建议[J]. 中国特殊教育, 2014（8）.

[57] 王等等,梁涧溪. 日本特别支援教育新进展及对我国特殊教育的启示[J]. 比较教育研究,2014(9).

[58] 李响. 全纳教育背景下中美特殊教育比较研究[J]. 中国成人教育,2014(11).

[59] 吕雯慧. 论随班就读的政策调适[J]. 现代特殊教育,2014(11).

[60] 张艳琼,张伟锋. 我国特殊教育的知识图谱分析——基于2000—2013年《中国特殊教育》刊文[J]. 西南民族大学学报(人文社会科学版),2014(12).

[61] 夏峰. 接力残障儿童的生涯发展[J]. 现代特殊教育,2014(12).

[62] 范佳露. 特殊儿童言语语言康复研究现状分析[J]. 中国康复医学杂志,2014(12).

[63] 李犇. 浅谈随班就读生的融合教育[J]. 中国教师,2014(14).

[64] 彭霞光,齐媛. 提高特殊教育发展水平的政策建议[J]. 中国特殊教育,2014(12).

[65] 郑中原. 特殊教育师资培训研究起点的思考[J]. 现代特殊教育,2014(12).

[66] 廖红娅. 儿童特殊教育的心理辅导方式及策略研究[J]. 课程教育研究,2014(30).

[67] 郭强,冯建新,冯敏. 全纳教育背景下特教社区资源的整合与利用[J]. 现代特殊教育,2015(1).

[68] 王瑜,李坤. 中国台湾地区特殊教育立法经验对大陆特殊教育"法治化"的启示[J]. 中国特殊教育,2015(5).

[69] 张黎娜. 关于全纳教育背景下农村地区特殊教育儿童随班就读的几点思考[J]. 湖北科技学院学报,2015(5).

[70] 张茂林,王辉. 国内特殊教育教师职业素质现况调查与分析[J]. 中国特殊教育,2015(7).